民國文化與文學 研究 文叢

六　編

李　怡　主編

第 **6** 冊

民國文學中的城市人物

張鴻聲、范麗萍　著

國家圖書館出版品預行編目資料

民國文學中的城市人物／張鴻聲、范麗萍 著 — 初版 — 新北
市：花木蘭文化出版社，2016〔民 105〕
目 2+152 面；19×26 公分
（民國文化與文學研究文叢 六編；第 6 冊）
ISBN 978-986-404-682-9（精裝）
1. 中國文學 2. 文學評論
541.26208   105012787

ISBN-978-986-404-682-9

9 789864 046829

民國文化與文學研究文叢
六 編 第六冊   ISBN：978-986-404-682-9

民國文學中的城市人物

作　　者	張鴻聲、范麗萍
主　　編	李　怡
企　　劃	四川大學現代中國文化與文學研究中心
	北京師範大學民國歷史文化與文學研究中心
總 編 輯	杜潔祥
副總編輯	楊嘉樂
編　　輯	許郁翎、王　筑　美術編輯　陳逸婷
出　　版	花木蘭文化出版社
社　　長	高小娟
聯絡地址	235 新北市中和區中安街七二號十三樓
	電話：02-2923-1455／傳真：02-2923-1452
網　　址	http://www.huamulan.tw 信箱 hml810518@gmail.com
印　　刷	普羅文化出版廣告事業
初　　版	2016 年 9 月
全書字數	141468 字
定　　價	六編 24 冊（精裝）新台幣 44,000 元

民國文學中的城市人物

張鴻聲、范麗萍　著

作者簡介

　　張鴻聲（1963～），中國傳媒大學文學院教授，博士生導師，研究生院院長。兼任中國現代文學研究會理事，中國當代文學研究會理事，中國魯迅研究會理事，中國老舍研究會常務理事，中國茅盾研究會理事等。主要從事中國現當代文學、文化研究，發表論文近兩百篇，著有專著 8 部。

　　范麗萍（1979～），鄭州大學西亞斯國際學院教師，文學碩士。

提　　要

　　本書主要討論中國現代城市文學中的人物形象，包括以下幾個部分。首先討論了五四時期的勞工神聖社會思潮，以及因之催生的勞工文學，分析了五四初期文學中的勞工形象，如產業工人、人力車夫等。其次，討論了城市文學中的知識分子。包括魯迅小說知識者、郁達夫小說中的城市知識者，以及魯迅的「孤獨者」與郁達夫「零餘者」之間的異同。還包括文學中城市知識者的精神軌跡以及新女性的生活道路。第三，討論了現代城市中處於世俗社會、物質商業關係中的城市男女人物形象。包括海派文學中城市消費與物質中的男女，以及中國現代小說中的處於世俗家庭和商業關係中的都市女性。最後討論了老舍與京派等人筆下的舊城人物。其中包括老舍小說中的北平人的自我與世界意識、北平人的人格、家庭文化中的北平人、北平人生活的藝術，以及京派小說中的城市鄉民形象。

作爲方法的「民國」
——第六輯引言

李　怡

　　「作爲方法」的命題首先來自日本著名漢學家竹內好，從竹內好 1961 年「作爲方法的亞洲」到溝口雄三 1989 年「作爲方法的中國」，其中展示的當然不僅僅是有關學術「方法」的技術性問題，重要的是學術思想的主體性追求。日本學人通過中國這樣一個「他者」的參照進行自我的反省和批判，實現從「西方」話語突圍，重新確立自己的主體性，這對同樣深陷「西方」話語圍困的中國學界而言也無疑具有特殊的刺激和啓發。1990 年代中期以後，中國（華人）學人如孫歌、李多木、汪暉、陳光興、葛兆光等陸續介紹和評述了他們的學說，〔註1〕特別是最近 10 年的中國思想文化與文學批評界，可以說出現了一股竹內——溝口的「作爲方法」熱，「作爲方法的日本」、「作爲方法的竹內好」、「亞洲」作爲方法，〔註2〕以及「作爲方法的 80 年代」等等

〔註 1〕　如 Kuang-ming Wu and Chun-chieh Huang （吳光明、黃俊傑）：〈關於《方法としての中國》的英文書評〉（《清華學報》新 20 卷第 2 期，1990 年），溝口雄三、汪暉：〈沒有中國的中國學〉（《讀書》第 4 期，1994 年），孫歌：〈作爲方法的日本〉（《讀書》第 3 期，1995 年），李長莉：〈溝口雄三的中國思想史研究〉（《國外社會科學》第 1 期，1998 年），葛兆光：〈重評九十年代日本中國學的新觀念——讀溝口雄三《方法としての中國》〉（《二十一世紀》12 月號，2002 年），吳震：〈十六世紀中國儒學思想的近代意涵——以日本學者島田虔次、溝口雄三的相關討論爲中心〉（《東亞文明研究學刊》第 1 卷第 2 期，2004 年）等。

〔註 2〕　刊發於《臺灣社會研究季刊》12 月號，總第 56 期，2004 年。2005 年 6 月，陳光興參加了在華東師範大學舉行的「全球化與東亞現代性——中國現代文學的視角」暑期高級研討班，將論文〈「亞洲」作爲方法〉提交會議，引起了與會者的濃厚興趣。

在我們學術話語中流行開來，體現了一種難能可貴的自我反思、重建學術主體性的努力。竹內好借鏡中國的重要對象是文學家魯迅，近年來，對這一反思投入最多的也是從事中國現當代文學研究的學者，因此，對這一反思本身做出反思，進而探索眞正作爲中國現代文學的「方法」的可能，便顯得必不可少。

在「亞洲」、「中國」先後成爲確立中國學術主體性的話語選擇之後，我覺得，更能夠反映中國現代文學立場和問題意識的話語是「民國」。作爲方法的民國，具體貼切地揭示了中國現代文學的生存發展語境，較之於抽象的「亞洲」或者籠統的「中國」，更能體現我們返回中國文學歷史情境，探尋學術主體性的努力。

一

日本戰敗，促成了一批日本知識分子的自我反省，竹內好（1908～1977）就是其中之一。在他看來，「脫亞入歐」的日本「什麼也不是」，反倒是曾經不斷失敗的中國在抵抗中產生了非西方的、超越近代的「東洋」。通常我們是說魯迅等現代中國知識分子從「東洋」日本發現了現代文明的啓示，竹內好卻反過來從中國這個「東洋」發現了一條區別於西歐現代化的獨特之路：借助日本所沒有的社會革命完成了自我更新，如果說日本文化是「轉向型」的，那麼中國文化則可以被稱作是「迴心型」，而魯迅的姿態和精神氣質就是這一「迴心型」的極具創造價值的體現。「他不退讓，也不追從。首先讓自己和新時代對陣，以『掙扎』來滌蕩自己，滌蕩之後，再把自己從裏邊拉將出來。這種態度，給人留下一個強韌的生活者的印象。像魯迅那樣強韌的生活者，在日本恐怕是找不到的。」「在他身上沒有思想進步這種東西。他當初是作爲進化論宇宙觀的信奉者登場的，後來卻告白頓悟到了進化論的謬誤；他晚年反悔早期作品中的虛無傾向。這些都被人解釋爲魯迅的思想進步。但相對於他頑強地恪守自我來說，思想進步實在僅僅是第二義的。」〔註3〕就此，他認爲自己發現了與西方視角相區別的「作爲方法的亞洲」，這裡的「亞洲」主要指中國。溝口雄三（1932～2010）是當代中國思想史學家，他並不同意竹內好將日本的近代描述爲「什麼也不是」，試圖在一種更加平等而平和的文化觀

〔註3〕 （日）竹內好：《近代的超克》，11、12 頁，李冬木、趙京華、孫歌譯，三聯書店，2005 年。

念中讀解中國近代的獨特性：「事實上，中國的近代既沒有超越歐洲，也沒有落後於歐洲，中國的近代從一開始走的就是一條和歐洲、日本不同的獨自的歷史道路，一直到今天。」〔註4〕作爲方法的中國，意味著對「中國學」現狀的深入的反省，這就是要根本改變那種「沒有中國的中國學」，「把世界作爲方法來研究中國，這是試圖向世界主張中國的地位所帶來的必然結果……這樣的『世界』歸根結底就是歐洲」。「以中國爲方法的世界，就是把中國作爲構成要素之一，把歐洲也作爲構成要素之一的多元的世界」。〔註5〕

　　海外漢學（中國學）長期生存於強勢的歐美文明的邊緣地帶，因而難以改變作爲歐美文化思想附庸的地位，這一局面在海外華人的中國研究中更加明顯。而日本知識分子的反省卻將近現代中國作爲了反觀自身的「他者」，第一次將中國問題與自我的重建、主體性的尋找緊密聯繫，強調一種與歐美文明相平等的文化意識，這無疑是「中國學」研究的重要破局，具有重要的學術啓示意義，同時，對中國自己的學術研究也產生了極大的衝擊效應。

　　在逐步走出傳統的感悟式文學批評，建立現代知識的理性框架的過程中，中國的學術研究顯然從西方獲益甚多，當然也受制甚多，甚至被後者裹挾了我們的基本思維與立場，於是質疑之聲繼之而起，對所謂「中國化」和保留「傳統」的訴求一直連綿不絕，至最近20餘年，更在國內清算「西化」的主流意識形態及西方後現代主義、西方馬克思主義的自我批判的雙重鼓勵下，進一步明確提出了諸如中國立場、中國問題、中國話語等系統性的要求。來自日本學者的這一類概括——在中國發現「亞洲」近代化的獨特性，回歸中國自己的方法——顯然對我們當下的學術訴求有明晰準確的描繪，予我們的「中國道路」莫大的鼓勵，我們難以確定這樣的判斷究竟會對海外的「中國學」研究產生多大的改變，但是它對中國學術界本身的啓示和作用卻早已經一目了然。

　　我高度評價中國學界「回歸中國」的努力與亞洲——中國「作爲方法」的啓示意義。但是，與此同時，我也想提醒大家注意一個重要的現實，所謂的「作爲方法」如果不經過嚴格的勘定和區分，其實並不容易明瞭其中的含義，而無論是「亞洲」還是「中國」，作爲一個區域的指稱原本也有不少的遊

〔註4〕　（日）溝口雄三：《作爲方法的中國》，12頁，孫軍悅譯，三聯書店，2011年。
〔註5〕　（日）溝口雄三：《作爲方法的中國》，130、131頁，孫軍悅譯，三聯書店，2011年。

移性與隨意性。比如竹內好將「亞洲」簡化為「中國」，將「東洋」轉稱為「中國」，臺灣學人陳光興也在這樣的「亞洲」論述中加入了印度與臺灣地區，這都與論述人自己的關注、興趣和理解相互聯繫，換句話說，僅僅有「作為方法」的「亞洲」概念與「中國」概念遠遠不夠，甚至，有了竹內與溝口的充滿智慧的「以中國為方法」的種種判斷也還不夠，因為這究竟還是「中國之外」的「他者」從他們自己的需要出發提出的觀察，這裡的「中國」不過是「日本內部的中國」，而非「中國人的中國」，正如溝口雄三對竹內好評述的那樣：「這種憧憬的對象並不是客觀的中國，而是在自身內部主觀成像的『我們內部的中國』。」〔註 6〕那麼，溝口雄三本人的「中國方法」又如何呢？另一位深受竹內好影響的日本學者子安宣邦認為，溝口雄三「以中國為方法，以世界為目的」的「超越中國的中國學」與日本戰前「沒有中國的中國學」依然具有親近性，難以真正展示自己的「作為方法」的中國視點。〔註 7〕所以葛兆光就提醒我們，對於這樣「超越中國的中國學」，我們也不能直接平移到中國自己的中國學之中，一切都應當三思而行。〔註 8〕

　　問題是，中國學界在尋找「中國獨特性」的時候格外需要那麼一些支撐性的論述與證據，而來自域外的論述與證據就更顯珍貴了。在這個時候，域外學說的「方法」本身也就無暇追問和反思了。例如竹內好與溝口雄三都將近現代中國的獨特性描述為社會革命：「中國的近代化走的是自下而上的反帝反封建社會革命、即人民共和主義的道路。」〔註 9〕在他們看來，太平天國至社會主義中國的「革命史」呈現的就是中國自力更生的道路。這的確道出了現代中國的重要事實，因而得到許多中國現代文學研究者的認同，當然，一些中國學者對現代中國革命的重新認同還深刻地聯繫著西方後現代主義對西方文化的自我批判，聯繫著西方馬克思主義及其它左派對資本主義的嚴厲批判，在這裡，「西洋」的自我批判和「東洋」的自我尋找共同加強了中國學者對「中國現代史＝革命史」的認識，如下話語所表述的學術理念以及這一理念的形成過程無疑具有某種典型意義：

〔註 6〕（日）溝口雄三：《作為方法的中國》，6 頁，孫軍悦譯，三聯書店，2011 年。
〔註 7〕參看張崑將：〈關於東亞的思考「方法」：以竹內好、溝口雄三、子安宣邦為中心〉，《臺灣東亞文明研究學刊》第 1 卷第 2 期，2004 年。
〔註 8〕葛兆光：〈重評九十年代日本中國學的新觀念──讀溝口雄三《方法としての中國》〉，《二十一世紀》12 月號，2002 年。
〔註 9〕（日）溝口雄三：《作為方法的中國》，11 頁，孫軍悦譯，三聯書店，2011 年。

　　從 1993 年起，我逐步地對以往的研究做了兩點調整：第一是將自己的歷史研究放置在「反思現代性」的理論框架中進行綜合的分析和思考；第二是力圖將社會史的視野與思想史研究結合起來。在中國 1980 年代的文化運動和 1990 年代的思想潮流之中，對於近代革命和社會主義歷史的批判和拒絕經常被放置在對資本主義的全面的肯定之上；我試圖將近代革命和社會主義歷史的悲劇放置在對現代性的批判性反思的視野中，動機之一是爲了將這一過程與當代的現實進程一道納入批判性反思的範圍。……而溝口雄三教授對日本中國研究的批判性的看法和對明清思想的解釋都給我以啓發。也是在上述閱讀、交往和研究的過程中，我逐漸地形成了自己的一個研究視野，即將思想的內在視野與歷史社會學的方法有機地結合起來。〔註 10〕

東洋與西洋的有機結合，鼓勵我們對現代性的西方傳統展開質疑和批判，同時對我們自身的現代價值加以發掘和肯定，在中國現代文學研究領域中，這些「我們的現代價值」常常也指向革命文學、左翼文學、延安文學與新中國建立至新時期以前的文學，有學者將之概括爲新左派的現代文學史觀。姑且不論「新左派」之說是否準確，但是其描述出來的學術事實卻是有目共睹的：「以現代性反思的名義將左翼文學納入現代性範疇，並稱之爲『反現代的現代主義文學』、『反現代的現代先鋒派文學』，高度肯定其歷史合理性，並認爲改革前的毛澤東時代可以定位爲『反現代的現代性』，其合法性來自於對西方資本主義現代性的批判。」〔註 11〕爲了肯定這些中國現代文化追求的合理性，人們有意忽略其中的種種失誤，包括眾所周知的極左政治對現代文學發展的傷害和扭曲，甚至「文革」的思維也一再被美化。

　　理性而論，前述的「反思現代性」論述顯然問題重重：「那種忽略了具體歷史語境中強大的以封建專制主義文化意識爲主體的特殊性，忽略了那時文學作品巨大的政治社會屬性與人文精神被顛覆、現代化追求被阻斷的歷史內涵，而只把文本當作一個脫離了社會時空的、僅僅只有自然意義的單細胞來

〔註 10〕汪暉、張曦：〈在歷史中思考——汪暉教授訪談〉，《學術月刊》第 7 期，2005年。

〔註 11〕鄭潤良：〈「反現代的現代性」：新左派文學史觀萌發的語境及其問題〉，《福建論壇》第 4 期，2010 年。

進行所謂審美解剖。這顯然不是歷史主義的客觀審美態度。」〔註12〕

　　值得注意的現實是，爲了急於標示中國也可以有自己的「現代性」，我們學界急切尋找著能夠支持自己的他人的結論和觀點，至於對方究竟把什麼「作爲方法」倒不是特別重要了。

　　「悖論」是中國學者對竹內好等學者處境與思維的理解，有意思的是，當我們不再追問「作爲方法」的緣由和形式之時，自己也可能最終陷入某種「悖論」。比如，在肯定我們自己的現代價值之際，誕生了一個影響甚大的觀點：反現代的現代性。中國革命史被稱作是「反現代的現代性」，中國的左翼文學史也被描述爲「反現代性的現代性」，姑且不問這種表述來源於西方現代性話語的繁複關係，使用者至少沒有推敲：「反」的思維其實還是以西方現代性爲「正方」的，也就是說，是以它的「現代」爲基本內容來決定我們「反」的目標和形式，這是眞正的多元世界觀呢？還是繼續延續了我們所熟悉的「二元對立」的格局呢？這樣一種正／反模式與他們所要克服的思維中國／西方的二元模式如出一轍：把世界認定爲某兩種力量對立鬥爭的結果，肯定不是對眞正的多元文化的認可，依舊屬於對歷史事實的簡化式的理解。

二

　　「中國作爲方法」不是學術研究大功告成之際的自得的總結，甚至也還不是理所當然的研究的開始，更準確地說，它可能還是學術思想調整的準備活動。在這個意義上，眞正的「中國」問題在哪裏，「中國」視角是什麼，「中國」的方法有哪些，都亟待中國自己的學人在自己的歷史文化語境中開展新的探討。對於中國現代文學研究而言，我覺得，與其追隨「他者」的眼界，取法籠統的「中國」，還不如眞正返回歷史的現場加以勘察，進入「民國」的視野。「作爲方法的中國」是來自他者的啓示，它提醒我們尋找學術主體性的必要，「作爲方法的民國」，則是我們重拾自我體驗的開始，是我們自我認識、自我表達的眞正的需要。

　　海外中國學研究，在進入「作爲方法的中國」之後，無疑產生了不少啓發性的成果，即便如此，其結論也有別於自「民國」歷史走來的中國人，只有我們自己的「民國」感受能夠校正他者的異見，完成自我的表述。包括竹

〔註12〕董健、丁帆、王彬彬：〈我們應該怎樣重寫當代文學史〉，《江蘇行政學院學報》第 1 期，2003 年。

內好與溝口雄三這樣的智慧之論也是如此。對此,溝口雄三自己就有過眞誠的反思,他說包括竹內好在內他們對中國的觀察都充滿了憧憬式的誤讀,包括對「文革」的禮贊等等。〔註 13〕因爲研究「所使用的基本範疇完全來自中國思想內部」,而且「對思想的研究不是純粹的觀念史的研究,而是考慮整個中國社會歷史」,溝口雄三的中國研究曾經爲中國學者所認同,〔註 14〕例如他借助中國思想傳統的內部資源解釋孫中山開始的現代革命,的確就令人耳目一新,跳出了西方現代性東移的固有解說:

> 實際上大同思想不僅影響了孫文,而且還構成了中國共和思想的核心。

> 就民權來看,中國的這種大同式近代的特徵也體現在民權所主張的與其說是個人權利,不如說國民、人民的全體權利這一點上。

> 大同式的近代不是通過「個」而是通過「共」把民生和民權聯結在一起,構成一個同心圓,所以從一開始便是中國獨特的、帶有社會主義性質的近代。〔註15〕

雖然這道出了中國現代歷史的重要事實,但卻只是一部分事實,很明顯,「民國」的共和與憲政理想本身是一個豐富而複雜的思想系統,而且還可以說是一個動態的有許多政治家、思想家和知識分子共同參與共同推進的系統。例如在五四新文化運動前夕,出於對民初政治的失望,《甲寅》的知識分子群體就展開了「國權」與「民權」的討論辨析,並且關注「民權」也從「公權」轉向「私權」,至《新青年》更是大張個人自由,個人情感與欲望,這才有了五四新文學運動,有了郁達夫的切身感受:「五四運動的最大成功,第一要算『個人』的發現。從前的人是爲君而存在,爲道而存在,爲父母而存在的,現在的人才曉得爲自我而存在了。」〔註 16〕不僅是五四新文學思潮,後來的自由主義者也一直以「個人權利」、「個人自由」與左右兩種政治主張相抗衡,雖然這些「個人」與「自由」的內涵嚴格說來與西方文化有所區別,但也不

〔註 13〕 （日）溝口雄三:《作爲方法的中國》,12 頁,孫軍悅譯,三聯書店,2011 年。
〔註 14〕 （日）溝口雄三、汪暉:〈沒有中國的中國學〉,《讀書》第 4 期,1994 年。
〔註 15〕 （日）溝口雄三:《作爲方法的中國》,12、16、18 頁,孫軍悅譯,三聯書店,2011 年。
〔註 16〕 郁達夫:《〈中國新文學大系・散文二集〉導言》,上海良友圖書印刷公司,1935 年。

是「大同」理想與「社會主義性質」能夠涵蓋的，它們的發展在不同的歷史時期各有限制，但依然一路坎坷向前，並在 20 世紀 80 年代的海峽兩岸各有成效，成爲現代中國文化建設所不能忽略的一種重要元素，不回到民國重新梳理、重新談論，我們歷史的獨特性如何能夠呈現呢？

治中國社會歷史研究多年的秦暉曾經提出了一個耐人尋味的觀點：當前中國學術一方面在反對西方的所謂「文化殖民」，另外一方面卻又常常陷入到外來的「問題」圈套之中，形成有趣的「問題殖民」現象。〔註 17〕我理解，這裡的「問題殖民」就是脫離開我們自己的歷史文化環境，將他者研討中國提出來的問題（包括某些讚賞中國「特殊價值」的問題）當作我們自己的問題，從而在竭力掙脫西方話語的過程中再一次落入到他者思維的窠臼。如何才能打破這種反反覆復、層層疊疊的他者的圈套呢？我以爲唯一的出路便是敢於拋開一些令人眼花繚亂的解釋框架，面對我們自己的歷史處境，感受我們自己的問題，對中國現代文學的研究而言，就是要在「民國」的社會歷史框架中醞釀和提煉我們的學術感覺，這當然不是說從此固步自封，拒絕外來的思想和方法，而是說所有的思想和方法都必須在民國歷史的事實中接受檢驗，只有最豐富地對應於民國歷史事實的理論和方法才足以成爲我們研究的路徑，才能最後爲我所用。在中國現代文學研究領域，並沒有異域學者所總結完成的「中國方法」，而只有在民國「作爲方法」取得成傚之後的具體的認知，也就是說，是「作爲方法的民國」眞正保證了「作爲方法的中國」。下述幾個中國現代文學研究中影響較大、也爭論較大的理論框架，莫不如此。

例如，在描述中國歷史從封建帝國轉入現代國家的時候，人們常常使用「民族國家」這一概念，中國現代文學也因此被視作「現代民族國家文學」，不斷放大「民族國家」主題之於中國現代文學的意義：「在抗戰文學中，由於抗日民族統一戰線的建立，民族國家成爲了一個集中表達的核心的、甚至唯一的主題。」〔註 18〕甚至稱：「『五四』以來被稱之爲『現代文學』的東西其實是一種民族國家文學。」〔註 19〕這顯然都不符合中國現代文學在「民國」

〔註 17〕http：//www.360doc.com/content/10/0626/01/875791_35273755.shtml

〔註 18〕曠新年：〈民族國家想像與中國現代文學〉，《文學評論》第 1 期，2003 年。

〔註 19〕劉禾：《文本、批評與民族國家文學──〈生死場〉的啓示》，1 頁，北京大學出版社，2007 年。對中國現代文學研究中民族國家理論的檢討，已有學者提出過重要的論述，如張中良《中國現代文學的「民族國家」問題》，臺灣花木蘭文化出版社，2012 年。

的歷史事實，不必說五四新文學運動恰恰質疑了無條件的「國家認同」，民國
時期文學前十年「國家主題」並不占主導地位，出現了所謂「民族國家意識
的延宕與缺席」現象，〔註20〕第二個十年間的「民族主義」觀念也一再受到
左翼文學陣營的抨擊，就是抗日戰爭時期的文學，也不像過去文學史所描繪
的那麼主題單一，相反，多主題的出現，文學在豐富中走向成熟才是基本的
事實。不充分重視「民國」的豐富意義就會用外來概念直接「認定」歷史的
性質，從而形成對我們自身歷史的誤讀。

　　文學的「民國」不僅含義豐富，也不適合於被稱作是「想像的共同體」。近
年來，美國著名學者本尼狄克特‧安德森關於民族國家的概括──「想像的共
同體」廣獲運用， 借助於這一思路，我們描繪出了這樣一個國家認同的圖景：
中國知識分子從晚清開始，利用報紙、雜誌、小說等媒體空間展開政治的文化
的批判，通過這一空間，中國人展開了對「民族國家」的建構，使國民獲得了
最初的民族國家認同。誠然，這道出了「帝國」式微，「民國」塑形過程之中，
民眾與國家觀念形成的某些狀況，但卻既不是中華民族歷史演變的眞相，〔註21〕
也不是現實意義的民國的主要的實情，當然更不是「文學民國」的重要事實。
現實意義的民國，在一個相當長的時間裏，依然處於殘留的「帝國」意識與新
生的「民國」意識的矛盾鬥爭之中，專制集權與民主自由此漲彼消，黨國觀念
與公民社會相互博弈，也就是說，「國家與民族」經常成爲統治者鞏固自身權利
的重要的意識形態選擇，與知識分子所要展開的公眾想像既相關又矛盾。在現
實世界上，我們的國家民族觀念常常來自於政治強權的強勢推行，這也造成了

〔註20〕李道新在剖析民國電影文化時指出：「南京國民政府成立以前，亦即從電影傳
　　　　入中國至 1927 年之間，中國電影傳播主要訴諸道德與風化，基本無關民族與
　　　　國家。民族國家意識的延宕與缺席，與落後保守的價值導向及混亂無序的官
　　　　方介入結合在一起，使這一時期的中國電影幾乎處在一種特殊的無政府狀
　　　　態，並導致中國電影從一開始就陷入目標／效果的錯位與傳者／受眾的分裂
　　　　之境。」（李道新：〈民族國家意識的延宕與缺席：南京國民政府成立前中國
　　　　電影的傳播制度及其空間拓展〉，《上海大學學報》第 3 期，2011 年。）這樣
　　　　的觀察其實同樣可以啓發我們的文學研究。
〔註21〕關於中華民族及統一國家的形成如何超越「想像」，進入「實踐」等情形，近
　　　　來已有多位學者加以論證，如楊義、邵寧寧：〈描繪中國文學地圖──楊義訪
　　　　談錄〉（《甘肅社會科學》第 5 期，2004 年）、郝慶軍：〈反思兩個熱門話題：「公
　　　　共領域」與「想像的共同體」〉（《中國現代文學研究叢刊》第 5 期，2005 年）、
　　　　吳曉東：〈「想像的共同體」理論與中國理論創新問題〉（《學術月刊》第 2 期，
　　　　2007 年）等。

知識分子國家民族認同的諸多矛盾與尷尬，他們不時陷落於個人理想與政治強權的對立之中，既不能接受強權的思想干預，又無法完全另立門戶，總之，「想像」並不足以獨立自主，「共同體」的形成步履艱難，「文學的民國」對此表述生動。這裡既有胡適「只指望快快亡國」的情緒性決絕，〔註22〕有魯迅對於民族國家自我壓迫的理性認識：「用筆和舌，將淪爲異族的奴隸之苦告訴大家，自然是不錯的，但要十分小心，不可使大家得著這樣的結論：『那麼，到底還不如我們似的做自己人的奴隸好。』」〔註23〕也有聞一多輾轉反側，難以抉擇的苦痛：「我來了，我喊一聲，迸著血淚， ／『這不是我的中華，不對，不對！』」「我來了，不知道是一場空喜。 ／我會見的是噩夢，那裡是你？ ／那是恐怖，是噩夢掛著懸崖， ／那不是你，那不是我的心愛！」〔註24〕

　　總之，進入文學的民國，概念的迷信就土崩瓦解了。

　　也有學者試圖對外來概念進行改造式的使用，這顯然有別於那種不加選擇的盲目，不過，作爲「民國」實際的深入的檢驗工作也並沒有完成，例如近年來同樣在現代文學研究界流行的「公共空間」（「公共領域」）理論。在西歐歷史的近現代發展中，先後出現了貴族文藝沙龍、咖啡館、俱樂部一類公共聚落，然後推延至整個社會，最終形成了不隸屬於國家官僚機構的民間的新型公共社區，這對理解西方近代社會歷史與精神生產環境都是重要的視角。不過，真正「公共空間」的形成必須有賴於比較堅實的市民社會的基礎，尚未形成真正的市民社會的民國，當然也就沒有真正的公共空間。〔註25〕可能正是考慮到了民國歷史的特殊性，李歐梵先生試圖對這一概念加以改造，他以「批判空間」替換之，試圖說明中國近現代知識分子也正在形成自己的「公共性」的輿論環境，他以《申報‧自由談》爲例，說明：「這個半公開的園地更屬開創的新空間，它

〔註22〕胡適〈你莫忘記〉有云：「你莫忘記： ／你老子臨死時只指望快快亡國： ／亡給『哥薩克』， ／亡給『普魯士』 ／都可以」。
〔註23〕魯迅：《且介亭雜文末編‧半夏小集》，《魯迅全集》6 卷，617 頁，人民文學出版社，2005 年。
〔註24〕聞一多詩歌：〈發現〉。
〔註25〕對此，哈貝馬斯具有清醒的認識，他認爲，不能把「公共領域」這個概念與歐洲中世紀市民社會的特殊性隔離開，也不能隨意將其運用到其它具有相似形態的歷史語境中。（參見哈貝馬斯：《公共領域的結構轉型》初版序言，曹衛東譯，學林出版社，1999 年。）中國學者關於「公共領域」理論在中國運用的反思可以參見張鴻聲：〈中國的「公共領域」及其它──兼論現代城市文學研究的本土化〉，《首都師範大學學報》第 6 期，2006 年。

至少為社會提供了一塊可以用滑稽的形式發表言論的地方。」魯迅為《自由談》欄目所撰文稿也成為李歐梵先生考辨的對象，並有精彩的分析，然而，論者突然話鋒一轉：「因為當年的上海文壇上個人恩怨太多，而魯迅花在這方面的筆墨也太重，罵人有時也太過刻薄。問題是：罵完國民黨文人之後，是否能在其壓制下爭取到多一點言論的空間？就《偽自由書》中的文章而言，我覺得魯迅在這方面反而沒有太大的貢獻。如果從負面的角度而論，這些雜文顯得有些『小氣』。我從文中所見到的魯迅形象是一個心眼狹窄的老文人，他拿了一把剪刀，在報紙上找尋『作論』的材料，然後『以小窺大』，把拼湊以後的材料作為他立論的根據。事實上他並不珍惜──也不注意──報紙本身的社會文化功用和價值，而且對於言論自由這個問題，他認為根本不存在。」「《偽自由書》中沒有仔細論到自由的問題，對於國民黨政府的對日本妥協政策雖諸多非議，但又和新聞報導的失實連在一起。也許，他覺得真實也是道德上的真理，但是他從報屁股看到的真實，是否能夠足以負荷道德真理的真相？」〔註26〕其實，魯迅對「自由」的一些理論和他是否參與了現代中國「批判空間」的言論自由的開拓完全是兩碼事。實際的情況是，在民國時代的專制統治下，任何自由空間的開拓都不可能完全是「輿論」本身的功效，輿論的背後，是民國政治的高壓力量，魯迅的敏感，魯迅的多疑，魯迅雜文的曲筆和隱晦，乃至與現實人事的種種糾纏，莫不與對這高壓環境的見縫插針般的戳擊有關。當生存的不自由已經轉化成為「日常生活」的一部分（所謂「報屁股看到的真實」），成為各色人等的「無意識」，點滴行為的反抗可能比長篇大論的自由討論更具有「自由」的意味。這就是現代中國的基本現實，這就是民國輿論環境與文學空間所具有的歷史特徵。對比晚清和北洋軍閥時代，李歐梵先生認為，1930 年代雖然「在物質上較晚清民初發達，都市中的中產階級讀者可能也更多，咖啡館、戲院等公共場所也都具備」，但公共空間的言論自由卻反而更小了。原因何在呢？他認為在於像魯迅這樣的左翼「把語言不作為『中介』性的媒體而作為政治宣傳或個人攻擊的武器和工具，逐漸導致政治上的偏激文化（radicalization），而偏激之後也只有革命一途」。〔註27〕這裡涉及對左翼文化的反思，自有其準確深刻之處，但是，

〔註26〕李歐梵：〈「批評空間」的開創──從《申報》「自由談」談起〉，見《現代性的追求》，19、20 頁，三聯書店，2000 年。

〔註27〕李歐梵：〈「批評空間」的開創──從《申報》「自由談」談起〉，見《現代性的追求》，21 頁，三聯書店，2000 年。

就像現代中國社會的諸多「公共」從來都不是完全的民間力量所打造一樣，言論空間的存廢也與政府的強力介入直接關聯，左翼文化的鋒芒所指首先是專制政府，而對政府專制的攻擊，本身不也是一種擴大言論自由的有效方式？

作為方法的民國，意味著持續不斷地返回中國歷史的過程，意味著對我們自身問題和思維方式的永遠的反省和批判，只有這樣，我們的中國現代文學研究才是真正屬於自己的。

三

「民國作為方法」既然是在自覺尋找中國現代文學研究「自己的方法」的意義上提出來的，那麼，它究竟如何才能成為一種與眾不同的「方法」呢？或者說，它對中國現代文學研究具體有哪些著力點與可能開拓之處呢？我認為至少有這樣幾個方面的工作可以開展：

首先是為「中國」的學術研究設立具體的「時間軸」。也就是說，所謂學術研究的「中國問題」不應該是籠統的，它必須置放在具體的時間維度中加以追問，是「民國」時期的中國問題還是「人民共和國」時期的中國問題？當然，我們曾經試圖以「現代化」、「現代性」這樣的概念來統一描述，但事實是，兩個不同的歷史階段有著相當多的差異性，特別是作為精神現象的文學，在生產方式、傳播接受方式及作家的生存環境、寫作環境、文學制度等等方面都更適合分段討論。新時期文學曾經被類比為五四新文學，這雖然一度喚起了人們的「新啟蒙」的熱情，但是新時期究竟不是「五四」，新時期的中國知識分子也不是「五四」一代的陳獨秀、胡適與周氏兄弟，到後來，人們質疑 1980 年代，質疑「新啟蒙」，連帶五四新文化運動一起質疑，問題是經過一系列風起雲湧的體制變革和社會演變，「五四」怎麼能夠為新時期背書？就像民國不可能與人民共和國相提並論一樣；也有將「文革」追溯到「五四」的，這同樣是完全混淆了兩個根本不同的歷史文化情境。在我看來，今天的中國現當代文學研究，尚需要在已有的「新文學一體化」格局中（包括影響巨大的「20 世紀中國文學」）重新區隔，讓所謂的「現代」和「當代」各自歸位，回到自己的歷史情境中去，這不是要否認它們的歷史聯繫，而是要重新釐清究竟什麼才是它們真正的歷史聯繫。研究中國現代文學，就必須首先回到民國歷史，將中國現代文學作為民國時期的精神現象。晚清盡頭是民國，民國盡頭是人民共和國，各自的歷史場景講述著不同的文學故事。

其次是「中國」的學術研究也必須落實到具體的「空間場景」。「空間和時間是一切實在與之相關聯的架構。我們只有在空間和時間的條件下才能設想任何眞實的事物。」〔註28〕民國及其複雜的空間分佈恰恰爲我們重新認識中國問題的複雜性提供了基礎。在過去一個相當長的時期內，我們習慣將中國的問題置放在種種巨大的背景之上，諸如「文藝復興」、「啓蒙與救亡」、「中外文化衝撞與融合」、「中國傳統文化」、「現代化」、「走向世界文學」、「全球化」、「現代民族國家進程」等等，這固然確有其事，但來自同樣背景的衝擊，卻在不同的區域產生了並不相同的效果，甚至有些區域性的文學現象未必就與這些宏大主題相關。詩人何其芳在四川萬縣的偏遠山區成長，直到1930年代「還不知道五四運動，還不知道新文化，新文學，連白話文也還被視爲異端」。〔註29〕這對我們文學史上的五四敘述無疑是一大挑戰：中國的現代文化進程是不是同一個知識系統的不斷演繹？另外一個例證也可謂典型：我們一般都把白話新文學的產生歸結到外來文化深深的衝擊，歸結到一批留美留日學生的新式教育與人生體驗，所以「走異路，逃異地」的魯迅於1918年完成了〈狂人日記〉，留下了中國現代文學史上第一篇白話小說，但跳出這樣的中/西大敘事，我們卻可以發現，遠在內部腹地的成都作家李劼人早在尙未跨出國門的1915年就完成了多篇新式白話小說，這裡的文化資源又是什麼？

中國的學術問題並不產生自抽象籠統的大中國，它本身就來自各個具體的生活場景，具體的生存地域。有學者對民國文學研究不無疑慮，因爲民國不同於「一體化」的人民共和國，各個不同的政治派別、各個不同的區域差異比較明顯，更不要說如抗戰時期的巨大的政權分割（國統區、解放區及淪陷區）了，這樣一個「破碎的國家」能否方便於我們的研究呢？在我看來，破碎正是民國的特點，是這一歷史時期生存其間的中國人（包括中國知識分子）的體驗空間，只要我們不預設一些先驗的結論，那麼針對不同地域、不同生存環境的文學敘述加以考察，恰恰可以豐富我們的歷史認識。一個生存共同體，它的魅力並不是它對外來衝擊的傳播速度，而是內部範式的多樣性和豐富性，這就是我們所謂的「地方性知識」。民國時期的「山河破碎」，正好爲各種地方性知識的生長創造了條件，如果能夠充分尊重和發掘這些地方性知識視野中的精神活動與文學創造，那麼中國的現代文學研究也將再添不少新的話題、新的意趣。

〔註28〕 （德）恩斯特・卡西爾：《人論》，73頁，甘陽譯，西苑出版社，2003年。
〔註29〕 方敬、何頻伽：《何其芳散記》，22頁，四川教育出版社，1990年。

　　「破碎」的民國給我們的進一步的啓發可能還在於：區域的破碎同時也表現爲個人體驗的分離與精神趣味的多樣化。當代中國的大衆文化曾經出現了所謂的「民國熱」，在我看來，這種以時尚爲誘導、以大衆消費爲旨歸，充滿誇張和想像的「熱」需要我們深加警惕，絕不能與嚴肅的歷史探詢相混淆。其中唯一值得肯定的便是某種不滿於頹靡現狀，試圖在過去發掘精神資源的願望。今天的人們也或多或少地感佩於民國時代知識分子精神狀態的多樣性，如魯迅、陳獨秀、胡適一代新文化創造者般的不完全受縛於某種體制的壓力或公衆的流俗的精神風貌。〔註 30〕的確，中國現代作家精神風貌的多姿多彩與文學作品意義的多樣化迄今堪稱典範，還包括新／舊、雅／俗文學的多元並存。對應於這樣的文學形態，我們也需要調整我們固有的思維模式，未來，如果可能完成一部新的文學發展史的話，其內容、關注點和敘述方式都可能與當今的文學史大爲不同。

　　第三,「作爲方法的民國」的研究並不同於過去一般的歷史文化與文學關係的研究，有著自己獨立的歷史觀與文學觀。中國現代文學研究不乏從歷史背景入手的學術傳統，包括傳統文學批評中所謂的「知人論世」，包括中國式馬克思主義的社會歷史批評，也包括新時期以後的文化視角的文學研究。應該說，這三種批評都是有前提的，也就是說，都有比較明確、清晰的對歷史性質的認定，而文學現象在某種意義上都必須經過這一歷史認識的篩選。「知人論世」往往轉化爲某種形式的道德批評，倫理道德觀是它篩選歷史現象的工具；中國式馬克思主義的社會歷史批評在新中國建立後相當長的時間中表現爲馬克思主義普遍原理的運用，有時難免以論帶史的弊端；文化視角的文學研究曾經爲我們的研究打開了許多扇門與窗，但是這樣的文化研究常常是用文學現象來證明「文化」的特點，有時候是「犧牲」了文學的獨特性來遷就文化的整體屬性，有時候是忽略了作家的主觀複雜性來遷就社會文化的歷史客觀性——總之，在這個時候，作爲歷史現象的文學本身往往並不是我們呈現的對象，我們的工作不過是借助文學說明其它「文化」理念，如通過不同地域的文學創作證明中國區域文化的特點，從現代作家的宗教情趣中展示各大宗教文化在中國的傳播，利用文學作品的政治傾向挖掘現代政治文化在文學中的深刻印記等等。

〔註30〕丁帆先生另有「民國文學風範」一說可以參考，他說：「我所指的『民國文學風範』就是五四新文學傳統，特指五四前後包括俗文學在內的『人的文學』內涵。」見丁帆：〈「民國文學風範」的再思考〉，《文藝爭鳴》第 7 期，2011 年。

　　「作爲方法的民國」就是要尊重民國歷史現象自身的完整性、豐富性、複雜性，提倡文學研究的歷史化態度。既往的中國現代文學研究充斥了一系列的預設性判斷，從最早的「中國新文學是反帝反封建的文學」、「五四新文學運動實施了對舊文學摧枯拉朽般的打擊」、「中國現代文學的發展與歷史的進步方向相一致」，到新時期以後「中國現代文學是走向世界的文學」、「中國現代文學是現代性的文學」、「20 世紀中國文學的總主題是改造民族靈魂，審美風格的核心是悲涼」等等。在特定的時代，這些判斷都實現過它們的學術價值，但是，對歷史細節的進一步追問卻讓我們的研究不能再停留於此，比如回到民國語境，我們就會發現，所謂「封建」一說根本就存在「名實不符」的巨大尷尬，文學批評界對「封建」的界定與歷史學界的「封建」含義大相徑庭，「反封建」在不同階段的眞實意義可能各各不同；已經習用多年的「進步作家」、「進步文學」究竟指的是什麼，越來越不清楚，在包括抗戰這樣的時期，左右作家是否涇渭分明？所謂「右翼文學」包括接近國民黨的知識分子的寫作是不是一切都以左翼爲敵，它有沒有自己獨立的文學理想？國民黨專制文化是否鐵板一塊，其內部（例如對文學的控制與管理）有無矛盾與裂痕？共產黨的革命文學是否就是爲反對國民黨和「舊社會」而存在，它和國民黨的文學觀念有無某些聯通之處？被新文學「橫掃」之後的舊派文學是不是一蹶不振，漸趨消歇？因爲，事實恰恰相反，它們在民國時代獲得了長足的發展，並演化出更爲豐富的形態，這是不是都告訴我們，我們先前設定的文學格局與文學道路都充滿了太多的主觀性，不回到民國歷史的語境，心平氣和地重新觀察，文學中國（文學民國）的實際狀況依然混沌。

　　這就是我們主張文學研究「歷史化」，反對觀念「預設」的意義。當然，反對「預設」理念並不等於我們自己不需要任何理論視角，而是強調新的研究應該比以往任何時候都尊重民國社會歷史本身的實際情形，研究必須以充分的歷史材料爲基礎，而不應當讓後來的歷史判斷（特別是極左年代的民國批判概念）先入爲主，同時，時刻保持一種自我反思、自我警醒的姿態。回到民國，我們的研究將繼續在歷史中關注文學，政治、經濟、法律、教育等等議題都應當再次提出，但是與既往的研究相比，新的研究不是對過去的拾遺補缺，不是如先前那樣將文學當作種種社會文化現象的例證，相反，是爲了呈現文學與文化的複雜糾葛，不再執著於概念轉而注重細節的挖掘與展示。例如「經濟」不是一般的政治經濟學原理，而是具體的經濟政策、經濟

模式與影響文學文化活動的經濟行為，如出版業的運作、經濟結算方式；「政治」也不僅僅是整體的政治氛圍概括，而是民國時期具體的政治形態與政治行為，憲政、政黨組織形式，官方的社會控制政策等等；在文學一方面，也不是抽取其中的例證附著於相應的文化現象，而是新的創作細節、文本細節的全新發現。回到文學民國的現場，不僅是重新理解了民國的文化現象，也是深入把握了文學的細節，這是一種「雙向互犁」的研究，而非比附性的論證說明。例如茅盾創作《子夜》，就絕非一個簡單的「中國道路」的文學說明，它是 1930 年代中國經濟危機、社會思想衝突與茅盾個人的複雜情懷的綜合結果。解析《子夜》決不能單憑小說中的理性表述與茅盾後來的自我說明，也不能套用新民主主義論的現成歷史判斷，而必須回到「民國歷史情境」。在這裡，國家的基本經濟狀況究竟如何，世界經濟危機與民國政府的應對措施，各種經濟形態（外資經濟、民營經濟、買辦經濟等）的真實運行情況是什麼，社會階層的生存狀況與關係究竟怎樣，中國現實與知識界思想討論的關係是什麼，文學家茅盾與思想界、政治界的交往，茅盾的深層心理有哪些，他的創作經歷了怎樣的複雜過程，接受了什麼外來信息和干預，而這些干預又在多大程度上改變了茅盾，茅盾是否完全接受這些干預，或者說在哪一個層次上接受了、又在哪一個層次上抵制了轉化了，作家的意識與無意識在文本中構成怎樣的關係等等，這樣的「矛盾綜合體」才是《子夜》，「回到民國歷史」才能完整呈現《子夜》的複雜意義。

民國作為方法，當然不會拒絕外來的其它文學理論與批評視角，但是，正如前文所說，這些新的理論與批評不能理所當然就進入中國現代文學研究之中，它必須能夠與文學中國——民國時期的文學狀況相適應，並不斷接受研究者的質疑和調整。例如，就我們闡述的歷史與文學互通、互證的方法而言，似乎與歐美的近半個世紀以來的「文化研究」頗多相近，因此不妨從中有所借鑒，但是，在另外一方面，我們必須認識到，歐美的「文化研究」的具體問題——如階級研究、亞文化研究、種族研究、性別研究、大眾傳媒研究等——都來自與中國不同的環境，自然不能簡單移用。對於我們而言，更重要的可能就是一種態度的啟示：打破了文學與各種社會文化之間的間隔，在社會文化關係版圖中把握文學的意義，文學的審美個性與其中的「文化意義」交相輝映。

作為方法的民國，昭示的是中國現代文學研究「學術自主」的新可能，

它不是漂亮的口號，而是迫切的學術願望，不是招搖的旗幟，而是治學的態度，不是排斥性的宣示，而是自我反思的眞誠邀請，一句話，還期待更多的研究者投入其中，以自己尊重歷史的精神。

目

次

第一章　勞工文學與勞工形象

第一節　「五四」時期的勞工文學

一

歷史進入「五四」時期，中國工業文學以「勞工文學」開始了它的初瀾。它不同於近代勞工文學那種基於改良主義思想對於勞工血淚生活的表現，而是在新的現代思潮之下的具有現代思想意識的文學形式的產物。

「五四」時期，中國知識界是在世界無產階級革命特別是蘇俄十月革命的激盪下提出「勞工神聖」這個口號的。但開始時它的含義還比較寬泛，是一個被孕於「人」的文學主體思潮中的繁雜的復合統一體。「人」的觀念的確立，是民主、科學思潮在「五四」文學中的具體化。由於「五四」文學思潮並不是一個隔於整體社會思潮之外的獨立體，人道主義自一開始便與建立民主政治的社會理想融為一體。因此，「五四」先驅者大都將對「人」的認識，納入他們對社會現實的總體看法之中。在當時那個貧富懸殊、民眾啼饑號寒的時代，人道主義思潮漸次集中到對民眾的關注之中，「勞工神聖」的口號開始在知識界風行。應當注意的是，這一口號在一開始，還有較寬泛的人道色彩，並不僅僅局限於對勞苦大眾的關注上。蔡元培在慶祝協約國戰爭勝利的集會上說：「我說的勞工，不但是金工，木工等等，凡自己的勞力作成有益他人的事業，不管他用的是體力，是腦力，都是勞工。所以農是種植的工，商是轉運的工，學校職員、著述家、發明家是教育的工，我們都是勞工」〔註1〕。

〔註 1〕載《新青年》5 卷 5 號。

由於「勞工神聖」這一口號的寬泛而不確定性，使知識界開始意識到應當尋找到一個更確定地表達對貧苦下層人民同情關注的口號。李大釗《庶民的勝利》一文，使「勞工神聖」帶上了平民色彩，後來又較早提出「平民主義」。但在文學中給這一意識定名的則是周作人。他在《平民文學》中強調，所謂平民文學與貴族文學的區別，在於精神上的「普遍與真摯」，因此「我們不必記載英雄豪傑的事業，才子佳人的幸福，只應記載世間普通男女的悲歡成敗」。雖然他仍然以人性去闡釋平民文學的含義，但畢竟打破了帝王將相的文學舊套，使文學更切近普通人生。茅盾正是在這一起點上，把平民主義與「為人生」的文學主張糅在一起。在主持《小說月報》之後，他明確提出：「新思想要求他們注意社會問題，同情於『被損害與被侮辱者』」。〔註2〕周作人、茅盾等人在文學理論上的努力，再加上魯迅、葉聖陶、王統照等人在創作上的實踐，「平民主義」實際上成為與各種社會問題，尤其是與貧苦人民生活問題緊密相關的，著重表現「被損害與被侮辱」的底層人民的文學思潮，並成為「五四」時期勞工文學的主潮。

在各種思潮的復合交響中，社會主義思潮也悄然湧動。由於蘇俄革命的啟示，早期激進知識分子陳獨秀、李大釗等開始大力介紹俄、德、奧等國工人階級的鬥爭。李大釗在《庶民的勝利》中指出，德國戰敗「是資本主義失敗，勞工主義戰勝」。一年後，他又在《由經濟上解釋中國近代思想變動的原因》中，認定「勞工神聖」思潮是「新的經濟組織上必然發生的構造」，而新的經濟，則「促起勞工階級的自覺」。〔註3〕實際上，李大釗已朦朧地把勞工看作一種現代經濟的產物，以及一種集團力量來認識了。在以工人為主力的「六三」運動前後，社會主義已成為大多數刊物討論「社會改造」時公持的思想，一時成為時尚，儘管這些思潮龐雜而模糊。20年代初風起雲湧的工潮使人們更認識到作為階級集團的工人力量。早期共產黨人接受了馬克思主義，其中一些從事工運宣傳的知識分子如鄧中夏、瞿秋白、沈澤民、蔣光赤等人開始宣傳「革命文學」，試圖將早期立足於人道主義的勞工文學漸次過渡到具有社會主義革命色彩的工人階級文學，儘管這一過渡還遠未完成。可以說，從人道主義到勞工神聖，到平民主義，到社會主義，是「五四」時期勞工文學思潮發展的脈絡。從人，到勞工，到底層工人，再到作為階級的工人，便是這一時期勞工形象的變遷線索。

〔註2〕沈雁冰：《自然主義與中國現代小說》，載《小說月報》13卷7號。
〔註3〕載《新青年》7卷2號。

二

「五四」勞工文學的發生發展，基本上受到上述處於流動狀態的各種思潮支配。雖然在不同時期呈現出多元思潮複合並存的狀態，但大體來說還是有較明晰的時間階段性。筆者試圖糅合橫向複合與縱向漸進雙重因素，對其進行內容上的分析。

其一，勞工的偉力與創造。

將勞工視為人類世界的創造者，是「勞工神聖」思潮在文學上的最初反映。這些作品大都帶有廣泛的平民主義意味，尤其是在那些稍晚於《新青年》的刊物如《星期評論》、《新潮》、《少年中國》的作者群中，更加明顯。這些青年作者情感激蕩而涉世未深，易受思潮影響而觀察實感不足，這種空泛是可以想見的。他們更多的是從人類角度謳歌勞工偉力，似乎尚未觸及中國勞工的具體生活，而體裁幾乎不出詩歌範圍。郭沫若在《三個泛神論者》中，把他所心儀的泛神論者看作是靠勞動吃飯的人；在《地球，我的母親》中把「炭坑裏的工人」看作「全人類的普羅美修士」。《星期評論》作者群中沈玄廬的《工人樂》、《起勁》、《勞動世界歌》，劉大白的《紅色的新年》，《少年中國》作者群中鄧中夏的《遊工人之窟》，再加上《新青年》作者群中的寒星（劉半農）的《鐵匠》、《敲冰》，胡適的《威權》、周作人的《兩個掃雪的人》等，也大都禮贊勞工偉大的創造。這些詩作中的工人形象極為模糊，有的甚至沒有形象。在對勞工身份的界定方面，這些作者的看法比較接近蔡元培，具有明顯的不確定性。在沈玄廬《起勁》一詩中出現多種勞工，有現代產業工人意義的建築工人、紡織工人，還有馬車夫、轎工，甚至還有教師；鄧中夏《遊工人之窟》中也有趣地把醫院、學校也看作「工人之窟」。作者表達的其實只是「沒有勞動，就沒有世界」這一抽象思想。在創作手法上，這些詩作抒情與說理色彩甚濃。由於急於表述觀念，往往忽視直觀的生活寫實。

其二，勞工的貧困生活。

勞工生活的貧困，是「五四」知識者切實接觸社會後所獲得的第一個真實認識。與謳歌勞工創造偉力的詩作比較而言，這一類作品在總體上顯然高出一籌。首先是它建立於切實的勞工生活實感之中，有沉鬱的寫實之風；其次是勞工的身份有明顯的確定性，如車夫、學徒、織布工、木匠、鐵匠、苦役、轎夫等；三是這類作品在體裁上超越詩歌範圍，開始出現在一些寫實敘事的體式中，如小說、報告文學等。更重要的是，從社會思潮來看，它擺脫

了「勞工神聖」觀念的模糊與寬泛，而將關注點聚集於被損害與被侮辱的底層人民，具有了較高的「勞工文學」意義。

詩歌方面，在表現勞工貧困方面著力最巨成績最高者，當屬劉半農。首先，進入其文學視野中的勞工形象較爲廣泛，這在當時是無人能比的。他描寫車夫、學徒、木匠、織布工、鐵匠、船工等，並大量運用底層人民的口語，訴說多難而貧困的生活遭際。《學徒苦》中的學徒「食則殘羹不飽，夏則無衣，冬衣敗絮！」更有《麵包與鹽》中北京工人以鹽與大蔥聊以充饑。其次，在關注勞工物質生活貧困的同時，劉半農也力圖透進勞工內心，傳達出勞工因貧困而致的精神創痛。其三，劉半農還觸摸到了勞工心中的不平與對不良社會的憤怒之情。「面色如土」的學徒不堪奴隸般的生活，憤然自念：「生我者，亦父母！」憤怒之下，勞工們也發出了生命的呼喊：「咱們不要搶吃人家的！可是人家也不該搶吃咱們的」（《麵包與鹽》）。

在小說方面，著力表現勞工生活的是文學研究會作家。自然，這與其遵奉的「爲人生」的文學意識有直接的關係。他們由一般地關注現實人生，逐漸向關注底層人民轉移。早在 1914 年，葉聖陶以文言寫就的《窮愁》，已與當時「盛行的豔情滑稽各派是合不攏來的」。〔註 4〕作品描寫上海絲廠工人阿松因失業而至賭場賣餅，被誣參賭入獄。其母以壽衣作資將兒贖出，被房東逐出，死於街頭。這篇小說實際上已顯示出作者日後努力的方向。日後《夏夜》等篇，可看作這個方向的繼續。與此期的詩歌相似，文研會勞工題材小說也多用將勞工的貧困不幸與社會上層的浮華享樂相對比的手法，顯示出作家對勞工貧困根源的某種認識。孫俍工《隔絕的世界》，題目就顯示這一意味。困頓的車夫與公館闊佬其實是隔絕的兩個世界。時近除夕，富人們恣樂打牌，卻不許包月的車夫回家看望病重的兒子。富人恣情享樂之日，正是車夫之子喪命之時。作者著力寫出富人們歡宴的場面，以此映襯窮人死別的悽楚。王統照《生與死的一行列》也寫出了貧富隔絕的世界。一面是貧賤一生的老工人魏老兒死去，窮人爲他送葬的死的行列，一面是街頭熙攘往來的歡樂男女的行列。雖同在街頭，卻絕不相通。

文研會「爲人生」的主張引發了當時以小說表現勞工的興趣，使《小說月報》成爲較集中刊載勞工小說的陣地。有幾位並非名手的作者，在描寫勞工生活方面，頗有可道之處。如利民《三天勞工底自述》、勒生的《賊──不

〔註 4〕顧頡剛：《〈隔膜〉序》。

幸的人》、夢雷的《懵懂》、濟明的《尋常的淚》、許志行的《師弟》等等。

如果說此時小說創作還是表現非產業工人（如車夫、學徒、轎工）的話，那麼報告文學創作則把鏡頭搖向大工業的產業工人群落。由於報告文學體式上的特點，它大都表現重大事件中的勞工不幸與鬥爭，其中于皆平的《唐山煤礦葬送工人大慘劇》與吳楨的《湖南煤礦水工慘狀》，都是其中較優秀的作品，不僅揭示產業工人的生活慘狀，而且還一定程度地表現了反抗鬥爭。另外，並不出名的作家梁紹文在 1924 中華書局出版的《南洋旅行漫記》是一部記錄南洋一帶社會現象的作品，作者用大量篇幅記錄被稱為「豬仔」的南洋華工的悲慘命運。在《賣豬仔的黑幕》、《活入阿鼻地獄的豬仔》和《終身無期徒刑的豬仔》等篇中，作者考察了豬仔苦工的歷史起源與非人生活，揭示了資本原始積累的殘酷。應該說，在揭示勞工悲慘生活方面，報告文學更見出憂憤深廣。但由於新文學之初，大多數文人作家大都無意創作與研讀報告文學，更由於京滬文人對異地產業工人生活的隔膜，所以這類作品沒有引起時人足夠的關注。

其三，勞工的反抗與鬥爭。

社會主義思潮在「五四」勞工文學中的最初反映，便是歌頌勞工的反抗。在早期具有朦朧社會主義思想的作家筆下，已開始出現這類作品。如劉大白《紅色的新年》，沈玄廬《起勁》、《勞動世界歌》等等，但這類作品不乏空想色彩。比如《紅色的新年》設想一工一農置身於黑暗中，發出「不公，不公！」的呼號，候而，望見從北極下來的赤潮從近東到遠東，潮頭上的錘兒鋤兒「鋤光了世間不平不公」，於是「這紅色的年兒新換，世界新開！」此詩與其說是表明了勞工的反抗，不如說是象徵性表述一種理想社會的前景，並未進入切實的表現。而客觀反映勞工的反抗鬥爭，是在「二七」、「五卅」、安源等震動全國的工潮之後了。

20 年代中國工人運動的高潮，產生了一大批適合鼓動鬥爭需要的詩歌作品。這類作品大都短小，並具有明顯的歌謠特徵，可誦可唱。如發表於《新青年》署名「某工人」的《頸上血》，流傳於安源煤礦的《勞工記》與五卅時期的《十二月革命歌》、《五卅小調》、《國民團結歌》等等。這一情形深刻影響了某些在上海從事工運的文人創作，如瞿秋白創作的歌詞《赤潮曲》，注明「泗州調」的歌謠《大流血》與以一年十二月時令與花名起興的《救國十二月花名》，再如彭湃的《勞動節歌》，都是帶有民謠色彩的作品。

在記敘性文學作品中，表現工人運動的篇章也開始多了起來。《嚮導》第20 期上發表報告文學《二七大屠殺的經過》，記敘了京漢鐵路大罷工的全過程，特別描述了林祥謙就義時的情景。胡風發表於上海《民國日報》上的小說《兩個分工會的代表》也以林祥謙爲原型，展示了他從覺醒到犧牲的鬥爭過程。署名記者的報告文學《香港罷工風潮始末記》，不僅介紹了工人的加薪鬥爭，而且還在文末提出，應把經濟鬥爭提高到政治的高度：「罷工也是一種醫治的方法，但不是一種根本的醫治的方法，彷彿一個房屋快要倒塌，我們應該重新建造一個才是根本的方法。」

不同於「五四」時期表現勞工悲慘生活的作品，這類作品已開始出現較明朗的社會主義色彩。不僅「階級」、「資本家」、「剝削」等詞彙頻繁出現，而且，開始把工人作爲一種新的階級集團與社會力量來看待，並試圖用階級鬥爭學說滲透文學創作。並且，這類作品日益引起新文學中心陣營的關注。由《頸上血》與《香港罷工風潮始末記》發表於《新青年》這樣的刊物與瞿秋白等文人擬作歌謠便可以看出「五四」中心意識形態對此的認可。雖然這類作品在「五四」「人的文學」中尙不占主流，但在思想內容與體式技法上，都暗示了勞工文學在日後的發展方向。

三

不可否認，「五四」勞工文學取得了一定的成績，但我們仍得承認，此期的勞工文學還不能算作一個較成熟的完整、獨立形態（鑒於此，我們在書中使用「勞工文學」而棄用「工業文學」以稱謂之）。細加剖析，有以下兩點。

一是「五四」勞工文學中的「工人」概念界定不明確，工人形象單薄而模糊，品性不甚完整。自然，這其中有客觀的社會環境的限制。由於此時中國工業尙不發達，而建立於工業文明基礎上的都市形態尙未達到 30 年代的那種繁榮與成熟，使新文化中心意識形態並未將工業作爲認識近代社會的基點。加之新文化先驅大都寓居北京這樣一個經濟極不發達的都市，產業工人由於數量極少而無法引起知識界足夠的重視，而學者教授這種在當時有尊貴社會地位與優渥經濟地位的職業又局限了他們與產業工人的交往。就他們的日常生活來說，只能通過出門必坐人力車、家中必雇請女傭這過於狹窄的途徑對勞工進行極有限的接觸。進入他們視野的只能是一些從事傳統行業的個體勞動者，如車夫、女傭、雜役、鐵匠、木匠、學徒、轎夫等等。「五四」時

期教授型作家大量創作以人力車夫、女傭爲形象的作品即是例證。這種情形甚至在以後不短的時間內仍然普遍存在。如 30 年代，老舍與友人談及包月車夫而作《駱駝祥子》；新月諸人聚餐敍講家中女傭而有了淩叔華的《楊媽》等等。〔註5〕這情形並不如後來瞿秋白所訾議的「站在統治階級剝削階級的地位來可憐洋車夫老媽子」的「洋車夫文學」與「老媽子文學」〔註6〕而是如茅盾所言：

> 有人說，中國近來小說範圍太狹。……談人道只有黃包車夫給人打等等。實在這不是中國人沒有能力做好些的。這實在是現在的作家的環境如此。作家要寫下等社會的生活，而他不過見過黃包車夫給人打這類的事，他怎樣寫別的？〔註7〕

而在上海，雖然其工業發展冠蓋遠東，但在「五四」時期還未成爲文化中心。而且，由於工業區在遠離市中心的浦東、楊樹浦一帶，大量工人相當集中地居住在這些區域的棚戶區，也一定程度上阻礙了知識者對他們的觀察。

　　與此相應，由於知識界與工人的交往認識有限，也導致勞工文學表現工人品性的極不完整。多數作家們似乎還沒有注意到產業工人作爲新型經濟組織的主角，對於社會政治、經濟、文化方面的重要作用以及由此帶來的社會變遷。換言之，並未注意到工人作爲階級的集團力量，作爲都市人的文化特徵與作爲「經濟動物」的社會動力，而只注意到較容易被觀察到的某些生活側面，如貧困。所謂「工人」與寬泛的底層人民概念無異。因此，勞工題材與表現底層人民生活的總體形態區別不大。雖然也有少量作品涉及到勞工的道德與人格美，如魯迅《一件小事》對工人品質的讚頌，劉半農詩中對工人「出力掙活」的健康人生觀的描述，彭家煌《Dismerger》對德國工人單純而善良自重品質的描寫，但畢竟，這聲音太微弱，而被淹沒於表現貧困的主聲浪中。整體而言，「五四」勞工文學缺乏對工人生活各個側面的記錄。當然，這種局限，除作家自身的原因外，更是整體社會狀況使然。要改變這一情況，恐怕只有等到 30 年代了。

〔註5〕1925 年，陳西瀅、淩叔華、丁西林、徐志摩等新月中人在胡適寓所聚餐，談及高一涵家中女傭的故事，相約以此爲題創作，約定丁作戲劇、徐、胡寫詩、淩叔華寫小說。此事見胡適爲淩叔華《楊媽媽》所寫題記，載淩叔華小說集《女人》，商務印書館 1930 年版。
〔註6〕瞿秋白：《普洛大衆文藝的現實問題》，《瞿秋白文集》（二）人民文學出版社 1953 年版。
〔註7〕茅盾：《文學與人生》，《新文藝評論》，上海民智書局 1923 年版。

　　第二，是廣泛存在於勞工文學中的知識者視角，使其很難從總體的「知識者文學」中獨立出來。在「五四」作家對勞工的深切悲憫中，包含了較明顯的居高臨下的態勢。「低賤」的勞工作爲人的尊嚴，其實是「崇高」的知識者的意識在作品中給予的。在知識者的強大自信面前，勞工自然處於被悲憫被解放的地位。知識者與勞工的關係，似乎還見不到第二種。即使是李大釗這樣的共產黨人，也深信不疑地說：「我們很盼望知識階級作民眾的先驅，民眾作知識者的後盾。知識階級的意義，就是一部分忠於民眾作民眾運動的先驅者。」〔註8〕

　　由此，由知識者替代工人表述思想，成爲極普遍的情形。換言之，大多數作品並未將工人作爲客觀描述的主體，以致只是作爲知識者本人精神世界的一個補充說明。比如，歌頌勞工的偉力創造，基本上是以「人的發現」爲基準提出的人類問題，還遠不是對具體工人生活的描述。而對勞工貧困問題的關注也帶有究詰人生諸種意義的問題小說色彩。盧隱的小說《靈魂可以賣嗎？》描寫上海女工由於資本家不許她們運用思想而感到自己成爲會說話的機器，因而提出「靈魂可以賣嗎？」這一類既帶有知識者意識特點，而又帶有知識者腔調的問話，足以見出這篇作品與眞正工業文學的遙遠距離。

　　郁達夫的名篇《春風沉醉的晚上》素來爲人推重。這篇小說較早以產業工人爲表現對象，而且在表現工人品性方面要比同時期作品高出許多。它較全面涉及到產業工人的工作起居、對資本家剝削的認識、對同類底層人的關切扶助等等，堪稱此期最優秀的勞工文學作品。但整體看來，這篇作品也是作者「自敘傳」系列中的一個部分：陳二妹貧困而向可維持的境遇，對比說明了文人寒士的更加落魄；陳二妹單純而美好的友情，是「我」最終「欲情淨化」的動因。作品結尾仍表明了知識者的自我人格追求：「我覺得我的周圍，忽而比前幾秒鐘更光明了。」即使如《薄奠》這樣客觀描述車夫慘狀的作品，也旨在說明「這些苦楚，都不是他（指車夫引者）一個人的苦楚」。抒情主人公「我」並非只是觀察勞動者的配角，而同樣是主角——困厄的知識者。

　　在某些描寫工人革命的作品中，人物其實充當了作者傳聲筒的作用，至多不過是表明了知識者走近工人的意願，如葉聖陶的《苦菜》。對此，我們還可以印證於田漢早期的劇作。田漢《午飯之前》是描寫工人思想轉向的。工人家庭中的大姊上午還是篤信基督的不抵抗者，而在聽到二妹在廠裏索薪鬥爭中犧牲後，於午飯之前徹底覺悟：

〔註8〕李大釗：《知識階級的勝利》，載《新生活》，1920年第23期。

上帝！不，你這惡魔，滾到地獄裏去吧！我要復仇！我要踏著
他們的血前進！

真是擲地有聲！但她果然能切實地進入工人運動中嗎？答案是否定的，因為無法想像這樣的決定有多長的持久性。劇中讓另一人物二姊匆匆去家中宣傳，又匆匆趕到廠裏鬥爭，乃至很快死去，只是為了安排大姊匆匆的人生轉向。而大姊的轉向，恰恰只是作者粗糙的思想意識的轉述。我們絲毫不懷疑作者的真誠，但更認為，這正顯示了知識者對客觀真實的工人鬥爭的隔膜。

通過以上的分析，我們有理由認為，勞工文學在整個「五四」時期，是一個並不發達的門類。或依附於「為人生」的旨在表現底層人民的啟蒙文學形態之中，或尚未脫離知識者文學範疇，缺少獨立存在的可能性。因此，說它只是 20 世紀中國工業文學的初態，不為妄言。

第二節　新文學初期的人力車夫

在產業工人形象出現之前，人力車夫是新文學中最重要的工人形象。此種情形，自 1917 年一直持續到 30 年代初。可以說，人力車夫形象構成了新文學作家對工人的最初認識，也構成了中國工業文學最初形態的某些特點，以及日後發展態勢的某些方向性因素。

一

1870 年，日本人高山幸助在橫濱創制人力車。大約 4 年後，法國人米拉便從日本輸入了這種便捷輕巧的交通工具，並在上海得到了法租界公董局與公共租界工部局的許可，備車三百輛，在租界內開設了人力車廠。這是有籍可查的中國人力車最早的資料。在短短一、二十年內，人力車迅即在上海、北京等地流行開來。據說到 1928 年，上海的人力車已達到 36280 輛，大大小小的車行，竟有數千家之多。

雖然人力車夫並非典型意義上的產業工人，但由於其在社會上的廣泛存在，自然無法不引起文人們對人力車夫的注意。尤其是在北京。民國初年的北京經濟，尚屬混合型，即以北方少數民族游牧漁獵與中原漢民族農耕經濟為主體。即使是所謂「製造業」也多屬傳統型，以從事傳統器物如金銀玉器、傳統食品為主。在整個北洋政府時期，北京的工業並未得到很大發展，而在 1927 年失去首都地位後，北京工業的不發達更是不爭的事實。在缺少現代工

業與產業工人的情形下，從事傳統體力勞作的個體勞動者，如車夫、雜役、學徒、轎夫等，便顯得較為觸目。據 30 年代的資料，北平有人力車四萬餘輛，分拉早拉晚兩班，車夫有 8 萬人之多。按每一個車夫負擔家庭兩人生活來計算，靠車夫生活的人至少在 16 萬以上。〔註9〕再按北京當時人口 150 萬的比例，這部分人占北平總人口的 1／10 以上。這些資料表明，車夫雖然不是產業工人，但在北京這樣的傳統消費城市，仍構成工人主體。這是人力車夫為人們重視的社會原因之一。

另一個原因則與「五四」時期知識者的生活方式以及由此而來的某些意識特徵有關。由於北京城市形態中缺少現代經濟成份，使知識者較難將大工業作為認識現代社會、認識人的基點，而只是從普泛的人道角度去關注「被損害與被侮辱」的都市下層。這就使得文人們與車夫、女傭的接觸又比其它個體勞動者為多。因此，車夫，作為這一時期勞工文學中最常見的形象便不足為怪了。如果說，勞工神聖與人道主義是這一時期知識者意識形態的中心點，那麼車夫形象便是這一意識形態的體現者。

1927 年後，隨著首都南遷與大量文人南移，中國的文化中心也轉移到上海。至 30 年代，上海等沿海大都市資本主義經濟文化大獲繁榮，大工業佔據了都市生活的中心；更由於 30 年代左翼文藝理論的崛起，作家們開始以馬克思主義經濟學說滲透文學。在具體的行為方面，開始介入大工業的產業工人集團；從文學的表現方向來說，則將產業工人作為文學的描述對象。因此，在 30 年代中國工業文學中，傳統職業的車夫，已退出作家的中心意識形態，車夫形象已不再常見。

二

中國文人注意到人力車，大致始於 19 世紀 80 年代的日本。不過，當這種起初被喚作「戈羅媽」（東洋車）的新鮮事物出現於街頭時，留日文人們首先驚訝於其作為新式交通工具的先進性。黃遵憲多次歌詠人力車，在他筆下，那種街頭「戈羅媽」的「萬車轂擊」似乎是對日本近代都市文明的概括，作者的欣喜之情畢現。人力車進入上海後，文人們仍然循著同一思路去看待人力車，甚至將其視為近代都市文明的典型，這在清末民初歌詠滬上繁華的詩歌中並不鮮見。

〔註9〕吞吐：《北平的洋車夫》，載《宇宙風》第 22 期，1936 年版。

　　而到了民國初年，西方自由平等學說進入中國後，一些文人開始以初步的人道觀點去看待人力車了。因此，在把人力車視爲近代文明產物的同時，也發現了其所包含的人與人的不平等因素。如吾盧孺寫於 1910 年的《京華慷慨竹枝詞》中《人力車》中說：

　　　　短小輕盈製自靈，人人都喜便中乘。自由平等空談說，不向身前向弟兄。

滿口「自由平等」口號的坐車人，其實並沒有正視其與車夫之間的不平等。這一視角是以前所沒有的。但詩人並沒有對車夫的工作生活去作悉心體察，這一缺憾在短時間內看來是無法彌補的。

　　「五四」之初，「勞工神聖」與人道主義思潮風行一時，成爲中心意識形態，以致時人評論說：「勞工神聖！勞工神聖！勞工神聖！與勞工爲伍！與勞工爲伍！這種聲浪在雜誌界和報章上也鬧得夠高了，一般講新文化的青年，都不免掉要講幾聲。」〔註10〕人力車與人力車夫開始作爲關注底層人民的最重要的社會現象大規模進入了文人視野。報刊上出現了大量討論人力車夫生活的文章。如善根的《人力車問題》〔註11〕，署名植的《上海人力車罷工》〔註12〕，朱天的《人力車問題》〔註13〕等等。隨之，以人力車夫爲題材的作品也大量出現，體式從詩、小說到話劇等等，不一而足。作者方面，既有名家，也不乏新手。前者如胡適、沈尹默、魯迅、郁達夫、劉半農等，後者如寫詩的周恩來與創作了話劇《人力車夫》與《車夫的婚姻》的陳綿、陸家健等人，形成了新文學表現人力車夫的第一個高潮，並從 1918 年持續到 1924 年。

　　由於主觀與客觀兩方面的限制，此時的作家並未完全深入到底層人民的實際生活中去。他們觀察車夫的主要視角便是「坐車」。因此，由這觀察所得出的表現便有相當的局限，較多集中於車夫生活的某個較易看到的側面，即辛勞與貧困，較獨特一些的也僅僅涉及到某些車夫的品質道德，其它的則少人問津。

　　新文學第一批詩作便涉及到人力車夫的貧困，其中最著名的便是胡適與沈尹默的同題詩作《人力車夫》，此外還有顧頡剛的《春雨之夜》、陳南士的

〔註10〕義璋：《討論怎樣過我的暑假生活》，載《民國日報》，1920 年 6 月 17 日。
〔註11〕載《每周評論》8 號，1919 年 2 月。
〔註12〕載《每周評論》，1919 年 3 月。
〔註13〕載《民國日報‧覺悟》，1919 年 10 月 11 日至 17 日。

《走路》等，大都以人道主義思想道出了對人力車夫的深切同情。胡適的詩作以坐車客人的視角寫車夫：16 歲的少年，竟已有三年拉車，況「半日沒有生意」，「又寒又饑」，足以見出車夫的貧困。但寬泛的人道主義在面對切實的現實問題時，卻也表露了一種無奈：出於人道，「你年輕太小，我不坐你車。我坐你車，我心慘淒」。但如此「好心腸」，則又使車夫飽不了肚皮。胡適顯然墜人一種人道的悖論之中而無法解決。客人雖然「心中淒慘」、「酸悲」，但仍然坐上車去「拉到內務部西」的著名情節，也仍然只在表述知識者寬憫人間的人道主義情懷。沈尹默的詩作則以看車者的視角看待車夫：

日光淡淡，白雲悠悠，風吹薄冰，河水不流。

出門去，雇人力車。街上行人，往來很多；車馬紛紛，不知幹些甚麼？

人力車上人，個個穿棉衣，個個袖手坐，還覺風吹來，身上冷不過。

車夫單衣已破，他卻汗兒顆顆往下墮。

手法全用白描，情感也似乎冷靜，但作者對車夫苦難的感觸卻更纖敏，呈現出一種較主動的同情態度。

到了劉半農手中，表現視角有了轉換。他從胡、沈等人的乘車人、看車人的角度轉為拉車人也即車夫的角度，這從其多首詩作副標題均標明「擬車夫語」或「擬擬曲」便可知曉。《車毯》一詩便注明是「擬車夫語」，內中以車夫的語言狀寫其心理。這位車夫對其鋪於車座上的毛毯極為珍視：「洋紅的柳條花，映襯著墨青的底子」，分明有一種敬惜工具的勞動者本色。但這一切卻只是為了坐車的老爺們能多花兩三個銅子，自己卻無法享用，其心理轉述頗為自然，顯示出對車夫貧苦表現的深度。《車毯》一詩是劉半農表現車夫詩作的先河。由於觀察的深入，劉半農突破以往車夫詩只求一側面的表現框架，開始縱深發展。第二首《擬擬曲》不再局限於坐車人對車夫的瞬間觀察，而是以一位老車夫老九的一生命運為表現對象。在老舍《駱駝祥子》之前，這首詩可算作最全面的作品。詩作以車夫老五、老六的對答，憶寫出車夫一生從青壯年拉車，到病無錢醫、死無人葬的經歷。除了貧困之外，車夫的精神世界亦在作者視野之內。《老木匠》的主人公的痛楚來自喪子；《擬擬曲》中車夫由於貧困，甚至得不到妻子的理解，

死後，只有小女想到爲他辦喪。這是作者超出當時其它詩人的第二個方面。上面那首《擬車夫曲》，在貧困之外，也揭示了車夫家庭人際的冷漠與車夫之間的患難互助。作於巴黎的另一首《擬擬曲》則透入車夫們雖朦朧但不失正直的政治觀念與人生理想。車夫對軍閥統治下的衰敗、混亂的政治與貧民百姓的尖銳對立有了認識，不管是光緒爺，還是曹老三（曹錕），「他們都是耀武揚威的來/可都是——他媽的——捧著他腦袋瓜兒走！」「只是鬧著來，鬧著走/隸苦子們只是咱們幾個老百姓」。可貴的是，車夫們在混亂的世態之下，還信守著自己的人生：「他們有臉的丟臉/咱們有命的拼命/還不是一樣的英雄好漢麼？」

　　表現貧困，是此期車夫文學最重要的內容。同時期的小說創作，如王統照《生與死的一行列》，郁達夫《薄奠》與孫俍工《隔絕的世界》，都大致循著同一模式。在以後的新文學第二個十年裏，它仍是作家們最關注的問題，如聞一多的《飛毛腿》、臧克家的《洋車夫》，以及歐陽予倩的《車夫之家》等等。

　　從內容上，表現車夫的另一屬類是展示人物的高尚人格。在這方面，魯迅《一件小事》可視爲第一篇。它描寫一位車夫細心扶助被車撞的婦人，還通過車夫行爲與坐車人自私心理的對比，強調車夫可貴的品質。茅盾曾評《一件小事》，說它「沒有頌揚勞工神聖的老調子」，〔註14〕但其中「勞工神聖」的色彩還是依稀可辨。所不同的是，它拉近了文人與車夫之間的距離。在車夫身上，不僅有被文人憐憫的遭際，還有被文人感佩的品質，因而給車夫生活添上了另一個不曾被人注意的側面。郁達夫發表於 1924 年的小說《薄奠》大抵與《一件小事》相似。一個文人於大風之中乘車，而車夫卻沒有當時常見的敲竹槓行爲。文人悄悄摘下手錶資助其家庭用度，而車夫卻登門奉還。這位車夫生活極爲困難，以致買一輛人力車的願望至死也無從實現。這篇作品將車夫的品質與其貧困生活結合起來，使兩方面都得以深化。

　　可以說，「五四」時期有關車夫的文學作品是當時關注底層人民生活最重要的實績，但勿庸諱言，這類作品大致仍囿於知識者文學的範疇之內。首先是廣泛存在的知識者視角。大多數作品的題旨仍是表述與車夫有接觸的文人的道德與情感，車夫的貧困或人格是被發現，而非顯現。即使是《一件小事》與《薄奠》這樣優秀的作品，仍是從自我感受展開，更不用說胡適、沈

〔註14〕方壁：《魯迅論》，載《小說月報》18 卷 11 期，1927 年 11 月。

尹默等人的單純的人道情懷了。在《一件小事》中，我們所能讀出一個「我」字：「而他對於我，漸漸的又幾乎變成一種威嚴，甚而至於要榨出我的小來。」應該說，作者表明的知識者人格追求與提升，不比表現車夫更弱。被榨出「小」，其實是人格的擴大。其次是作家對車夫生活的觀察較為有限。他們大都注意到車夫生活中較容易關注的某個側面，如貧困。相對來說，忽視了這種職業存在的巨大的社會性內容。僅就車夫的貧困來說，其本身只是外在顯現，而其內裏則是車夫與社會各種複雜的關係所致。忽視了後者，對貧困的表現也就流於泛化了。我們注意到，許多詩歌、小說都喜用上等人與車夫之間的比較為情節框架，如沈尹默、胡適的車上人與拉車人，王統照《生與死的一行列》中因貧困死去的老車夫與來往於街頭的紅男綠女的生死兩行列等等，但前者兩種人只構成同情與被同情的關係，後者似乎在進行一種車夫貧困根源的挖掘，但由於掘之不深，而只能成為社會貧富懸殊的一種寫照。由此，我們感到，車夫作為一種廣泛存在的城市個體勞動者，其品性在「五四」文學中並不全面。當然，這裡並非指謫「五四」勞工文學，就「五四」時期的思潮與新文學初期通行的短篇小說來說，這已經是難能可貴的了。改變這一切，唯有等待 30 年代思潮的演進與長篇小說體式的成熟了。

三

「五四」退潮後，人道主義作為意識形態中心點的勢頭已不再洶湧，而冷靜剖析社會則成為作家們新的創作原則。因此，作家們不再把車夫當成自己人道精神的傳聲筒，而是把車夫作為都市社會的普通一員，借車夫來剖析社會。〔註15〕

老舍在 1934 年創作《黑白李》前後，創作思想開始向左翼文學靠攏，這使他在關注北平底層市民生活的同時，對作品溶入了某種社會批判意識，政治、經濟、文化的綜合分析替代了單一的文化展現。1935 年至 1936 年，老舍在《宇宙風》上陸續發表《老牛破車》創作談十四題，標誌著其創作已進入高度自覺狀態。1936 年老舍辭去大學教職專事創作，《駱駝祥子》這部表現北平車夫的巨作便在這年完成。在談及創作經驗時，他說：

> 我所觀察的不僅是車夫的一點點浮現在衣冠上的、表現在言語

〔註15〕即使是施蟄存《四喜子的生意》這一類多少偏離時代思潮的作品，也仍然把車夫當作普通市民來看待，寫出人性的壓抑與釋放。

與姿態上的那些小事情了，而是要由車夫的內心狀態觀察到地獄究竟是什麼樣子。車夫們外表上的一切，都必有生活與生命上的根據。我必須找到這個根源，才能寫出個勞苦社會。〔註16〕

由此可以看到，雖然老舍仍以車夫為題，但創作上遠遠超越「五四」時期對車夫生活的簡單、直觀的表現，而力圖展現車夫悲劇人生與時代社會的關係。《駱駝祥子》所提供的二、三十年代的北平社會，正處於中西、新舊嬗遞交合的轉型時期。政治上，由北洋末期的軍閥政治轉向國民政府前期的苛政。文化上，一方面，北平以其故都地位與消費特徵，傳統文化形態仍佔據主導位置，而另一方面，又受到西方文明特別是經由上海、天津等沿海都市而來的資本主義經濟、文化侵蝕，在傳統形態的末期與近代的初期，處於複雜、混亂，乃至無序、畸形的前資本主義狀態。

祥子作為車夫的品性是完整的，小說廣泛涉及到他的生產方式、生活方式、價值觀念、精神原則等等。祥子的人生即是一個下層人民全面的失敗過程，其中包括奮鬥、發家願望的破產，人生理想的幻滅，家庭倫理的敗亡，強壯身體的萎弱等等。起初，祥子是一個健壯結實，有著善良、義氣、質樸、勤勞等傳統美德的個體勞動者。結果呢，不僅三起三落，家庭破敗，更重要的，精神上喪失一切，「他沒有了心，他的心被人家摘了去」，成了一個游手好閒、吃喝嫖賭、自私懶惰的行屍走肉，一個「個人主義的末路鬼」。究其原委，可說祥子是失敗於他與社會的所有關係。祥子的社會觀就是個體觀，所有的人生理想都簡單化為買車掙份，娶妻生子，而他所面對的則是有著複雜政治、經濟、文化諸多因素構成的群體社會。他以自己簡單的信念抗拒著複雜強大的社會，其結果只有失敗一途。

為了論述的方便，我們把祥子與社會的關係分為政治、經濟、倫理三種。

從政治關繫上說，祥子是個單純的人。按傳統社會學分法，祥子是一個被壓迫的無產階級，階級壓迫構成他人生失敗的重要力量。軍閥混戰造成了祥子的第一次破產，國民黨特務偵探的敲詐又使他失去了幾年辛苦而得來的車資，還有車廠主劉四的剝削，楊氏夫婦「不准僕人閒一會兒」的壓榨，都足使祥子無以翻身。但問題還不全在於此，關鍵在於，祥子的理想只有在透明有序的社會政治中方能實現，而他置身的恰恰是個與此相反的所在。他對城市複雜、黑暗的政治事件，根本沒有任何概念。既沒有依託所屬的階級力

〔註16〕老舍：《我怎樣寫〈駱駝祥子〉》，載《青年知識》1945年7月1卷2期。

量與惡勢力相爭的意識，也沒有亂世之下求得自保的市民經驗。他與工友們不相往來，而只顧自己的生意。當張作霖的敗兵逃離北京之時，同伴勸他不要出車，而他偏偏要在亂兵洶湧之時拉車掙份，其結果是車被劫用，人被扣留。祥子可以不管政治，而政治偏偏要將他擊垮。

從經濟關繫上來看，祥子是個善良人。就個人願望來說，祥子憧憬的發家理想有著人類的普遍性：「照這樣下去，干上二年，至多二年，他就可以買輛車，一輛、兩輛……他也可能開車廠子了。」這一點，似乎與劉四、虎妞並無二致，但區別在於發家的方式。祥子來自鄉間，雖然到了城市，但其謀生方式與農夫耕作沒有區別，他的「資本」竟是「力氣」與品質，寧願出臭汗下力，也不願企圖劉四的車廠。在一個資本主義經濟規律已經全面建立的都市中，仍固守著自己農民式的經濟邏輯。高媽勸說：「資本有大小，主義是一樣……擱在兜兒裏，一個子永遠是一個子！放出去呢，錢就會下錢！」這既是剝削者的邏輯，也是近代資本主義經濟的通行原則──貨幣的流通增值。而祥子完全不以為然，他寧肯把錢放在葫蘆罐裏，以致被特務悉數敲詐。虎妞勸他靠「心路」吃飯──即形成規模的雇傭生產方式，以達到資本積累，祥子也一口拒絕。在通行資本主義經濟原則占主導的社會中，只有劉四、虎妞那種血淋淋的殘酷剝削，方能達到經濟上的成功，其手段是「心路」與毒辣，而不是力氣與善良。在此情形下，祥子拒絕的不僅是手段，同時也是目的，「老實成了無用的別名」。

設若從道德角度來看，祥子的經濟學原則完全符合傳統準則，是美的、善的。然而歷史的發展總是呈現出二律背反，經濟上的成功者，總是按現時法則依勢而為，不管這種法則多麼醜惡。正如馬克思所說：近代資本主義「迫使一切民族──如果不想滅亡的話──採用資本階級生活方式」。〔註17〕老舍小說中有一大批失敗的北平商人形象，如祁天祐（《四世同堂》）、牛老者（《牛天賜傳》）以及田掌櫃（《老字型大小》）等等。他們守信義、重然諾，為友情與信誼而寧肯賠本，傳統的人格道德美在他們身上不可謂不完整，但他們又無一不處於沒落之中。不管他們怎樣發誓如何一個人幹五個人的活，卻怎樣也抵禦不了來自上海的商品的衝擊。儘管後者在他們看來，那是一種野雞作風。祥子也是一樣，現實中的資本主義經濟秩序無情擊碎了他善良的經濟學原則。

〔註17〕 《馬克思恩格斯全集》，第 1 卷，人民出版社 1979 年版，第 255 頁。

　　從倫理文化關繫上看，祥子更是一個傳統的人。起初，他信守著自己的倫理準則：不賭、不嫖、不貪。對未來的婚姻的期望，完全表現出傳統倫理趨向：「假若他有了自己的車，生活舒服了一些，而且願娶親的話，他必定到鄉下娶個年輕力壯、吃得苦、能洗能作的姑娘」。其對小福子情有獨鍾，原因正在於小福子身上的傳統美：「她美，她年輕，她勤儉」。可以說，倫理原則是祥子抗拒畸形社會的最堅固的防線。只要能固守自我倫理法則，那麼不管是丟掉了車，還是錢被騙詐，他還是一個完整的人。而當時祥子所處的環境，其人其事，都與祥子那種鄉間清涼氣息格格不入。不僅車主劉四是個老淫棍，而且同類的車夫也都吃喝嫖賭無一不通。在這種非道德的畸形享樂文化環境中，祥子完全是個異物。與虎妞的婚姻，是攻破這道防線的第一力量。虎妞與祥子的關係，關鍵不在於愛與不愛（虎妞是愛祥子的），而在於支配婚姻關係的是愛情，是倫理，還是錢。虎妞很明白地對祥子說：「你結的婚，可是我拿的子兒。」金錢勢力摧毀了祥子的倫理觀念。有錢的虎妞支配了一切，傳統倫理價值被棄為敝屣，男性的祥子反而成為配角，「不是人，而只是塊肉」，不僅被逼結婚，而且婚後還要被妻子決定自己的事業。虎妞代表的，是近代城市拜金主義下市民未成熟的一種準新型性愛道德與家庭模式，其對傳統的衝擊力，直如洪水猛獸。虎妞死後，祥子把倫理準則移到福子身上，但卻無力負擔其一家人的生活，倫理價值又成為白紙一張。及至小福子被黑勢力所逼而死，祥子的倫理價值完全崩潰，他終於從身心兩方面都支持不住。不僅原來正直的人生理想無從把握，勤勞致富的經濟原則完全毀掉，連強壯的身體也逐漸萎弱，終於墮入永久的沉淪之中。

　　由此看來，老舍通過祥子所觀察到的「地獄」，就是畸形的近代城市社會。祥子悲劇的「生活與生命上的依據」，便是他與社會的種種關係。與「五四」時期作家面對車夫僅僅表示一些人道思想不同的是，老舍找到了車夫生命悲劇的根源——那種畸形的近代社會的政治、經濟、文化形態。由於老舍把對祥子的描寫，溶入了對社會的具體分析中，因而祥子的形象也已超越了車夫這一規定性，成為城市下層市民的普遍代表。所以，《駱駝祥子》也不僅是「車夫文學」，更不是借車夫表述知識者情感的知識者文學，而是較完備的都市文學與市民文學。

第三節　勞工文學中的產業工人

　　對 20 世紀中國工業文學中工人形象與命運的考察，應建立於對中國近代化進程的整體認識之中。自上世紀末開始的工業化進程，表現爲一個由小到大、由極弱到微強的漸進特徵。整個工人隊伍的命運正建立於這種走嚮之中。「五四」之前，中國工業相對處於發韌階段，工人階級的數量與素質還沒有獲得社會的重視。「五四」至「六三」運動之後，中國工人階級登上歷史舞臺，並在 20 年代以其洶湧澎湃的集團運動爲人注目。到了 30 年代，隨著舊中國工業黃金時代的到來，工人隊伍也由於數量規模的急劇發展，開始具有了工人階級的近代特徵，即產業化與集團化，構成了中國社會基本結構的基礎框架與基本矛盾的基礎。這種集團化隊伍與整個帝國主義、國內反動階級的對立與鬥爭，成爲中國革命的走向，工人階級也開始成爲反帝反封建鬥爭的主力。到 40 年代，由於解放區率先建立了具有人民性的工農新政權，工人階級也由於自身的領導性開始成爲新的政權之中的領導者。可以說，近百年來中國工人的命運，大致體現了政治屬性的革命化與社會屬性的集團化趨勢。由此，也導致了 20 世紀中國工業文學中工人形象與命運的變遷：政治角色，從受壓迫的奴隸，經過不斷地集團鬥爭，漸漸成爲中國歷史的主人；從社會角色上看，從傳統的個體勞動者經由近代產業化與組織的集團化開始成爲龐大的領導階級的一員。在這種情形下，作家對工人形象的塑造，也大致經過奴隸──鬥爭──主人幾個階段，而塑造手法，則從早期注重個體勞動的遭遇到關注作爲階級集團的整體狀態。我們從這一命題出發，對 20 世紀中國工人形象與命運作一番考察。

一

　　中國的工業化始於上個世紀。自五口通商之後，中國由封建經濟被迫捲入世界性的工業化潮流之中。中國工人階級，這個前所未有的新的社會階層開始出現，文學上自然也對此作出反應，最早發生的是上半世紀末的「反美華工禁約」文學與「五四」之前的勞工文學。前者表現赴美華工在對美國西部發展作出貢獻後，反而被美國政府迫害至慘，以《黃金世界》、《苦社會》爲代表；後者則是某些鴛蝴派中社會性較強的作家反映窮愁勞工的作品，如惲鐵樵的《工人小史》、葉聖陶《窮愁》等，此外還有企翁《歐戰聲中苦力界》、毅漢《罷工人》等。這些作品初步揭示了中國工人的悲慘生活與奴隸地位，顯示出日後勞工文學的某種端倪。

　　「五四」前後，中國經濟由於獲得短暫歷史機遇而蓬勃發展，為知識界接受西方思潮提供土壤。「五四」時期，人道主義思潮為多數作家接受，並形成了反映底層勞工生活的文學傾向。應當說，在面對勞工生活時，作家們依其人道思想，其表現勞工生活的視角有兩個。一是認定勞工之為人，不應過著牛馬不如的生活，遂造成描寫勞工悲慘生活的浪潮；二是認定勞工之為人，雖地位卑下，但有著高貴的人的品質，出現了某些表現勞工品質的作品。前一個視角的作品頗為壯觀。首先是體式開闊，詩歌、小說、報告文學兼有；其次是涉及勞工工種甚多，如車夫、學徒、織布工、木匠、鐵匠等。在這方面，劉半農以其詩歌作品最醒目地表現了勞工的悲慘。作於巴黎的《織布》一詩寫道「織布織布／朝織丈五，暮織丈五／尚餘丈五」。疲於奔命的工人從早忙到晚，還沒有完成進度。《擬擬曲》（之二）寫車夫老九前年秋天就害咳嗽，但為養家活口，一直拉車病至不起。死後，一件破襖，一根煙袋，權作了葬品。劉半農另有《學徒苦》、《老木匠》、《麵包與鹽》等，都揭示了勞工的悲慘與貧困。利民《三天勞工底自述》與許志行《師弟》都是描寫學徒生活的小說作品。《三天勞工底自述》著重描寫學徒精神上所受的壓抑。小學徒12歲即因家貧而被迫到銅佛鋪子做工。只因讀過二年書，就受到夥計們的擠兌，不僅被分派一些買菜、鋪床、倒夜壺之類的差事，還要遭到師兄們的嘲諷。掌櫃不在家，甚至連茶也不能喝。讀書孩子的才智完全被視為多餘，學徒所受壓抑可見一斑。《師弟》財側重提示勞工肉體上的痛楚。描寫了13歲的學徒，身材弱小，已負擔起養活家庭的重擔。由於勞動繁重，冬天手腳長痛凍瘡，但還要受到老闆呵斥，最後在上門板時跌傷吐血，反被老闆辭退，死於家中。

　　後一類視角的作品在當時較少見，但其塑造的人物形象更鮮明，成就更高。在大量以人力車夫為描寫對象的作品中，魯迅的《一件小事》無疑是最成功的一篇。郁達夫的《春風沉醉的晚上》與《薄奠》可謂是融合了上述兩個視角的優秀作品。《春風沉醉的晚上》寫了上海煙廠女工陳二妹的多重側面。首先是作為工人的貧困生活。陳二妹年幼喪父，既無兄弟姊妹，也沒有近親遠戚。以17歲幼齡，卻要忍受早7點至晚6點的長時間勞動，每月僅薪9元。儘管如此，她還要受管工的凌辱與經濟上的盤剝。正因此，她對造成她貧困的煙廠老闆充滿仇恨，一再勸人「不要去吃我們工廠的煙。」難能可貴的是，面對處於同一處境的人，卻能以純真、善良的性格，時時幫助。當她

初遇同宅潦倒文人「我」時，十分同情，以自己微薄的收入買來麵包、香蕉接濟，並規勸「我」過正常人的生活，使困頓之中的友人「欲情淨化」。雖處底層，但陳二妹仍有著善良、正直的高貴品質，以及反抗壓迫的倔強意志，同時，對同處困境的人，相互扶助，激勵向上。同樣，《薄奠》中的車夫也在非人生活中保持著高尚的品德。

應當說，描寫勞工優秀品質的作品，雖然在當時還未對工人生活作出多方位的描寫，但它畢竟給人們提供了工人寶貴的生活側面。這些品質，是工人們在困境之中頑強追求的一個例證，為以後工業文學描寫工人的進步打下了基礎。

二

20 年代中後期至 30 年代，中國民族工業走上繁榮，整個工人階級的狀況也有了若干變化。首先是沿海、沿江大都市都進入自由資本主義發展期，中小企業獲得發展。資本主義的發展也使都市社會更接近制度化與秩序化的軌道，資本主義政治經濟以制度化的形式呈現出前所未有的強大。其次是帝國主義政治經濟加緊對中國的控制，並造成廣大農村的破產。多數破產農民進入城市成為工人，工人階級所受的壓迫更加深重。其三，隨著資本主義力量的擴大，產業工人數量的增加，工人階級的集團化特徵更加明顯，並在進步政治力量的領導下，進入了有組織的現代鬥爭階段。上述三種因素的作用，使勞資衝突規模更加擴大，並進入多種社會領域。

這種情況下，立足表現中國社會的左翼文學確立了自己的表現視角，開始以辯證唯物主義為指導，以階級性的團體特徵把握工人的命運與鬥爭，產業工人開始大規模地進入文學視野。因此，30 年代的工業文學，在表現工人方面，不僅展示其被壓迫的悲慘處境，而且表現其力量壯大之後的鬥爭。

工人的悲慘命運原是「五四」舊題，但 30 年代工業文學將此建立於對中國整體狀態的認識之中，工人的命運帶上更廣闊的社會背景。丁玲的《奔》、吳奚如的《送走》、王西彥的《曙》、楊之華的《豆腐阿姐》等都表現了由於農村破產而導致農民進入城市。而成為工人之後的命運仍然悲慘。草明《傾跌》中有幾位來自農村的女工，由於不滿工廠的壓榨多次失業。她們疑惑地感到命運對自己的不公：「為什麼我們的死對頭就不饒我們」，「為什麼我們的飯碗在東家手裏……」。可是回到家鄉更沒有出路：「就算偷吧搶吧，做壞人

也得在城裏。」由於城市經濟的不景氣，資本家便把經濟危機轉嫁於工人身上。《奔》中懷著城市夢的鄉民們，目睹了他們的同鄉或因罷工被打傷而無錢治療，或長期失業被迫復工，或被機器打得血肉橫飛而喪命，或為保住飯碗，以打嗎啡而強撐精神以致全身都是針孔。左翼作家的視野相當開闊，在表現工人悲慘的作品裏，不僅有「五四」時期出現的車夫（如歐陽予倩《車夫之家》）、學徒等，更有各種工種的產業工人，如肥皂廠女工王彩雲（夏衍《泡》）、城市清潔工老莫、郭志欽（歐陽山《水棚裏的清道伕》）、鐵路岔道工李林（羅烽《岔道夫李林》）、造紙工老杆子（劉白羽《草紙廠》）、礦工鄭大有、宣曉山（蔣牧良《錦礦上》）、礦工小劉與升義（巴金《雪》、《砂丁》）、印刷工三姑娘（蔣牧良《夜工》）等等，無一不處於悲慘的處境之中。

夏衍的報告文學名作《包身工》更直接地把在資本主義制度之下女工的悲慘完整地寫進作品。作品以包身女工一天的吃、住、做工等生活介紹為經，以包身工制度的起因、發展、分析為緯，選取了具有特徵性的場景，對包身女工進行群像描寫，表現出她們不如機器的共同命運。她們居住在格子式的鋪屋裏，在七尺闊的地方，充滿了汗臭、糞臭和濕氣。如此豬玀般的生活幾乎使她們喪失了人的表情，甚至人性。工作的條件更是聞所未聞。首先是廠房裏巨大的躁音麻痺了聽覺。其次是空氣裏飛揚的無數棉絮，無孔不入地飛入女工的五官、頭髮。做 12 小時的工，每人平均吸入 0.15 克的花絮。其三是濕氣的壓迫。盛夏華氏 115 度之下，女工們每天接觸水蒸熱氣，身上只要被蚊虻叮咬或被機器碰傷便會引起皮膚潰爛。這便是包身工的遭遇，是千千萬萬生活於資本主義與封建勢力雙重壓榨之下的女工命運。

第二類作品是描寫成長中的工人對帝國主義與國內反動勢力的鬥爭。

這種作品其實可以上溯到 20 年代末的革命文學。大革命之後，一些革命作家開始試圖以無產階級文學思想嘗試描寫工人鬥爭，如蔣光赤的《短褲黨》、郭沫若的《一隻手》、龔冰廬的《炭坑裏的炸彈》、《炭礦夫》、華漢的《蘯船上的一夜》、戴平萬的《小豐》等等。《短褲黨》以北伐前夕上海工人第三次暴動為背景，描寫了一位出身工人的 S 紗廠黨支部書記李金貴，率領糾察隊攻打員警署，準備奪取軍械時犧牲。他的妻子聞訊持菜刀衝入警署，在殺死兩個員警後飲彈。這些作品大都取材於革命鬥爭的尖端題材，思想急切而觀察不足。由於當時理論主張以工人集體為主人公，反對塑造個人形象，因而導致作品人物形象的薄弱。

　　應當說，工人階級鬥爭的前提，是階級意識與集團意識建立之後的階級覺悟，而這決非一朝一夕所能完成。工人進步的意義，也正在於意識與覺悟極為艱難同時又切實地建立之中。在這方面，丁玲的《法網》、王西彥的《曙》、馮鏗的《突變》等篇較為可信。《法網》描寫漢口的產業工人生活。工人們處於貧困之中，意識的落後使他們渾渾噩噩。有的工人以吹牛自慰，妻子們也只好縫窮為生，為爭生意而打罵鬥毆，形成本地幫與下江幫的衝突。工人顧美泉為照顧生氣而致小產的妻子，託阿小向外國老闆請假，最終卻被開除。忿恨之下的顧美泉認定阿小為罪魁，不僅毆打阿小，甚至砍殺阿小的妻子——一個與自己妻子保持友誼的下江同鄉。逃到上海後，顧美泉漸漸醒悟：「關阿小什麼事呢？他哪裏有權力來開除他，來陷害他，這完全是那些剝削他們的有錢有勢的人呀！他和阿小原來是兄弟，是站在一塊的，是應該一塊打敵人的。」正如顧美泉認識到的，他和阿小同一命運：顧美泉在上海罷工被捕，阿小也被打入牢中。顧美泉的覺悟，在 30 年代工人形象中很具有代表性，這是一種來源於生活本身的切膚認識，是工人階級進步途中有血肉烙印的印痕。

　　《雷雨》中的魯大海也是工人進步的一個例證。他因鬥爭堅決而被舉為罷工首領，代表的是整個礦山工人的利益。從家庭關繫上說，由於繼父魯貴與妹妹四鳳的原因，魯大海與資本家周樸園不能不說有些個人關係（此時尚未暴露父子關係），但他作為工人領袖與罷工代表，堅決回絕周樸園對其個人的小恩惠。儘管在鬥爭技巧方面，魯大海是不成熟的，但階級意識、集團意識是他最明顯的特徵。他那些對家人的粗暴（如拿槍面對魯貴，干涉四鳳戀愛）也正建立於這種樸素的階級意識之上。

　　在左翼作家中，殷夫的詩是最具有無產階級集團性鬥爭特徵的作品，他詩中的工人群像，也是 30 年代中國工人階級的典型寫照。殷夫的詩大量涉及工人的集團性鬥爭，如工會組織、同盟罷工、會議、表決等等。詩人自我的感情同工人的階級意志交織混響。《血字》中那「斜斜地躺在南京路」的血寫的大字，是無產者的象徵，是一種把工人作為階級力量的人格化表現。殷夫喜寫大規模的罷工遊行隊伍、沸騰的人群、響徹天際的口號。在遊行隊伍中，「我已不是我」，而是力量無比的群體。

　　作為階級的工人鬥爭的新態勢，左翼文學出現了眾多的以表現群體鬥爭為特徵的作品，話劇方面尤為如此。馮乃超與龔冰廬合著的《阿珍》，左明的

《夜之顫動》，袁殊的《工廠夜景》與田漢的《年夜飯》、《梅雨》、《顧正紅之死》、《夜光曲》等等，雖然個體形象面目不甚清晰，但在塑造工人群體形象方面，可說是帶上了 30 年代的痕跡。

三

抗戰爆發後，沿海資本主義企業紛紛響應政府號召內遷工廠，定型化的資本主義發展形態被迫中止，原有的工人隊伍已發生了變化。由於左翼工業文學是建立於上海等沿海都市成熟的資本主義形態之上的，因此，原有的工業文學，不再能延續下去了。戰時中國，作家們大量走入內地鄉鎮，失去了可以保障工業文學延續的任何一個成熟都市，散居各處，卻又形不成一個中心。社會狀態的變化也導致對工人表現的新動向，人物形象開始出現非產業化、非都市化傾向。許多人物形象帶有進步鄉民與士兵色彩，這同戰時中國文學「文章下鄉，文章入伍」的走向大致一樣。

抗戰之初，進步工人的形象大致與抗戰救亡有關。如雷加《水塔》中的鐵路工人小袁，接受了上級爆炸水塔的命令，並出色完成任務，以配合游擊隊作戰；寒波的《爆毀》，則以工人蔡強與賣國廠長之間的鬥爭為線，描寫進步工人爆毀工廠以免落於敵手。此外還有荊有麟的《火焰下的一天》、程海洲的《第十三號分廠》等作品。不過這類作品難以持續很長時間，因為驚心動魄的鬥爭畢竟是短暫的，更切實、更深沉的生活呼喚作家們寫出更切合中國現實的人物。

值得注意的是，在新進作家路翎筆下，出現了氣質較特異的工人形象。其中一類屬流浪工人，如《黑色的子孫之一》中的煤礦工人金承德，《屈辱》中的機械工人何德銀，《歌唱》中的作坊手林福田，特別是《飢餓的郭素娥》中的礦工張振山。在他們身上，作家發掘出底層人民身心深處的原始強力，這是一種原始的帶有獸性意味的復仇精神，一種強烈生活欲望的追求。他們大都由於抗戰而漂泊於內地，異常放達、狂熱而富於鬥爭性。《飢餓的郭素娥》中的張振山堪稱典型。他生於下江，五歲流浪，經歷過戰爭、流亡與各種災難。苦難的生活使他以惡毒、陰冷去對待世界。他猛烈地愛著精神肉體都處於饑渴之中的郭素娥。當郭素娥被迫害致死後，他燒掉房子出走。雖然這種反抗仍處於原始的狀態，但畢竟他已從奴隸馴服狀態中走出。正是這種反叛性格，構成了底層工人破壞舊制度的基礎。張振山的道路雖然並非大都市產業工人的集團鬥爭的產物，卻也是戰時內地工人一種火山爆發式的破壞與抗

爭。這是新的時代可以期許的深刻力量。

戰後，大都市的經濟重建隨內戰爆發而成泡影，30 年代左翼文學也因此沒有得以重建。但在北方，由於共產黨軍事的勝利，大片北方中小城市被解放，大量隨軍作家進入解放區工礦，產生了解放區工業文學作品，其中的工人形象也出現了前所未有的新特徵。人民政權管理下的工廠不再是資本家私有之物，而是屬於人民的，而廠裏的工人也不再是資本家剝削的奴隸，而是新時代的主人。成長中的主人公成為這一時期工人形象的最大特點。工人在進步途中，過程雖複雜，但前景是光明的。康濯的《工人張飛虎》，李納的《出路》、《姜師傅》、《煤》與逯斐的《兄弟倆》都表現了在政權轉型後，工人由落後轉向政治進步的狀態。《工人張飛虎》中的張飛虎，是張家口電廠工人。他在舊社會沾染上了一些舊習氣，特別是依憑「數一數二的好手藝」吃飯的舊意識，使他對政治的變遷沒有認識。當敵軍再次佔領城市，他那好手藝卻無法使他獲得溫飽。他終於明白，獲得幸福的最終根源，不是手藝的好壞，而是政治的清濁。是奴隸還是主人，成為他最終判別新舊社會的分水嶺。當城市再次解放時，他成了政治的主人公，抓匪特、保工廠，當選為工會委員。

這方面的作品是大量的，如魯煤的《紅旗歌》、丁玲的《窰工》、逯斐等的《勝利列車》、魏連珍的《不是蟬》等劇作。草明小說《原動力》堪稱佳作，其中的主人公孫懷德是這一時期最重要的進步工人形象。在他身上，作品著意表現了從奴役狀態中解放出來的工人階級的主人公意識，這就是解放區工人發展生產的「原動力」。被稱為「老孫頭」的老工人孫懷德少時打長工、當木匠。日偽時期，他來到玉帶湖水電站參與建廠。水電廠的建成，也是他淪為奴隸的開始。困頓使他學會了種種鬥爭策略。抗戰後，他以哄騙手段把工廠從國民黨大員手中保護下來。解放了，他的第一個感覺就是：「咱廠總算是中國人的了。」他刨積冰、撈浮油，為恢復生產作準備。這一切的創造精神、節儉作風都源於一種感覺：「這是替自家人做的呀！」因此，當他的貢獻一度被埋沒時，他毫不在意，其原因不言自明。這種主人公意識，使他不斷成長，不僅在精神上，而且在職位上，都成了主人。孫懷德的形象無疑是新時代工人的典型。作者曾說這個形象「集合了工業上的好些勞動英雄和模範的形象」，無疑具有廣泛的概括性。由於全國的解放，中國工人階級的命運也徹底由奴隸轉變為社會主義的主人。更隨著大都市工業的恢復，工人的產業化特徵又開始表現出來，工人階級開始成為真正的現代意義上的工業主人。

第二章　城市文學中的知識分子

第一節　魯迅小說知識者的死亡

　　翻開魯迅作品，只須稍稍留意，就會發現每一個故事中有那麼多對死亡的恐懼、喪儀、遷墓、墳冢、砍頭示眾、病死……讓人不寒而慄。應當注意的是，作品中的知識者，也大都隨著故事的結束而死亡。其中不僅有肉體上的死亡，也有精神層面的死亡，如夏瑜、魏連殳、子君與涓生愛的離異、青年作家的「幸福」理想。那些尚在倖存之列的戰士，如狂人、N 先生、瘋子等，也不過是過客而已。所有知識者，都走向一個目標——墳。

　　死亡，亙古以來就是呈現在人類面前的哲學問題。在 20 世紀對人的思考中，死亡的恐怖與在死亡線上的掙扎成為纏繞在人們身上去不掉的幽靈。19 世紀的理性精神在社會的異化面前卻步不前，樂觀精神也急轉之為憂鬱。不獨歐美，中國的現實也同樣嚴峻。如果說歐美樂觀的理性精神被後來的非理性悲觀取代的話，那麼在中國，這兩者則同時並存（胡適與魯迅分別代表），而他們同時又都是強烈的反封建個性主義者。那麼魯迅是怎樣對知識者的死進行透視的呢？這是否意味著魯迅的虛無與精神衰竭，還是其它？

一

　　在討論死亡問題之前，有必要把知識者所處的文化環境與自身文化屬性弄清。過去，國內外學術界對魯迅的研究，集中在「中間物」說上。我認為，持「中間物」說法的研究者往往忽視了作為思想者的人和具體存在的人之區

別。思想者可以是中間物，如但丁、魯迅的思想都具有跨時代的特徵，並在思想意識上開創一個時代，成為象徵性的過渡人物。因此，中間物只是作為新舊意識並存的象徵性空殼，並不能說明實際存在的人與其所處的特定環境。魯迅之所以成為中間物，也正是這個意義。他雖然畢生為中國的現代化奮鬥，但其所處的文化環境仍然是傳統文化的，他自身的許多行為也為這個環境規定、支配而不得不以傳統方式生活著。近代知識者這個中間物，是十幾代先進知識分子使中國實現由封建到現代化轉型的象徵性過渡力量。魯迅筆下的知識者無疑是他們的先驅，但他們不得不生活在那個非常具體的傳統文化環境中。這不僅決定了他們的思想尚處在封建的慣性之中，並且由這種慣性與環境給出他們行為的規定性，因此他們的行為難以逃出傳統的束縛。這是分析知識者行為（包括死）的規定性命題。

總體上講，《吶喊》、《彷徨》給人們提供了一個 20 世紀初中國的傳統文化環境，小說中的「庸眾」（包括統治者）與知識者都生活在這個環境中。由於 19 世紀歐洲的堅船利炮帶進來的西方思想學說被知識者們接受，使這個文化環境具有了兩種文化勢力。傳統文人及其體現是這個環境中的同質因素，而表現出逆傳統文化而動的先進的思想文化及體制則作為異質因素存在於其中。無疑、農民、官僚、地主、市民及舊知識分子構成了同質因素，成為傳統文化環境中占絕對優勢的文化勢力。知識者作為同質、異質因素的共同具有者，以極其矛盾痛苦的方式存在於這個環境中，是一批具有新思想的傳統人。他們人數雖少，但擁有新的政治、民族、道德等意識以及科學、民主、自由、平等思想，是傳統文化環境強大的否定力量。然而他們割不斷與傳統社會的聯繫，深層結構上的文化心理定勢，諸如價值取向、行為方式、情感方式尚處封建意識的慣性之中。

與傳統文化對立，固然使知識者孤立；自身思想與行為的矛盾，則使他們痛苦。但他們又無法超越那個時代、社會去選擇人生，發出行為，既使他們明確意識到自身行動的傳統方式，也無法斬斷自己屁股後面與傳統相連的尾巴。比如：狂人擁有沉重的原罪感，雖不斷自責，但始終不能擺脫；為了修長明燈，「瘋子」的「祖宗就捐過錢」，因此人們對他欲毀長明燈的行為迷惑不解，並質問：「你不是這村的人嗎？」魏連殳「常說家庭應當破壞，一杯薪水卻一定寄給他祖母」。《孤獨者》「以送殮始」的象徵意義就在於：祖母死後的幽靈仍逼迫著活人（包括魏連殳）接傳統方式去行事。最有意思的是呂

緯甫，他的一切行爲都被「孝道」支配。因此，一向儒怯的他只有在執行母親命令的時候，才能「決然」地發出「一生中最大的命令」，以至連自己都吃驚。〔註1〕這無疑是說明，他身後「孝」的力量比他反傳統的力量大得多，而且更能支撐他的行爲。在年輕一代知識者中，子君依然擺脫不了對丈夫的依賴，從追求婚戀自由的個性主義者，成爲喪失人格主體的主婦；《幸福的家庭》中的作家，儘管標榜如何平等、自由，但在女性面前，依然表現出中國傳統的審美趨向等等……

二

在現代中國，知識者所具有的異質因素與傳統文化發生了本世紀最壯觀的撞擊，而知識者自身的同、異質因素也同時發生碰撞。對手的強大固然使他們難以戰勝，而環境的規定性又迫使他們只能選擇傳統的生命方式。因此，自身舊我、新我的矛盾也無法超越。既無法逃避理性自我與生命自我的選擇，又無法拒絕傳統文化給予他們的傳統謀生方式甚至復仇方式。種種複雜的原因，使他們被傳統文化勢力（仍包括他們自我）所吞噬。

魯迅曾隱指中國人的生命方式是：「人＋家禽性＝某一種人」，任何的其中成員，若要以新的理性原則生活在這塊土地上，都將被舊文化殺害。知識者的先驅狂人發出了使舊文化振聾發聵的「要做眞的人」的宣言，這表明知識者已經在爭取以新理性爲原則的獨立人格的價值，顯示了與昔日純粹「活著」的行尸走肉本質的不同。但知識者要實現獨立人格的價值，首先必須活著，而且只能按照傳統文化所允許的方式。於是知識者們面臨著一個悲哀的選擇：要麼如牛馬般活命，要麼爲了追求人格獨立的價值去死，兩者必擇其一。其實，兩個選擇對知識們來說都是死亡，不過前者是的精神的，後者是肉體的而已。

統治者與愚昧的群眾都以這種方式殺掉知識者。統治者們往往使用暴力與經濟壓制手段殺掉對他們有直接威脅的先覺者，因此夏瑜的死比其它知識者都早。但是，最能體現舊文化殺人特點的卻在民間。一個民族文化在民間的最深厚體現就是風俗習慣，庸眾們便以這把軟刀子對先覺者實施最殘酷的殺戮。魯迅也認識到這一點：若不重改風俗，「則無論怎樣的改革，都將爲習

〔註1〕據周作人回憶，呂緯甫做的兩件事都與作者自己的經歷有關。見周遐壽《魯迅的故家》、《魯迅小說中的人物》。

慣的岩石壓碎」。〔註 2〕正是這各階級之間擁有共同的文化，使統治者與被統治者達成了對付知識者的默契，所用的手段也異曲同工。

一方面，庸眾用舊文化殺掉知識者，另一方面，知識者自身的傳統性也使自己在兩個選擇面前敗退下來，越來越顯示出向傳統文化靠攏的可能性。再者，人的求生本能也使他們不得不就範：子君重又投入舊家懷抱，涓生消亡了共同生活的意志，青年作家則茫然無措，N 先生憤激之後索性忘卻鬥爭。呂緯甫具體地體現了前一種選擇：怯懦的他尋了傳統做後盾，使他反而成了那個時代最果決的人。雖然肉體不曾毀壞，但已經喪失了生命價值，成為精神上的頹死者。呂緯甫的倒轉表明了一點：知識者們不僅不能戰勝敵人，而且有時也無法戰勝「自我」。

魏連殳表明了另一種死亡精神，他以肉體的毀滅體現了新理性的勝利與舊我的消亡，因而具有了生的意義。他的死是有著深刻的文化意義的。他不願在給舊時代留下重創之前悄悄死去，而想讓自己與舊時代同歸於盡，這種動機導致了「復仇」。因此，在同舊文化戰鬥中，他走了一條否定之否定的道路：當決心以復仇形式曲折完成對社會與舊我的反叛時，他首先否定了新我，傳統文化在他身上全面復歸。他不僅躬行先前所憎惡所反對的一切以保存性命，而且以喪失理性、混迹官場來求得對權力的佔有。最後，選擇了中國傳統人生方式──做官，去實現復仇目的。這是舊文化環境迫使他作出的選擇。在所有知識者中，魏連殳無疑最具有與傳統、社會的決絕精神。他不納來客，也不蓄妻納妾；既不接受人間的阿庚奉承，也不要陰間的哭聲與悲憫（這是象徵）。可以說，這種精神是魯迅的一貫主張。

魏連殳的復仇，主要表現為一個心理過程。他剝去 S 城人們身上好看的外皮，露出赤裸裸骯髒的靈魂，笞以無情的皮鞭，從對庸眾敗死的人格的玩味中，體會到了復仇的滋味，在心裏達到了同歸於盡的效果。其實，他的復仇很少體現在實際效果上，因此被他報復過的人不僅沒有感到什麼威脅，反而相當高興。這種復仇也同樣在《野草》中出現過。被釘上十字架的耶穌不肯喝調藥酒以減輕痛苦，寧願以「透到心髓的瀕死苦痛，分明地玩味以色列人怎樣對付他的神之子」。耶穌以自己肉體的毀滅換取對他們愚蠢、醜惡的欣賞，在心理上完成了同歸於盡的復仇過程，他也「沉酣於大歡喜和大悲憫中」。

〔註 2〕魯迅：《二心集·習慣與改革》，《魯迅全集》第四卷，人民文學出版社 1982
　　　年版，第 224 頁。

魏連殳與耶穌復仇的精神是一致的，但他沒有獲得耶穌抽象的「歡喜」，而是陷入了更深的痛苦中。因為他無法逃脫人道主義目的與復仇之間的悖離，也無法避開復仇的目的與他選擇的傳統復仇方式之間的牴牾。這種痛苦，恐怕只有以肉體的毀滅才能解除。因此他選擇了死，摧毀了「舊我」的糾纏，這又一次以否定舊我達到了對新我的肯定，使他又有了生的意義。故事的結尾頗有象徵意味：當「我」又一次聽到狼的長嚎時，「心情又一下子輕鬆多了」，這分明是魏連殳靈魂深處痛苦的完結，獲得了最終的解決與寧靜的象徵。可以說，魏連殳以陰冷的個性、痛苦的經歷，最有資格成為魯迅小說中與傳統與社會決絕精神的知識者代表。然而這個東方最具有反抗、決絕精神的戰士，比之於西方人，仍然具有相當多的傳統意識，也不能割斷與社會人群絲絲縷縷的聯繫。不僅母親的死使他邁不開步子，而且在決心向社會向傳統復仇之後，也仍然採取作官壓人的傳統方式。為了佔有權力，又不得不向傳統文化靠攏，與黑暗社會妥協、求同。可以這樣說，既使是反傳統反社會的英雄，也擺脫不了傳統與社會的糾纏。我們很容易看到魏連殳身上作者的影子。不論是突然爆發式的感情噴瀉還是長期沉鬱憂悶的個性，不論是進化觀的破滅還是狼一般的孤獨長嚎，都有作者深厚的個人因素。可以感覺到，在寫出魏連殳精神上的折磨時，作者也倍受煎熬。因而結尾處魏連殳悲劇性地然而是成功地解決了心靈矛盾的時候，作者自己的心情也「一下子輕鬆多了」，似乎為找到知識者的出路而感到欣慰。

三

　　在魯迅小說庸眾與知識者死亡之群中，不難發現兩條（可以合二為一）通向墳的路。庸眾一面殺人，一面被殺，到死不知其哀，只有少數人才朦朧地感覺到傳統文化巨刀上的血滴。善良的祥林嫂到死也沒有對舊人生死心，還在詢問陰間之有無；阿 Q 剛剛醒悟，人生里程便到了盡頭，這同時意味著舊阿 Q 的死，新阿 Q 的生。庸眾的終點正是知識者的起點：狂人首先感到死亡的恐怖，知識者便在死亡恐怖中誕生。與作者一樣，他們早先寄希望於「大愛」的人道主義與進化觀，以為「愛」與「勸轉」會消除人吃人的關係，建立「愛」的秩序，然而他們遇到了來自所要拯救的人們的扼殺，因而在狂人、夏瑜那裡的一點渺茫的希望也被打破，知識者們開始了無望的戰鬥。如果對知識者形象做總結觀察，就會發現，所有知識者個體都只是那個時代知識者

們的某一人生過程、思想狀況的體現。比如，他們從死亡中醒悟並相信「愛」與「進化」（狂人），失望後轉向「韌的戰鬥」（瘋子），並因遭受迫害引起憤激（N 先生），最後面對巨大壓力倒轉（呂緯甫），或者向社會復仇（魏連殳）。這是一條通向墳的必死之路，用公式表示就是：庸眾：殺人（被殺）→死亡中覺醒；知識者：覺醒→勸轉→憤激→復仇（倒轉）→死亡。呂緯甫向舊文化回歸，無疑是知識者的滅亡；而魏連殳儘管死去，但死掉的僅僅是「舊我」。知識者的最終的勝利就建立在死亡之中，獨立的人格價值也在死亡中實現。這才是真正的死亡精神。

四

「『時日曷喪，予及汝偕亡！』憤言而已，決心實行的不多」。魯迅在一九二五年發出這樣的感慨。〔註3〕鳳凰涅槃，將舊世界連同舊我一同燒掉。魯迅所讚美的死亡正是這個意義。死亡，是對自覺者的永久誘惑。從人類社會誕生的那一天開始，現世的黑暗與污穢便促使人們對死亡做出哲學透視。中國文化誕生期的儒學規定了對黑暗只能作「求諸內」的善的死亡解決。偉大的孤獨者屈原首創了「舍我其誰」的死亡精神，一頭撞進清澈的江水來結束對污濁世界的懷疑，去慰籍他困惑騷動的靈魂，從而也完成了最終的人格追求。這位孤獨者感召了以後的先覺者都選擇了「死」而進入冥冥天國。因此，魯迅之前的先覺者們都把陰間（死亡）看成人生的終點，看成人格追求的結束。而在 20 世紀，中國歷史上從未有過的「惡之花」式的死亡精神在魯迅筆下誕生，它第一次把陰間（死亡）看作新人生的起點。因此在對死亡「舍我其誰」的經典性思考之中，這「惡之花」式的死顯示出了對現世最積極的反抗意義。魯迅讚美死亡，歌頌不抱希望的戰鬥。他雖多次否定「絕望」，但並不是肯定希望，而是更深刻地希望人們拋棄幻想，做無望的鬥爭。他不是葉賽寧式的革命者，根本不給人們預約「黃金世界」。魯迅筆下的知識者，在一片絕望中衝刺。當狂人喊出「救救孩子」時，便已經包含了對社會的失望，況且現實還告訴人們，長明燈既使熄了也還存在。不論是何樣的知識者，歷史已經決定他們在光明還遠末到之時就走向了墳墓。

雖然魯迅小說很少給人希望與光明，不像浪漫詩人那樣去預言春天的到來，但魯迅的意義必定遠遠超出所有預言家，因為任何社會都沒有最理想的

〔註 3〕魯迅：《墳·燈下漫筆》，《魯迅全集》，人民文學出版社 1972 年版，第 196 頁。

模式，任何時代比起以後的「黃金世界」也都是黑暗的。儘管有一天，反封建的任務會得到完成，現代化會降臨於中國，但魯迅的價值仍不會消亡。他的「偏和黑暗搗亂」、作「無望的戰鬥」的精神，使人們永遠注重對現實的改造而不滿足於既定理想的實現。先覺者永遠是孤獨、痛苦、富於憂患意識與死亡精神的，他告訴人們：既使失敗，也永遠向你的現實挑戰。

第二節　郁達夫小說中的城市知識者

　　幾乎郁達夫所有的自敘傳作品，都可以稱之為感傷文學。郁達夫盡情地訴說著知識者性愛的幻滅與生的悲苦，在內容上表現為時代病與人格病的糾結，感傷之中湧動著頹廢與病態，文體上呈現出自敘傳與懺悔錄統一的特徵。

一

　　苦悶與傷感曾是「五四」大潮之後知識青年的普遍心態，從深層社會學意義上說，是上下求索的知識者夢醒後無路可走的哀狀。初步具有的現代意識使他們追求現代人生價值（生命價值與生存價值），而醜惡的社會又窒息了這一合理要求。這種反差，促成了一代知識青年的感傷，成為一種時代病。

　　郁達夫自幼因家道中落而受到華胄富室人家的輕視、侮慢，在纖細、敏感的神經中，顫動著反抗社會與個性解放的精神。中學時代，因參加反抗校長壓迫的風潮，與絕望於教會學校的奴化教育而數度輟學。負笈留日之後，「開始明白了近代科學——不問是形而上或形而下——的偉大與湛深……，覺悟到了今後中國的命運，與夫四萬萬五千萬同胞不得不受的煉獄的歷程。」〔註4〕他狂熱地吸汲外來思潮，廣泛閱讀了盧梭、尼采、托爾斯泰、赫爾岑、屠格涅夫、王爾德、波德萊爾等的大量作品，自估「共計所讀的俄德英日法的小說，總有一千部內外。」〔註5〕而作為長期生活在禁欲文化中的中國青年來說，最能引起心靈撼動的莫過於男女關係的鬆動與各色「性解放」思潮的衝擊。「伊孛生的問題劇，愛倫凱的戀愛與結婚，自然主義派文人的醜惡暴露論，富於刺激性的社會主義兩性觀」，「一時竟如潮水似地殺到了東京」，使這個「性智識晚熟」的中國青年，惶亂於「男女兩性間的種種牽引」。然而，弱國子民的屈辱地位，強國國民炙人的優越感，使郁達夫在兩性交往中，強烈感受到因「國際地位落

〔註4〕郁達夫：《雪夜》，《郁達夫研究資料》，天津人民出版社1982年版，第58頁。
〔註5〕郁達夫：《五六年來創作生活的回顧》，天津人民出版社1982年版，第201頁。

後的大悲哀」而帶來的性愛幻滅後的價值失落。他曾回憶說:「我的這抒情時代,是在那荒淫殘酷,軍閥專權的島國裏過的,眼看到的故國的陸沉,身受到的異鄉的屈辱,與夫所感所思,所經歷的一切,剔括起來,沒有一點不是失望,沒有一處不是憂傷,……。」〔註6〕而當這個憂鬱的游子回到祖國懷抱時,中國社會的污穢,傳統勢力的堅頑,使他感到「剛從流放地點遇赦回來的一位旅客,卻永遠地踏入了一個並無鐵窗的故國的囚牢……」。〔註7〕知識者的先覺意識使他無法與周圍環境協調以求苟活,不斷的失業與貧困,使事業無法開展,妻兒無以撫養,甚至自身溫飽亦難以維持,刻骨地感到人的尊嚴與價值的喪失。然而,薄弱的意志又使他難以奮起反抗,「只好寫些憤世疾邪、怨天罵地的牢騷」,〔註8〕把濃烈的悲哀一古腦兒地塞到歸國後的作品中。郁達夫的經歷,正體現了「五四」一代知識青年的悲劇人生——一種時代病。如果說,郁達夫與他的人物一道以孱弱的軀體、憂鬱的靈魂承受著民族的悲苦和社會的壓迫的話,那麼,性愛幻滅與生存困境則是體現這種時代病的兩大內容——知識者追求生命價值與生存價值的失敗。郁達夫的感傷正源於此。

郁達夫的小說創作始於日本。最早的作品《銀灰色的死》、《沉淪》與《南遷》均取材於留日生活,後來被收入他的,也是新文學的第一個小說集《沉淪》。《南遷》的主人公伊人把「名譽、金錢、女人」的獲得視為自己的三大理想,這也許是過於直率的表述,實際上已涵容了「五四」知識者人生價值的意向——生命價值(性愛)與生存價值(政治與經濟地位)。然而,脫世拔俗的品性使其無法與社會同流合污,理想終至破滅,於是感傷失望、縱情酗酒及至墮落。這篇並非精品的早期小說,已經確立了郁達夫表現感傷的重要模式:追求人生價值失敗之後的沉淪。在《沉淪》這篇早期名作中,作者著意在因民族屈辱而導引的性愛幻滅中抒發感傷情懷。主人公是一個憤世嫉邪的留日學子,強烈的自卑與孤獨感使他在稠人廣眾中難以存身而寧願離群索居,但熾人的情慾又使他常常不能自己,以至偷看浴女,窺聽野合。當他步入妓館,得到的不是情慾的宣洩,而是更深地感受到弱國子民的屈辱。在自責之中,疾呼「中國呀中國,你怎麼不強大起來!」而後蹈海身死。對於《沉

〔註6〕郁達夫:《懺餘獨白》,天津人民出版社1982年版,第217~218頁。

〔註7〕郁達夫:《懺餘獨白》,《郁達夫研究資料》,天津人民出版社1982年版,第217
　　~218頁。

〔註8〕郁達夫:《懺餘獨白》,《郁達夫研究資料》,天津人民出版社1982年版,第217
　　~218頁。

淪》，作者一再反對對它作政治學詮釋，我們也無意摘取個別語句而誇大作品的愛國主義意義。然而，即使沒有主人公蹈海前的悲呼，作品在性的苦悶中所包含的民族屈辱感也是難以抹掉的。正如作者在自傳中說：「而國際地位不平等的反應，弱國民族所受的侮辱與欺凌，感覺得最深切而亦最難忍受的地方，是在男女兩性，正中了愛神毒箭的一刹那。」〔註9〕

　　1921 年 9 月，應郭沫若之邀，郁達夫回到上海負責《創造》（季刊）的編輯與出版。國內現實的黑暗，使創造社成員不僅事業連受挫折，而且生計亦成問題。不得已，郁達夫輾轉安慶、北京等地教書謀生。《茫茫夜》與《秋柳》兩姊妹篇，就取材於在安慶的生活。與《沉淪》等篇相比，《茫茫夜》等對性苦悶的描寫似乎更加注意與軍閥專權、學潮等社會現象的融合，儘管這種結合是較機械的，表現是直露淺近的。主人公于質夫的感傷，同吳遲生的同性戀，用女人的針在臉上刺出「瑪瑙似的血」，並以女人手帕拭之以求性滿足等病態細節，以及步入花巷等描寫，一定程度上，反映了如同「癩病院」一樣的社會所造成的靈魂窒息。在于質夫與妓女海棠的肉體關係中，滲入了「同是天涯淪落人」的社會壓迫感。沉淪後的于質夫仰天長歎：「將亡未亡的中國，將滅未滅的人類，茫茫的長夜，耿耿的秋星，都是傷心的種子」。不過，在對性愛幻滅的思考中，《茫茫夜》發展了《沉淪》的感傷，但走向了頹廢。沿著這條線索，郁達夫在 1924 年至 1925 年間連續寫下了《寒宵》、《街燈》、《祈願》等篇，主人公走入了感傷者最為灰暗迷亂的階段：狎妓醉酒，哭笑無常，無力自拔。

　　無可諱言，郁達夫的確展示了性愛幻滅後知識者沉淪墮落的一面，然而又不限於此。在作者所熱衷的對情慾的探討中，一開始就不同於鴛蝴派與張資平等人。作為一個人文主義者，郁達夫從人道的角度，肯定情慾作為肉體要求、情感慰藉、人的實現的價值。《沉淪》中對異性的渴盼（也許並非愛情）與帶血的呼號，無疑是真正的「人」的聲音。即使是那些過分強烈甚至帶有病態的性愛追求，也是對中國幾千年禁慾文化的一種反撥，顯示了人的要求與舊道德舊社會的衝突，被賦予了現代意義。《秋柳》中的于質夫曾赤裸裸地表示：「我教員可以不做，但是我的自由卻不願意被道德束縛」，「那些想以道德來攻擊我們的反對黨，你若仔細去調查調查，恐怕更下流的事情，他們也在那裡幹哪！」正因為郁達夫把性愛當作人的價值，並追溯性愛幻滅後的社

〔註9〕郁達夫：《雪夜》，《郁達夫研究資料》，天津人民出版社 1982 年版，第 58 頁。

會壓迫,因此,出現在郁達夫筆下的許多妓女,並不是淫佚的蕩婦,而是可憐的被壓迫者,也是抒情主人公不幸身世的補充。抒情主人公大都以平等的方式與她們構成關係,有情慾,也有憐憫,沉淪中亦爆出一絲光彩。曾有論著指出,郁達夫筆下主人公的狎妓縱酒、放浪形骸,源於中國古代名士如嵇康、劉伶等人避禍自守的方式。勿庸諱言,郁達夫確是名士氣質較重的人,而且在展示知識者放浪行爲時亦不無自賞。然而,古代名士醇酒美婦的放浪形式僅僅是避禍的形式,而不包含「人」的意義,而郁達夫則恰相反。正因此,于質夫在狎妓之後,又爆發出強烈的自責與懺悔:「我是違反道德的叛逆者,我是戴假面的知識階級,我是著衣冠的禽獸!」郁達夫從人的角度肯定情慾,又從新道德的角度指謫買賣的性愛關係,因爲它同樣也是人價值的失落。郁達夫的主人公是清醒的,但無力自拔,因而感傷也愈加濃烈。

二

如果說在性愛題材中,郁達夫展示了知識者生命價值未能實現的感傷,那麼,自 1923 年初創作的《蔦蘿行》開始,郁達夫便主要轉向描寫知識者生的悲哀——生存價值因受社會壓迫而不能實現的感傷。在 20 世紀中國,這無疑是更具有社會意義與悲劇美的。在《蔦蘿行》、《風鈴》、《落日》、《離散之前》、《煙影》、《紙幣的跳躍》等小說及散文《還鄉記》、《還鄉後記》、《感傷的行旅》等篇什中,作者反覆訴說著知識者的困厄與漂泊主題。《風鈴》中的于質夫從國外留學回來,但「中國的社會不但不知道學問是什麼,簡直把學校出身的人看得同野馬塵埃一般的小」,而那些市儈小人則一個個輕裘肥馬,高據要津。在那篇給沈從文也是給全社會寫的著名散文《給一位文學青年的公開狀》中,作者替生計無著的沈從文考慮多種「生存途徑」:文憑無用,城市污濁,唯有蠅營狗苟方能求生;回鄉呢,農村凋蔽,哀鴻遍野,更難存身。那麼只有去偷竊……這是知識者怎樣的哀狀啊!書信體的《蔦蘿行》是這方面的名篇。抒情主人公激憤於個人價值不能實現:婚姻是包辦的,然而髮妻又極善良;離婚吧不忍,然而又無法養活妻兒。究詰原委,仍復是知識者與整個社會的衝突:「賦性愚魯,不善交遊,不善鑽營的我,平心講起來,在生活競爭劇烈、到處有陷阱設伏的現在的中國社會裏,當然是沒有生存的資格的。」那麼這重重不幸根源何在?作者指向社會:「若因社會的組織不良致使我不能得適當的職業,你不能過安樂的日子,因而生出這種家庭的悲劇的,那麼,我們的社會就不得不

根本的改革了」。素爲後人推重的小說《春風沉醉的晚上》與《薄奠》是兩篇
客觀性較強的作品，但它們借煙廠女工與人力車夫的悲劇，仍舊抒發了知識者
生存困境的感傷。在《春風沉醉的晚上》中，女工陳二妹貧困卻尚可生存的境
遇，對比說明了文人寒士的更加落魄與社會下層的普遍貧困。《薄奠》也旨在
說明「覺得這些苦楚，都不是他（指車夫）一個人的苦楚」。抒情主人公「我」
並非只是觀察勞動者的視角，而是主角——困厄的知識者。

　　在這些作品中，郁達夫向我們推出了一組感傷主人公形象：「袋中無錢，心
頭多恨」，「生則於人無補，死則於人無損的零餘者」。與他們的俄國近親「多餘
人」相比，他們顯然缺少尊貴的地位與優裕的生活，不僅在精神上找不到出路，
而且在實際生活中也完完全全是失敗者。在零餘者身上，我們看到了與澆漓世
俗的尖銳對立與孤注一擲的抗爭。如《離散之前》的于質夫，要把自己的舊文
付之一炬，「免得他年後被不學無術的暴君來蹂躪。」《薄奠》中「我」怒責那
些上等人：「豬狗！畜牲！」。《還鄉記》的主人公把紙幣放在鞋底，以示對金錢
萬能世界的抗議。這是典型的郁達夫式的反抗。不過，從感傷的角度來說，郁
達夫強調的並非是零餘者的反抗，而是個人價值不能實現，在社會上得不到恰
切的位置，無所歸依的失落與生計無著的哀傷。由於郁達夫完全從實際的生活
角度感受世俗價值未能得到的痛苦，小說大多得之於一己的生活體驗，因而其
作品缺少深邃的思想與批判力，缺少魯迅式的對先覺者個體生存形而上的理性
思辨和與舊文化的決絕態度。因而，零餘者一方面憤世嫉俗，另一方面對世俗
社會又有一定程度的認同和渴望歸依感。《青煙》中于質夫夢見自己回到家中，
而家已破落，妻子已作傭人，見面不能相識，最後憤而投江，延續的仍是《蔦
蘿行》無以撫養妻兒的哀傷。《煙影》主人公文樸處境艱難，唯靠朋友資助才能
回到浙江老家，而妻子只能被撇在北京。文樸羞澀阮囊，在家形同乞飯，因而
受到老母的奚落與責備。文樸的感傷源於無法追求到凱旋性的人生模式——衣
錦還鄉。特別是《落日》中的主人公，愈是窮愁潦倒、失業無聊，卻愈要追隨
繁華都市的浩蕩人流，行色匆匆地乘車、步行、購物，所要得到的無非是對都
市社會生活的歸依感、認同感，以消除失業造成的失落。

三

　　到此爲止，我們已用社會歷史學方法對郁達夫最有特色的感傷小說作了
一番掃描，然而似乎還沒有解決郁達夫小說中一個獨特而又顯而易見的現

象：零餘者面對社會壓力——即使是極其微小的刺激——往往不戰自潰，過分感傷以至頹廢，並彌漫著大量病態色彩。誠然，感傷色彩的確映照著那個畸形的社會狀況，但這種社會狀況與時代情緒同時也籠罩著任何一位作家，而醇酒美婦的傳統文人積習，西方世紀末思潮的影響，也不獨郁達夫一人所有，為什麼唯獨郁達夫會表現出遠超出常人的感傷、頹廢呢？也有論者指出，真率的氣質，憂鬱的性格，纖敏的情感等作家個人的素質影響了作品，但還未能說明問題。造成郁達夫獨特感傷頹廢觀象的是作家常帶病態的人格。其實，對於作家人格的病態，早在 20 年代即有人指出。周作人最早表現出這種敏銳的目力。他說「色情狂的著作」，「我們要辨明他是病的，與平常的文學不同。」〔註 10〕錢杏邨在談到郁達夫是一個「時代病的表現者」的同時，又說「病態生活的表現，當然是由於作家生活的不健全……其間還有一種最重大的因素，就是心理的不健全。」〔註 11〕以後，郭沫若也從生理學與心理學方面談到郁達夫人格的缺陷。如「身體太弱」和「過分的自卑。」

病態人格亦稱人格障礙，表現為持續性的性格異常。病理學對此有以下解釋：「患人格病的這種人控制不住自己對人的敵對的感情，待人反覆無常，不能跟人建立長期的或良好的關係。最複雜的人格障礙之一是對抗社會性病態人格，主要表現為不能適應普遍接受的道德標準和社會標準……他們也可表現各種性偏離、藥癮和酒精中毒。」〔註 12〕郁達夫身上顯然有上述的部分症狀。

郁達夫人格病的核心是超常的自卑感，這幾乎已成人們的共識。郭沫若曾說：「魯迅的韌，聞一多的剛，郁達夫的卑己自牧」是文壇三絕，「他往往是過分的自卑，這在我看來有點類似於自暴自棄或不自愛不自重的程度。」自卑感使他難以承受甚至是微小的社會壓力，「在迎接外來的攻擊上卻非常脆弱」，於是，潛在心理中往往要尋找到一種補償。由此，其自卑心理發展為貌似乖突的兩極：一方面，憤世孤高，或離群索居，或浪迹山水。實際上，在極自負的外表下卻是一顆脆弱的心靈；另方一面，「是他自謙的心理發展到自我作賤的地步。愛喝酒、愛吸香煙，生活沒有秩序，愈不得志愈想偽裝頹唐，」

〔註10〕 仲密：《沉淪》，見《郁達夫研究資料》，天津人民出版社 1982 年版，第 306 頁。
〔註11〕 錢杏邨：《達夫代表作後序》，天津人民出版社 1982 年版，第 339 頁。
〔註12〕 《簡明不列顛百科全書》(6)，中國大百科全書出版社 1986 年版，第 339 頁。

從而導致極端的自賤自貶，自虐自瀆，放縱酒色藉以解脫。「到後來志氣就日見消磨，遇到什麼棘手的事情，便萌退志。」〔註13〕這裡其實已經言明，其退縮行為是由「自謙心理」而來，所謂「頹唐」乃是「偽裝，是不得志的掩飾與解脫」，解脫的方式便是「沒有秩序」的荒唐生活，也即嗜煙、酗酒或者還有女色。

郁達夫堅執「文學作品都是作家的自敘傳」這一信條。其作品主人公雖非完全的自我細節寫真，卻始終有作者自我人格病的投影，也往往有一種極強的自卑感。《沉淪》中的主人公，感到「無論到了什麼地方，他的同學的眼光，總好像懷了惡意，射在他的脊背上面，」「他的同學日本人在那裡歡笑的時候，他總疑他們是在那裡笑他」，以至在街上碰到女同學「呼吸就緊縮起來」，「憂鬱症愈鬧愈甚」，於是「跑到人跡罕至的山腰水畔……覺得自家是一個孤高傲然的賢人，一個超然獨立的隱者。」《蔦蘿行》中的主人公在聲淚俱下控訴社會的同時，也對自我自卑心態作過剖析：「天生膽怯，從小就害著自卑狂的我，在新聞雜誌或稠人廣眾之中，從不敢自家吹一點小小的氣焰。」《採石磯》中的清代才子黃仲則，恃才傲世，孤高負氣，然而在極強的自尊的外表下是極強的自卑與「神經過敏」。不管是在抒寫情慾幻滅還是敘寫知識者生存困境的小說，也不管是在情慾追求中與情敵相遇，還是在生存掙扎中與社會的衝突，零餘者都有自卑心理作祟。既不能爆發出更強的情慾衝動，也未能以健全人格與社會對抗。他們沒有去積極改變環境，而是萌生退志，以意志的萎縮與喪失為代價，甚至過分地自我貶低，將失敗歸之於自己的不遇、低能，體弱與貌寢，然後，自嘲自憐，怨天尤人，求得解脫。《南遷》、《風鈴》中的主人公對異性的追求，在第三者出現甫始，即告退卻。《銀灰色的死》中的「他」，只是在聞聽意中人出嫁時就酗酒不止，最後酒精中毒而死。《沉淪》中的主人公在侍女丟下他去招呼別的客人時發誓：「我再也不愛女人了」，而後感傷大發。言過其實的表白正是自卑心理的補償。

郁達夫筆下的人物常常把自己情場的「失敗」（有時並非如此）歸之於自己與別人的一種敵對關係，以此自憐。如《十一月初三》中的主人公浩歎：「啊啊，我的不遇，我的醜陋，正是人家的幸運，人家的美妙啊。」甚至《秋柳》中的于質夫看到他的學生與一女人說話，也會湧動無盡感傷：「我半老

〔註13〕分別見郭沫若《望遠鏡中看故人》、《論郁達夫》、《再談郁達夫》，見《郁達夫研究資料》，天津人民出版社1982年版，第93頁、第96頁、第162頁。

了，我的時代過去了，……不幸的事，不美的人，孤獨、煩悶，都推上我的身來，我願意爲你們負擔了去，橫豎我是沒有希望的人」。隨這種消極的解脫方式而來的是自卑情緒的惡迴圈：

> 大約現在的一班絕無聊賴，年紀和我相上下的中年人都應該有這一種脾氣：一天到晚總是自家內省的時候多，外展的時候少，自家責備自家的時候多，模仿那些偉人傑士的行爲的時候少。愈是內省，愈覺得自家的無聊，愈是憤怒，而其結果，性格愈變得古怪，愈想幹那種隱遁的生涯。我的這一種內省病和煙酒的嗜好一樣，只是一天一天的深沉起來，近來弄得連咳嗽一聲，都怕被人家知道，就是路上叫洋車的時候，也聲音放得很幽。(《十一月初三》)

在《沉淪》、《茫茫夜》、《秋柳》、《街燈》、《寒宵》等篇中，郁達夫表現了感傷者最頹唐的醇酒婦人的生活。事實上，在大多數場合，不論是酗酒，還是縱慾，其深層心理學、病理學含義都是以自我肉體與人格的摧殘，降低自我的價值來消除或減輕因欲望（性愛、金錢，名譽）難以達到而帶來的痛苦，仍然是自我虐待、自我褻瀆的方式。病態人格導致主人公在兩性交往中出現大量性變態行爲，諸如同性戀、窺淫癖，戀物癖、受虐狂等等，〔註14〕對此，似乎難以以一句「對社會的反抗」簡單注釋了事。

四

從前期到後期，郁達夫作品的感傷表現爲一個流動過程。郁達夫 1926 年赴廣州，失望而歸，並因此與創造社激進分子交惡，最後導致退出創造社。之後，與魯迅過從甚密。1930 年加入左聯。然而不久，政治上的懦弱和與王映霞的戀情，使他離開上海，定居杭州，築起「風雨茅廬」，逐漸遠離動盪社會，幾近閒雲野鶴的隱士。對社會動盪和階級鬥爭感到困惑，對人生戰場上的搏擊、上下求索的理想追求也深感疲憊。他遍遊名勝，在山水與古跡中尋找清雋的神趣、恬淡的意境，早期感世傷時的激憤逐漸隱遁到空靈。因而其作品由早期的沉淪卻憤世孤高，頹廢而不忘激越，轉成企慕山林的絲縷清愁，意氣平緩衝和。寫於 1930 年、1932 年的《紙幣的跳躍》與《東梓關》，係《煙影》的續篇，但已沒有《煙影》中醒目的憤激與牢騷。《紙幣的跳躍》情感走

〔註14〕性變態行爲，散見於《沉淪》、《過去》、《茫茫夜》、《她是一個弱女子》等篇中。

向岑寂，而《東梓關》則已轉向沖淡。它敘寫歸鄉的文樸咯血求醫，著墨點顯然是在慕狀鄉間名醫徐竹園舒徐渾厚、沖淡閒適的風範，求醫治病的經過也旨在象徵一條遠離塵囂、遁世歸隱之路。《瓢兒和尚》中的秦國柱，在情場與仕途上均是強者，而若干年後卻遁入空門，顯然已經消泯了人的情慾與世間功利。當他與舊日情敵見面，喚起的僅僅是一聲感歎。而另一位主人公「我」，也不堪忍都市生活，「逃到了山明水秀的杭州城裏」，「扮做了一個既有資產，又有餘閒的百分之百的封建遺民。」《碧浪湖的秋夜》雖然也取材於清代歷史人物的生活，篇中的杭州名士厲鶚雖也窮愁，但早已沒有《採石磯》裏黃仲則的孤高憤世，而是隨遇而安，悠然自樂。

不言而喻，作者所遁入的是一個理想化了的世界，這在後期名作《遲桂花》中尤為明顯。翁則生早年留學日本，也有類似《南遷》主人公伊人對理想追求與破滅的經歷。歸國後十幾年隱居山林，覺得「百事都看得很穿……覺得這世上任你什麼也沒甚大不了的事情，落得隨隨便便的過去，橫豎是來日無多了，」連結婚也成了遵奉母命的差事。而翁的妹妹，一個受盡夫家欺侮的寡婦蓮妹，也依舊天真、浪漫。在翁家兄妹理想性格與鍾靈毓秀的自然景色映照之下，一個翁的舊友，從迷惘狂亂中走向瀟脫、飄逸，淨化了情慾，皈依了自然。空靈的心境伴著遲桂花淡淡的清香，構成理想的詩境。

然而，郁達夫並非真正的隱士，他何嘗不知在動盪的中國哪裏可以存留「百分之百的封建遺民」，因此在《東梓關》那田園詩趣中，他仍忘不了關於「東指關」殘酷戰亂的傳說。在《十三夜》裏，畫家追隨絕色神女迷離的仙蹤，得到的只是現實世界陸軍醫院瘋人野獸般的嚎叫。作者執拗於理想境界，其實是對現實人生的無可奈何，滲透其中的仍然是絲縷感傷。如同《遲暮》中那個少年激昂、中年消沉的詩人所言：「我們雖則都還未老，但已先衰了……雖然或將從此一直的沒落下去也說不定。」這正是郁達夫步入中年後複雜的心態。

五

西歐經典意義上的傷感小說，是對僵化的理性主義的反動，它把「情感放在理性之上」，〔註15〕「人物的內心活動和情感，人物的個性和個人精神生活，都成為作家關注的東西……這種小說一般都以第一人稱的角度敘述故

〔註15〕《簡明不列顛百科全書》(3)，中國大百科全書出版社1986年版，第275頁。

事,並採用日記、自白、書簡,遊記、回憶錄形式」,〔註16〕這正是郁達夫感傷作品表現出的文體特徵。他的自敘傳小說「主要是情緒的歷史,即所謂心史」。〔註17〕那種自由宣洩的方式與自我病態心理的大膽暴露,不僅表現出強烈的非理性的「主情」特點,也帶有某種懺悔錄色彩。其筆下的主人公常常迫不及待的表露心跡,幾乎任何細碎的事與物(包括自然景色)都會觸發情緒波瀾。在心理暴露方面,他常常把主人公置於奇特、偶然的境地,對其靈魂進行逼問。這尤多見於涉及兩性關係的篇章中。比如《風鈴》中日本少女到于質夫屋中借宿,《春風沉醉的晚上》「我」與女工鄰室而居,《沉淪》中「他」窺見少女沐浴,《秋柳》中的宿娼等等,然後把主人公情慾與理智的衝突過程和盤托出,使人怵目驚心。靈肉的衝突往往是郁達夫暴露人物心理的主要手段。不過在這方面,早期作品往往是對犯罪感的自責,後期小說則表現主人公在美好女性與美景面前的欲情淨化。《春風沉醉的晚上》、《過去》、《遲桂花》都表現了這一點。另外,郁達夫長於以清新明麗的文筆模山範水,藉以映託主人公的憂鬱與感傷,詩化環境,生發意趣。

第三節　孤獨者與零餘者

　　長期以來,人們習慣於把「五四」小說中的知識者作為一個類屬。對魯迅小說中的「孤獨者」與郁達夫小說中的「零餘者」,往往在相同的社會意義中視為同類,如社會的反抗者、多餘人,至於差異,則少人問津。當然,不論是「孤獨」還是「零餘」,從語義上說,都強調了他們與環境的衝突性或游離性,但也正是在這個意義上,「孤獨者」與「零餘者」雖相近卻不相同。這種差異不僅在於作家的創作方法,也在於對知識著的觀察視角與理解程度。下面擬從知識者生存的環境、與社會的關係、生與死等幾個角度試加分析。

一

　　魯迅的小說,一般來說,缺少對知識者生存的客觀環境的說明。在多數作品中,知識者所面對的往往是較抽象的文化背景。不過,生活背景的淡化

〔註16〕張瑞德等:《西方文學術語辭典》,黃河文藝出版社,第91頁。
〔註17〕趙園:《郁達夫及其創作散論》,《郁達夫研究資料》,天津人民出版社1982年版,第662頁。

並非魯迅小說的缺陷，因爲小說並不缺少對知識者人文環境的描述。人與人的關係，人與社會的關係，雖顯得抽象卻有典型的社會文化意義。它恰恰說明知識者的覺醒、抗擊、激憤與頹唐並不囿於一時一地，而是普遍存在。以抽象化的背景來涵容更深刻的人類精神內容，這在世界優秀作品中不乏先例。問題似乎還不僅在這裡。在淡化了生活環境之後，我們很難對每個知識者的特定性格作出描述。作品中除了他們身上鮮明的精神特徵外，作者並沒有摹狀狂人、瘋子、涓生、呂緯甫、夏瑜各人活脫脫的性格，通行的「典型環境中的典型性格」對於魯迅小說知識者的分析似乎不太恰切。這似乎大大不同於魯迅對於農民與舊文人的刻畫。我們已從阿 Q、七斤、閏土、愛姑、祥林嫂、孔乙巳、四銘這些不朽的農民與舊文人形象中感受到魯迅先生塑造典型人物的非凡手段。因此，我們或者可以認爲，魯迅沒有專注於知識者的特定性格塑造，那麼這是否有另外用意？用意何在？

假使我們對魯迅作品中知識者作一番總體觀察，不難發現，之所以模糊實際生活的背景，淡化人物性格，正是爲了突出知識者作爲新文化先驅的思想存在物的精神狀態。每個知識者似乎都表現出所處不同時代的文化思潮的特點，並顯示出歷史的階段性。狂人率先從蒙昧中蘇醒，但只能從進化論中找到慘澹的希望。到了《長明燈》，瘋子對庸眾與孩子已轉爲失望，絕望中只有堅執「韌」這一武器。《頭髮的故事》中 N 先生的精神狀態是對一切絕望之後的激憤。子君、涓生與青年作家幾位，通常被研究者目爲年輕一代知識者。其實所謂年輕，既無年代上的確切依據，也無年齡上的具體說明，造成這種潛在心理定勢的，恰在於他們所體現出的個性解放思想。他們的痛楚經歷，表明了知識者個人幸福不僅無以獲得，而且夢醒之後根本無路可走。《在酒樓上》的呂緯甫在路絕之後，以誨人子曰詩云殘喘餘生。孤獨者魏連殳意識到現實社會無法戰勝，不惜以身飼虎，回歸傳統，轉而向社會和庸眾復仇，然而，這位最具反抗性與決絕精神的戰士又以自戕方式否定自我，換取對現代理性的終極追求。從狂人到魏連殳，知識者大都是社會異質性的思想存在者，已經走完了當時先覺者全部的思想精神歷程。

郁達夫對知識者的表現呈示出另一種態勢。由於其小說多屬自敘性作品，自始至終有作者人格的流貫，甚至於就是自我經歷、情感流程的記錄，因此，我們習慣於把它們作爲有連續性的整體看待。不難看出，「零餘者」的生活背景與行爲活動是較明晰的，許多描寫均取自於眞實的客觀環境，甚至

連地名也非虛構，而且主人公的活動，也多圍於衣食住行的實際生活，諸如失戀失業、流離城鄉、生計無著等。不過，與此形成對照的是，知識者作為思想存在物卻不甚清晰，建立於這個基礎之上的人物情感也很難包含豐厚的內涵，顯得單一。雖然主人公的活動在時間上有明顯的連續性，但人物的情感特徵、性格特點，並沒有隨時代而發展，彷彿與生俱來。這固然說明作家人格的投影作用，但也說明了作家對知識者生存過程、精神面貌思索的主觀性、簡單化與程序化。在此，魯迅與郁達夫呈現出明顯的分野：一個側重知識者體現的帶有不同時代特徵的抽象的精神狀態，知識者是思想存在的產物；一個專注於知識者實際生活的具體的生活經歷，知識者是實際生存的產物。前者可以說是作者深邃的理性思辨的結果，而後者則充滿感性的色彩。

二

與社會的關係，是「五四」小說表現知識者的基本範式。綜觀魯迅的孤獨者家族，其成員雖涵容了不同時代知識者的精神特徵，但其深層內核卻頗一致，即知識者作為現代文化理性價值的體現，其思想行為與傳統型文化環境構成尖銳對立。這既是橫向的現實性衝突，也是縱向的歷史性衝突。從這個角度來說，「孤獨者」乃是新文化思想的體現者，是舊中國積極的改造力量，絕非游離社會的多餘人。所謂孤獨，乃是就整個社會對其理解的程度而言，並不是對先覺者未能走向人民的批判。恰恰相反，作者肯定了孤獨自身的價值與意義。孤獨成為知識者思想存在的一種方式，本身就是一種價值。

郁達夫同樣涉及知識者與社會的關係，相同的範式卻有不同的處理。一般都認為「零餘者」同「五四」小說中許多知識者一樣，是當時社會的叛逆者與反抗者，似乎是不容懷疑的。不過，怎樣才是叛逆與反抗者，我認為，首先，主人公必須是社會的異質性存在，並構成與社會環境的衝突。當然，這種異質性與衝突，主要是體現在思想意義上。如果以這個標準來看郁達夫的「零餘者」，我的看法便有些小小的不恭敬。「零餘者」是留學東瀛，汲取了外來文明後回國的知識青年，但是否這種身份就一定使「他」的思想與行為與當時社會構成尖銳衝突呢？這完全要看作品中主人公的表現，而不是單看作者是誰，其主人公又是什麼身份。

勿庸諱言，在顯性結構中，郁達夫的小說也描述「零餘者」與環境的衝突，而且還常常伴隨著過激的語辭，作品中的主人公還常常以衝動性的行為

展示這一切。那麼，實質性的衝突究竟存不存在呢？這首先要廓清「零餘者」思想與行爲的特質是什麼。

「零餘者」身上表現最突出的，是人的世俗欲望，在作品中主要被表述爲「金錢、地位、女人」。如果說這種要求是知識者對現代生命價值與生存價值的追求，這多少是一種誤解。好像放在了留洋的知識者身上，便成了現代人生價值。其實，從這種欲望所包含的內在意義與其努力的方式來看，只是普通人所渴望得到的世俗性的人生價值，倒不一定就包含著多少現代思想內涵。甚至於他那些爲人詬病的奇癖乖行，貌似反社會反傳統，其實也是傳統文人的名士作風，「有落泊頹喪的文人卑己自牧、虐己自娛作風的價值感，有放浪形骸的士大夫聲色犬馬、淹滯風流品行的慕名心。」〔註 18〕既然沒有與現實的異質性因素，那麼，「零餘者」與環境的關係就並非知識者人生價值與現實社會的文化對立，而且恰恰相反。在潛在結構中，郁達夫所表述的多是對社會的認同。「零餘者」所渴望的同樣是成爲「有名的偉人」（地位）、「有錢的富者」（金錢）與佔有「美貌的女人」，與他所詛咒的資本家、偉人、富者在人生價值取向上終無多大區別。只是由於現實社會尚未使「零餘者」實現傳統人生價值，才產生了指天罵地的反抗和與怨天尤人的感傷。

三

這裡不妨展開論述一下。「零餘者」欲望的追求與失敗，是郁達夫小說的母題。它又可以分爲兩類主題：性愛幻滅與生存困境。兩大主題都與女人有關係。日本學者伊藤虎丸曾把郁氏小說中的女性分爲兩種，一種是肥胖、淫蕩、妖嬈的，專門帶來禍水的女人，這在其留日期間所寫的小說中佔有主要地位，屬迫害者。另一種是脆弱、溫暖、可憐的社會受害者，這在他回國後所寫的小說中不時出現〔註 19〕。前一種女人可視爲肉欲代表，體現了「零餘者」對性的追求，性愛幻滅常被置於這重關係之中。後一種女性則被置於「零餘者」的保護之下，如妻子與妓女海棠。「零餘者」或者充當家庭方面的角色，體現了對男人——丈夫（或者還有父親、兒子）的認同，或者充當封建時代親近下女的文人寒士的角色。生存困境，常常被置於這重關係之中。

〔註18〕朱壽桐：《論創造社對東西文化的選擇》，載《南京大學學報》1990 年 2 期。
〔註19〕李歐梵：《現代中國作家的浪漫主義的一代》（節譯），《郁達夫研究資料》，花
　　　　城出版社與香港三聯書店，第 577 頁。

　　我們先談「零餘者」的性愛。「零餘者」與第一種女人的關係，常常是肉的驅動與滿足。為實現強烈的欲望，主人公甚至發願可以拋棄一切，包括理性與現代知識。雖然《沉淪》等篇的主人公把這稱為愛情，實際上只是肉欲而已。于質夫的迷醉女色，常被作者冠以反傳統之名。譬如《茫茫夜》中于質夫嫖妓之後，憤然道：「我教員可以不做，但我的行為卻不願意被道德束縛。」「道德」一詞在這裡是含混不清、沒有意義的，因為在現代社會，有情慾自然奔放的道德，也有肉欲買賣的不道德。而在中國古代性愛價值中，男女親悅恰恰是不道德的，而統治者蓄妾狎妓、文人醇酒美婦不僅被視為道德，而且還往往傳為美談。我們注意到，嫖妓行為在于質夫所處的環境中是被許可的（于質夫所擔心的僅是「怕病」），而且狎妓也正是一種文人傳統，因此，反傳統是一種誇大，一種對自己不良行為辯護的遁詞。我認為，現代理性肯定人的肉欲，但不能說任何實現肉欲的方式都是正當的，承認「零餘者」肉欲的要求，也決不意味著把嫖妓誇大為具有現代倫理意義。事實上，于質夫的嫖妓正是知識者現代人生價值的淪喪，其自責與懺悔恰是對違反現代道德的檢討。只有在這種檢討中，才見出知識者的思想價值。可惜，這種情形並不多見。

　　在第二類主題──生存困境的表現上，也很難看出「零餘者」反傳統、反社會的面目，相反，「零餘者」在許多地方倒是與傳統的世俗價值全然認同。在「零餘者」與女人的第二種關係中，「零餘者」沒有痛心疾首於舊式婚姻所強加給他的婚非所愛的事實，而主要是哀感上無以贍養老母、下無以撫養妻孥的現實，而這正是傳統社會男子家庭角色失落。正如海外學者對郁達夫本人的認識：郁與許多叛逆者不同，「他發現自己由於妻子的關係而完全陷入了舊傳統中，她的絕望與溫順使他心裏感到溫暖」，「在這一方面，郁達夫比他同時代的人……更為傳統」〔註20〕，那麼，「零餘者」的感傷來自何處呢？我認為，源於男子養活家小的家庭角色與「兼濟天下」文人社會角色的雙重失落，兩重角色都屬於傳統的世俗層面。《蔦蘿行》、《青煙》、《煙影》等篇的意義即在於此，主人公的感傷來自於無法追求到傳統社會凱旋性的人生模式──衣錦還鄉，夫貴妻榮，光耀門楣。至於「零餘者」在同淪落下女（如女工、海棠）的關係中所尋找的，也只是仕途經濟均告失敗後的情感慰藉，屬「倡

〔註20〕李歐梵：《現代中國作家的浪漫主義的一代》（節譯），《郁達夫研究資料》，花城出版社與香港三聯書店出版，第 578 頁。

優士子」的傳統文士人生模式。〔註21〕

　　其實，「零餘」二字的含義正是渴望對社會的皈依。所謂「零餘」，就是無用、多餘，也即：「生則於人無補，死則於人無損」。哀歎「零餘」，也就是不想成為「零餘」。作者感傷無用與無補，實則是一種自艾，抱怨自我不被社會認可，蓋源於文人「兼濟天下」的傳統角色的不可得，其深層意義則是對現實世界的認可。顯然，郁氏並不像魯迅肯定「孤獨者」孤獨的價值那樣，肯定「零餘」作為現存社會的異質性存在。得出這樣的結論，無疑是對郁達夫小說顯性結構的顛覆。郁達夫處處將現實生活的不遇歸之於社會壓迫，但在閱讀中我們卻很難感受到它的真實存在。比如《茫茫夜》，作者有意把苦悶與軍閥弄權、學潮動盪雜糅一處，但實際上，于質夫游離於鬥爭之外，並未受到壓迫，時局的動盪並沒有妨礙他的肉欲要求。同樣，把名譽、金錢的失敗歸咎於社會，也嫌誇大，至少對於作者本人是這樣的（他青年時即已成名，中年生活已較優裕）。

　　那麼，郁氏作品中使人驚心觸目的衝突在哪兒呢？真正的衝突在「零餘者」內心。他的世俗欲望極強但又無法實現，這使他常常歸咎於他人與自己的關係（這種關係有時並不存在）。所謂與環境的衝突，其實就是「零餘者」世俗價值無法實現後內心臆造出的。確切地說，「零餘者」與社會的衝突在於其自身性格與環境之間，而不在於其思想與現實之間。拿肉欲受挫來說，《沉淪》中的主人公是在侍女丟下他去招呼別的客人（並沒有出現）時精神崩潰的。《秋柳》中的于質夫將情場的失敗歸之於吳鳳世———一個嫖友——的漂亮與有手段。而其與海棠關係的終結，則是因為看到海棠與舊日相好（一個半老頭子）在一處的情景。在許多場合，這是造成「零餘者」壓迫感的真正原因。再比如《秋柳》中于質夫看見自己的學生與女性在一處，居然大發衰老、運乖、不幸甚至將死的感傷。那麼，隨此而來的「零餘者」的頹唐又有多大程度是社會造成的呢？鑒於斯，海外有些學者開始在郁達夫自身找原因：「他的著作出了名，使他成了一名眾所周知的人物，從而進一步使他進入自己的自我形象。他不得不顯得頹廢。這樣一來，舉止行動成了習氣，習慣成了癖性，尤其是到了中年，他既不窮又不孤獨」，那種常見的落魄、孤獨、感傷由何而來呢，或許只是「自鳴得意的狀態」，

〔註21〕末見：《「倡優士子」模式的創造性轉化》，載《中國現代文學研究叢刊》1989年4期。

或認爲「這是一個倒退，也是他眞正的悲劇的根子」。〔註22〕的確，問題就出在郁達夫或者人物自身，他把自己打扮成一切人與事的受害者，從病理學上說乃是由於「控制不住自己對人的敵對的感情」〔註 23〕，是一種人格病的表現。

同樣，在整個社會中，「零餘者」也沒有積極改變環境，去實現生存價值（金錢、地位），而是退回內心，經由心理的掙扎，將自己的不遇歸之於他人的敵視與侵奪。總括起來說，郁達夫人物身上表現出的，較多的屬於性格與環境的衝突，屬現實層面，不同於魯迅的「孤獨者」表現出的思想與社會的歷史層面的衝突。

在「五四」小說知識者形象中，死亡主題（包括精神與軀體）是較常見的。在許多作家筆下，死亡往往是知識者的思想與外部社會激烈的文化衝突所致。在魯迅「孤獨者」家族中，這一思考被賦予了思辨色彩。魯迅首先把知識者置於一種生存悖論之中：知識者作爲當時中國社會的異質性思想存在，難以得到生存條件，往往最終導致軀體死亡。而欲苟活，則不得不屈服於傳統，而這又不啻於精神的頹死。前者如子君、夏瑜、狂人、瘋子，後者如呂緯甫、N先生、魏連殳。儘管魏連殳在屈從傳統中，獲得了相當的世俗價值，但知識者的生存悖論，不僅沒有解脫，反而陷入更加深沉的痛苦，最終的解脫也只有以自戕的形式否定已經精神頹死的自我肉身。魯迅對知識者的安排，似乎有些悲慘，無論哪種選擇，最終的結局都是死亡，但這種死亡卻表現了作者對知識者生存環境與意義的最具智慧的思考。「零餘者」的死亡也連結著生存，但不論是肉體的死亡，還是精神的頹敗，都是世俗價值不得滿足之後帶有不健全人格病態色彩的解脫方式，仍屬實際生活的表現，而非哲學式的把握。「零餘者」的死，仍是性格所致。

「零餘者」的心死亦帶有病態特徵，表現爲面對與環境與他人的衝突——即使是極小的刺激——往往不戰自潰，感傷而致頹廢，並衍生大量病態。這個分析同樣適用於作者筆下的「零餘者」。沉溺酒色，是「零餘者」精神頹敗常見的表現形式。

〔註22〕 李歐梵：《現代中國作家的浪漫主義的一代》（節譯），載《郁達夫研究資料》，花城出版社與香港三聯書店。

〔註23〕 見《簡明不列顛百科全書》（6）關於「人格障礙」詞條，中國大百科全書出版社1986年版。

四

　　當然，對「五四」小說知識者的生存狀況這一話題，各個作家都有不同側面的理解，這恐怕與「人」這一概念的廣泛性有關。魯迅小說關注的主要是知識者作爲思想存在物精神生存的困境，而知識者受到物質生活擠壓而導致人性異化只是一個側面（如《傷逝》與《幸福的家庭》），而且，對後者的表現最終又被容納於對前者的總體把握之中。郁達夫關注的是知識者物質生存的困厄，以及由此而來的精神痛楚，對後者的表現大致被包涵於對前者的把握之中。相對而言，郁達夫漠視了知識者作爲思想存在物的生存狀況，很容易把知識者獨有的價值同世俗的人生價值混同起來，且大都得之以一己生活的經歷，未能上升到理性思辨的高度。我們不禁要問，假如知識者沒有了性的苦悶與實際生活的困厄，作者將何以表現呢？我們注意到許多閱讀者偏好郁氏的早期作品，而中年後的創作，那種知識者實際生存困厄不再有之後的種種感傷，便不免有些虛矯。究其原委，即在於作者仍將對知識者的表現滯留於實際生活層面。

　　當然，這裡並不是說郁達夫不是擁有新理性的現代文人，也無意說「零餘者」不是知識者。不過，對二十世紀來說，知識者最明顯的特性是思想意識與社會環境的衝突，最大的生存困境是精神層面的痛苦。實際生活的處境是容易改善的，而精神生存的路途則滿布荊棘。也正因此，魯迅對知識者的表現，才更見深刻、恒久。

第四節　城市知識者的精神軌跡

一

　　「知識者」或「知識分子」一詞，來自近代西方，譯自英文 intellectual。其字根是 intellect，有「才智」、「心智」之義，與一般意義的 knowledge（知識）有區別，以致「五四」時期有人譯作「智識階級」或「智識分子」。照時下流行的說法，知識分子乃是「由腦力勞動者所構成的社會階層」，包括「工程師、技師及其它技術人員的代表、醫生、律師、藝術工作者、教師、科學工作者和大部分職員」〔註24〕。但在近代西方，這個概念一直與思想、哲學

〔註24〕羅森塔爾，尤金：《簡明哲學辭典》，三聯書店 1978 年版，第 260 頁。

和對社會的批評有關。確切地說，知識分子既是一種現實中的職業存在，同時又是一種「思想」存在。

「五四」小說大都關注知識者的思想存在狀態，而主要不是現實中的生活經歷，知識者形象最大的特徵是作為新文化思想存在物與社會的對立。在知識者向都市文明靠攏這一大的背景之下，產生出「五四」時期知識者對都市貌似乖戾實則合一的兩種傾向：一是知識者大都從域外得到對都市文明的感受；二是難以認同中國早期的畸形都市文化而產生一種無所歸依的惶惑。兩者都是知識者作為思想存在的表現。

最早對都市進行感悟的是創造社作家群。創造社諸君留學的平均年齡是17歲（郭沫若21歲，郁達夫、田漢15歲，陶晶孫10歲），赴日期間，是他們的生活方式、文化意識初萌並定型的時候，因此，他們比先輩們更深切的感受到彼邦現代文明的強烈刺激。郭沫若的《筆立山頭展望》、《日出》、《上海印象》、《上海的早晨》都抒發了對都市文明的感觸。他敏銳地抓住了都市的人文景觀，把大工業、輪船、摩托車等視為近代文明的象徵，其中透露出幾分驚訝與喜悅。張資平自傳體小說《沖積期化石》裏的韋鶴鳴，第一次來到當時的香港，既批判都市文化中殖民性的一面，同時也歌詠輝煌的物質文明，並說：「他對國家的觀念就是在 H 埠（香港）發生的」。

作為早期留學生文學的創造社同仁作品，在對日本都市的感受中，存在著兩種傾向。一方面，作為弱國子民，他們深切地感受到身處異域的民族屈辱感，而另一方面，也有對當地先進文明（主要是都市文明）的一種企慕與認同。恰如鄭伯奇在其作品《最初之課》中，一面訴說自己在日本讀的是西洋書，受的是東洋氣，一面又承認日本是一個很能夠進步的民族。只須流覽早期創造社的作品就會發現，一旦強烈的民族情緒不再成為作家的主要情感，或者說在表現知識者精神狀態時不存在遭受域外民族歧視時，那種對域外城市文明的渴慕，便成為知識者精神的主要力量。甚至在一些以回國生活為題材的作品中，日本都市文明的背景還是依稀可見。其早期作品幾乎都存在一個相似的情節模式，即：無法忍受在東洋所受屈辱而不忘故土，回國後又無法忍受中國都市的骯髒而返回日本。這在郭沫若《漂泊三部曲》、《日蝕》、《陽春別》與郁達夫《茫茫夜》等篇中甚為明顯。郭沫若在返回上海心情悲憤之時，通過《陽春別》中的主人公愛牟數次表示：「中國那裡容得下我們，我們是在國外太住久了。」《漂流三部曲》中的愛牟在回國後生計無

著時，發出了在人們聽來異常刺耳的呼聲：「去嘞！去嘞！死向海外去嘞！……漂泊到自由的異鄉……」。故此，郭沫若把愛车在上海的經歷稱爲「失敗史的一頁」。鄭伯奇在總結創造社作品時曾指出其有一種「移民傾向」，實際上，這是以經歷了域外都市文明的眼光來看待中國社會所致。

在「五四」小說中，抽象化的都市漸成知識者精神上的依託。馮沅君對此有明確的表述。比如《慈母》中說：「我已經在北京整整住了六年了。我不但常把北京當作故鄉看待，故鄉的影兒在我心中也漸漸的模糊暗淡了。我常說北京彷彿是我的情人，故鄉彷彿是我的慈母，我便是爲了兩性的愛，忘了母女的愛的放蕩青年。」《劫灰》表述得更直接：「七年的旅客生活竟把我思念故鄉的心苗連根拔走了。」在這裡，北京並不是一個單純的地域指代，而是現代都市文明的代表。北京與故鄉，恰是知識者心靈中的兩極。這種精神特徵，後來被瞿秋白訾議爲波希米亞的「薄海民」。他說「這種知識階層和早期的士大夫階級的『逆子貳臣』，同樣是中國封建宗法社會崩潰的結果，同樣是帝國主義以及軍閥官僚的犧牲品，同樣是被中國畸形的資本主義關係的發展過程所擠出軌道的孤兒，但是他們的都市文化和摩登化更深刻了，他們和鄉村的聯繫更稀薄了……反而傳染了歐洲的世紀末的氣質」〔註 25〕。由於「五四」小說注重知識者的思想存在狀態，因而對都市社會也大抵看作抽象的所在，從而呈現出與知識者精神既統一又對立的複雜關係。較多出現都市生活背景的創造社、淺草社以及文學研究會一些成員的作品，其共同特點乃在於展示新文化知識者在都市中飄泊的經歷。知識者漂泊放逐的內在原因，在於剛剛獲得近代自覺意識的知識分子，在此時尚未在中國都市中找到歸屬感。由此，他們對都市的評價便複雜得多。漂泊的旅行成爲知識者的特徵。知識者在都市中的經歷，確切地說只是一種旅行經歷，而不是安居都市的經歷。像馮沅君的《旅行》、《劫灰》、《誤點》，郁達夫的《蔦蘿行》、《春風沉醉的晚上》、《還鄉記》，王以仁的《幻滅》、《神遊病者》、《流浪》，郭沫若的《行路難》、《人力以上》、《聖者》、《十字架》、《漂泊三部曲》、《日蝕》、《陽春別》等等都是如此。郭沫若說愛车「上海的煩囂不利於他的著述生涯」，但他又不能回到四川鄉下，甚至連無錫也不能久呆，只好在都市中，咀嚼孤獨：「他讓滾滾的電車把他拖過繁華的洋場，他好像埋沒在墳墓裏一

〔註 25〕瞿秋白：《魯迅雜感選集·序言》，《瞿秋白文集（二）》，人民文學出版社 1953年版，第 995 頁。

樣。」郭沫若說「我們是太爲都市束縛了」，這大抵是知識者的共同呼聲。
既是束縛，就意味著要求擺脫，但即使是飄泊，也依然還得在都市之間，恰
如愛牟不願回四川一樣。成仿吾、郭沫若的人物在東京、上海飄泊；郁達夫
的人物在上海、東京、北京、安慶、杭州之間飄泊；周全平的人物在瀋陽與
上海之間飄泊；林如稷、陳翔鶴的主人公在北京、上海之間飄泊；林如稷的
小說《將過去》中的主人公若水，兩三年來，來來往往於京滬之間，總也不
能定居下來。在上海，他覺得在熱鬧的都市中「凄涼冷淡」，而來到北京，
又是一次失望：「荒島似的上海與沙漠式的北京有什麼區別？」於是，孤獨、
彷徨、苦悶、感傷便成爲此期知識者文學的明顯特徵。魯迅筆下的都市知識
青年如涓生、子君、呂緯甫、魏連殳，都是思想無法與環境認同的孤獨者。
廬隱《一個著作家》中的青年，是「世界上一個頂孤凄落寞的人」。冰心《煩
悶》中的主人公，對人生的思索使他感到這世上「只剩下他自己獨往獨來，
孤寂凄涼的在這虛僞痛苦的世界上翻轉」。其它作品如葉聖陶《旅路的伴
侶》、《隔膜》，王統照《霜痕》、《一葉》，廬隱《何處是歸程》、《寄天涯一孤
鴻》、《彷徨》，王以仁《孤雁》，蹇先艾《孤獨者的歌》、《寂寥》等等，都是
如此。

二

　　20 年代末至 30 年代，中國都市社會在經由政治的動盪後進入較穩定的發
展時期。有史家稱，此時是中國自由資本主義時期。1920 年，近代工礦業只
佔總產值 24.6%，而到 1936 年已佔 35%，而且，其中發展最快的是民族資本
主義。〔註26〕在 30 年代，沿海都市特別是上海，其經濟已達到舊中國最高水
準，相應地，都市政治與文化也進入定型期，民族資產階級與工人階級的力
量都得以增長，勞資矛盾構成了都市社會文化的基本結構。日益規範的都市
社會，使作家的生存狀態也發生改變，不再以單純的思想對立去面對都市，
而是依其所依託的社會文化進入都市社會生活，並呈現出多元特徵。一方面，
大量的知識者堅守著「五四」傳統，成爲自由主義知識分子，並憑藉其中產
階級的社會位置持續著「思想存在」的狀態，一方面，傾向左翼的知識者依
憑都市無產階級文化而存在。同時，都市商品社會導致原有民間文化向城市
大眾文化嬗變，產生出以城市白領職員爲主體的，並以近代傳媒爲主要傳播

〔註26〕石柏林：《凄風苦雨中的民國經濟》，河南人民出版社 1993 年版，第 261 頁。

工具的城市大眾文化。在文學上，自由主義知識分子文學、左翼文學與海派小說是這三種文化的代表。都市文化的分化，也導致作家對都市社會的切實認識以及對筆下知識者生存現實化、客觀化的把握。都市不再是抽象的所在，而是知識者日常生存的客觀環境。知識者也不再純然是思想存在物，同時也具有都市人的職業意義、生活意義以及都市文化意義。因此，此期小說中的知識者形象，其參與都市的成分更加明顯。

大革命前後，由政治革命而喚起的都市產業工業集團的勃興，使工人階級文化開始為人矚目。都市，不再是一個泛化的知識者對立物，而是無產階級與資產階級互為依存、互相鬥爭的多元集合體。在政治意義上，都市無產階級文化成為新文化知識者的聖地。

不同於「五四」小說中知識者的孤獨與「零餘」，普羅與左翼文學中的知識者急於在變動的都市社會找到自己的位置，他們開始感到以往因思想對立而疏離社會的焦灼。恰如《倪煥之》中所說：「沒有事做，那死樣的寂寞真受不住」。茅盾《虹》中的梅女士，開始恪守著人格獨立的「五四」信條，堅信「君子群而不黨」，將上海文化歸之為拜金主義。不久，梅女士開始認識到都市文化的多元。她對友人說：「你沒有看看真正的上海的血液在小沙渡、楊樹浦、爛泥渡、閘北，這些地方的蜂窩樣的矮房子裏跳躍。」《倪煥之》中，倪煥之來到上海，也漸漸切近都市的產業工人，當去趕會那些青布短服的工友時，「他腳步跨得很急，像趕路回鄉的游子」。

與都市文化的變異相關，30 年代作家們對知識者的形象處理與「五四」時期不同。總體而言，知識者作為進入都市社會人的特質，如職業角色、生存的具體環境與都市人的行為方式，都較為具體可感地凸現出來。當然，在這方面，左翼作家與其它流派、團體的作家又稍有不同。

左翼作家較關注於知識者在都市中的階級屬性，以及由此而導致的行為方式。由於上海作為世界性政治中心的影響，左翼作家一般都把各色人等分為無產階級與資產階級兩個陣營，並把生活方式與階級屬性劃上等號，以此判定他們在都市社會中的位置。左翼小說從各個方面寫出現代資本主義大都會中小資產階級知識者對於都市文化的適應性。知識者中的大多數，大都依託所在的社會環境，進入到一種以智慧與知識交換生存資料的典型的資本主義生存方式之中，因此職業色彩比往昔更濃。幾乎在 30 年代的所有都市作品中，都能看到作家對知識者職業平靜而不經意的介紹，而不再像郁達夫等人，

把某種職業說成是出賣靈魂的走狗之類。概而言之，隨著都市社會的日益成熟，交換雇傭式的生存方式日益擴大，這已經不足爲怪了。不過，左翼作家雖然注意到這種生存方式的共同性，但由於其所習慣的階級論，仍然譴責那些服務於各種資產階級機構中，依靠出賣腦力而存活的知識分子。《子夜》中，在吳家府邸與杜氏公館之間，就攢動著一群這樣的人物，如解決不了任何實際經濟問題的經濟學教授李玉亭，只認定「資本家非有利潤不可」；又如吳府常常呼來喚去的律師秋隼，還有把錢存入錢莊銀行，頻頻出入於吳府卻滿口咒罵「布爾喬亞的庸俗」的現代詩人范博文。在茅盾後期作品如《第一階段的故事》、《鍛鍊》中，也常出現圍繞在資本家身邊的教授、知識分子。

與左翼作家不同，由於海派作家著意表現的是都市人的現代心理與情緒，所以，他們倒是無意在知識者的身份上下工夫，並不再把他們作爲一個階層，而是歸入普泛化的都市生活方式的概念之中，因此，我們可以窺見知識者作爲普通都市成員的現實心理狀態。

如同茅盾剝去了那些爲資產階級服務的知識者頭上的光環一樣，海派作家也剝下了都市知識者身上的華袞。在小說中，他們生活於「飛機、電影、JAZZ、摩天樓、色情、長型汽車的高速度大量生產的現代生活」之中，生活方式也相當都市化了。我們也很難再從小說的人物中尋找到「五四」時期知識者思想存在的痕跡。作者所熱衷的是知識者作爲一般都市人的某些現時性特質，如由都市多變時尚帶來的人物角色的多變，人們常常被都市物質場景的瞬間印象包圍，缺少持久專一的注意力，心態與價值觀念不穩定、易變化，而缺少歷史感。穆時英的小說《夜總會裏的五個人》中，有兩個人物較具有知識者身份，一位是失戀的大學生鄭萍，一位是研究莎士比亞劇本而迷途的學者季潔。但他們的知識者身份完全不重要。在作者看來，知識者在心態與行爲上，與其它都市人並無二致。比起穆時英來，施蟄存小說中的知識者較具有歷史感，其人物在瞬間心理活動中包涵著歷史性的文化色彩。但這仍不是「五四」新文化的思想餘緒，而是知識者對鄉村的眷念與對都市的不適感的反映，是上海都市人心態的一種，並非知識者所獨有。知識者某些文化上的長處，不過是將都市人的某些特質加以強化罷了。施蟄存的《梅雨之夕》之中，知識者的修養，只是使他想起日本畫伯鈴木春信的《夜雨宮詣美人圖》與古人「擔簦親送倚羅人」的詩句，完全見不到「五四」作家在此類題材中慣常表達的情愛、道德思索。與此相類似，《魔道》中的人物是一位具有高度

中外文化修養的知識者。即使在乘火車去蘇州的途中，也帶上了「Le Fanu 的奇怪小說」、《波斯宗教詩歌》、《性欲犯罪檔案》、《英詩殘珍》等書籍。這些知識，反而使極度神經衰弱的他產生錯覺、幻覺。小說所表現的是都市人受生活壓迫而導致的神經刺激，作品中大量的有關鬼怪的中西典故，一方面給這個人物貼上知識者標籤，一方面使他又走入迷信的魔道。從海派小說中不難悟出一個道理，在 30 年代，成熟的資本主義都市中，一些知識者參入了都市大眾文化主流，而淡化了其作為都市異質的知識者的思想色彩。

<h2 style="text-align:center">三</h2>

抗戰爆發直到 40 年代，中國新文學在格局上發生了重大轉變。中國現代文化上的雙重主題——啟蒙與救亡——本是一個問題的兩面，當國家處於危難之中，啟蒙往往讓位於救亡工作。抗戰後，知識者那種憂患意識，促使他們走向農村、走向工農，而將啟蒙時期所擁有的現代理性、新文化意識，改造為與工農相適應的東西。對於知識者而言，其實是個被工農所體現的農村文化的改造過程。直至解放區文壇趙樹理現象的出現以及毛澤東《在延安文藝座談會上的講話》的發表，這一方面成為新文學的主流。此時，知識者與都市文化的關係，呈現出前所未有的局面。一方面，抗戰的爆發打破了原有的較穩定的知識者生態，知識者從各自都市生活中的既有軌道中走出，走進內地鄉鎮，開始接受工農代表的農村文化。另一方面，這種接受又是一種較為痛苦的過程，其間充滿了焦慮、不安與煩惱，甚至會發生局部的強烈衝突。但不管怎樣，接受的過程一經開始，便會因抗戰的需要而持續下去。這既是一種思想狀態，同時也是現實狀態。

其實，抗戰爆發後，處於戰爭狀態的都市文化本身，也已開始扭曲。原本較為健康的主流文化漸至中止，而其負面則一味膨脹，已無法處於文化的領導地位。這當然不是知識者所能接受的。在上海，隨著歐美勢力的消失與大工業的蕭條、文化工作的停頓，原有都市文化形態中的中產階級開始迷茫、困惑，甚至不得不同腐朽的殖民文化同軌。師陀的《結婚》就表現出上海在成為「孤島」後的世紀末色調。都市人或瘋狂地參與股市投機，或硬充風雅，搜藏書畫贗品，以求將來與日本人接近。在這瘋狂的人群中，中學教師胡去惡開始認同錢享、田國寶等花花公子的生活方式，自願拋棄了知識者的「孤僻清高」。他拋棄在鄉下教書的女友而追逐有著「好萊塢的全部愚蠢思想」的

田國秀，則更表明他向洋場畸形文化的輸誠投降。在同時期的都市小說中，幾乎所有知識者形象，都處於無所適從的文化死地。《圍城》中的方鴻漸憑藉西方文化的皮毛闖蕩卻到處碰壁；林小彪（梁山丁《綠色的谷》）則徘徊於鄉村與洋場之間。事實已經表明，抗戰後的殖民都市已經使知識者無法再參與都市文化。走出都市，不啻是一種進步的抉擇。

許多作品都寫到了洋溢著走出都市、進入鄉村文化的喜悅之情的知識者，如巴金《抗戰三部曲・火》中的馮文淑、朱素貞、劉波，李廣田的《引力》中的孟堅與夢華，靳以的《前夕》中的靜玲，路翎《財主底兒女們》中的蔣純祖，還有沙汀的《闖關》、丁玲的《入伍》、雷加的《五大洲的帽子》等中的主人公。此時期的小說，隨著民族文化的高揚，原本擁有新文化理性與個性主義心靈的知識者，處於被檢討的地位。檢討的結果，是知識者作為新文化人在民族戰爭中處於絕對劣勢的位置。丁玲、雷加、沙汀不約而同地寫到被知識者嘲諷的刻板、「農民性」的士兵，在危難之時強有力地保護了文化人，而在此時，知識者的蒼白則顯露出來。這幾乎成為一種描寫模式。沙汀的《闖關》中的文化人左嘉不滿出身「黃泥腳杆」的軍人余明，而余明在突變情況下的沉著不驚，足以使左嘉低下高昂的頭。正如《紡車的力量》中的大學生沈平一樣，「一坐到紡車前，就感到知識分子的渺小和勞動人民的偉大」。知識者帶著極度的慚愧，虔誠地走進工農大眾之中。

在某些革命題材的作品中，雖然也寫到知識者與所處地區的鄉村文化的衝突，但基本方向並未改變。走進延安的丁玲，創作方向已從表現個性解放轉向表現工農革命，但「五四」新文化人的修養與長期生活於上海的經歷，使其敏銳地察覺出知識者所代表的現代文化與延安某些人落後的小農經濟意識之間的矛盾。《在醫院中》的主人公陸萍來自上海，具有太多的熱情與太少的世故，在她的行為後面，包含的是現代科學管理、民主制度思想及人與人交往的平等與真誠；而醫院領導、同事對她「太新奇了」的議論與誤解，恰恰是守舊的小農意識的表現，只不過它是以戰爭期間看似合理的集團主義、組織紀律的面目表現出來而已。實際上，這篇小說已經提出了一個知識者歸屬的悖論：是葆有個性堅持新文化人的立場，還是將「小孩與髒水一齊潑掉」，丁玲也無法解決這一難題。作者以陸萍申請去延安再學習而蒙上級批准作為作品結局。作者最後說：「新的生活雖要開始，然而還是有新的荊棘。人是要經過千錘百煉而不消溶才能真正有用。人是在艱苦中成長的。」是葆有個性，

還是溶入大眾，都不甚清楚。看來，這種困惑不是丁玲個人可以解決的。在那個時代，知識者必然要疏離都市，進入鄉村，儘管他們困惑過、痛苦過。

第五節　新女性的坎坷之路

中國現代小說中的新女性，意指「五四」以後獲得了教育權與婚戀自由的都市自由女性。包括「五四」時期掙脫出舊式婚姻枷鎖的知識女性，與處在大革命潮頭低谷之中的時代女性，以及投身社會解放大潮中的進步女性。這或許是中國婦女中最為幸運的一群。由於靠近都市新文化腹地，她們較容易獲得婚戀自由的第一空間，同時所受的教育又使她們較有可能進入事業（不單是職業）上的第二空間。然而這第一空間的得到與第二空間可能得到，卻沒有使她們都進入婦女解放的更高層次，獲得作為人尤其是女人的幸福。

「五四」時期個性主義思潮促發了現代性愛意識的覺醒，「五四」時期作品之中，許多婦女從專制的父家與無愛的夫家樊籠中出走。魯迅筆下的子君斷然與家庭決絕而與涓生同居；馮沅君《隔絕》與《隔絕之後》中的纈華身陷絕地而始終與愛人相戀。這最初決死的戰鬥給後來的姊妹們創造了相對來說較容易的出走途徑。茅盾《創造》中的嫻嫻與丁玲《一九三○年春上海》（一）中的美琳，丟開落伍的丈夫走向社會，其步履要輕快得多。不過，擺脫包辦婚姻與夫權家庭，只是意義的顯示，而不是意義本身。換言之，它只是過程而並非目的。出走所包含的女性角度的深層意義，是爭得做人的資格；而「人」的資格（即使是家庭中「人」的資格）只有在進入社會，具有了社會角色之後方能得到。而當時的許多女性與新文學之初的許多作家，恰恰忽視了這一點。他（她）們不僅把婚戀自由視為問題的起點，也視為問題的最終解決，顯然，這帶有一種盲目樂觀的性質。

問題在短短的時間內便暴露出來。某些敏感的作家發現過程並沒有帶來應有的結果，於是開始懷疑婚戀自由是否給女性帶來了真正可稱之解放的東西。在這方面，女作家的神經頗為纖敏。廬隱的小說《麗石的日記》裏一位麗石的同伴曾說：「結婚以前的幾日是希望的，也是極有趣的，好像買彩票的希望中彩的心理一樣，而婚後的幾日，是中彩以後打算分配這財產用途的時候，只感到勞碌、煩躁，……現在才真覺得彩票中後的無趣了。」從這個意義上說，子君的形象是不朽的。在「五四」時期的一片樂觀聲中，魯迅卻看

到了新女性的生存絕境。儘管子君脫離了舊家與愛人同居，但始終沒有超越家庭而成為與涓生一樣的「人」，不過是從父權的奴隸轉為丈夫的附庸。在某種程度上，新家庭仍然是舊家庭，做涓生的賢妻與聽從父命而為人妻，其結果沒有太大區別，所謂「我是我自己的」不過一句時髦空話而已。最後，子君仍回了舊家，因為她的精神與舊家合拍。那既是她的起點，也是終點。子君的悲劇也許並不在與涓生感情的破裂，所謂「涓生的自私」並不是子君慘死的理由。關鍵即在於，她始終沒有超越家庭、進入社會而取得經濟上的獨立，無法成為與涓生一樣的獨立個體，也就沒有資格站在與愛人平等的地位上敘說愛的話語。愛情的破裂勢在難免。因此，魯迅說：「要求經濟權固然是很平凡的事，然而也許比要求高尚的參政權以及博大的女子解放之類更重要。」〔註27〕婦女經濟獨立的獲得，是一切婦女解放內容的基礎，無此，即使經過抗爭而爭取到自由的婚戀，亦終將失去。子君的死足以證明，在中國，以自由婚戀為起點，並將此作為唯一內容的婦女解放將是無望的。

問題還不僅於此。在女性進入社會，獲得了「人」的資格之後，是否就意味著女性解放的全部內容呢？值得注意的是，通常所言「人」的資格，不過是男人一樣的「人」的資格，也即是說，僅是「男人」所包含的那些社會角色。作為女性，她們還有另一半——作為女性的「人」的權利與幸福。這一點，在當時大多數女性尚未獲得新的社會角色的時候，是難以體察到的。連某些女性作家在理性上也疏忽了。盧隱說過，「我對於今後婦女的出路，就是打破了家庭的藩籬到社會上去，逃出傀儡家庭，去過人類應過的生活，不僅僅做個女人，還要做人，這就是我唯一的口號了」〔註28〕。盧隱明明是把獲得男人的資格作為唯一的目標，所謂「人類」，其實指男性。這個邏輯起點是沒有錯的，但有了「人」，還要再有「女人」。也許，「不僅僅做個人，還要做女人」才是合乎邏輯的順序。不過，盧隱等「五四」女作家的感性彌補了其理性的闕失。

女作家們開始從女性的角度表現女性社會角色與女性個人幸福的矛盾。陳衡哲的《絡綺絲的問題》最早接觸這一主題：一位外國知識女性，為了事

〔註27〕魯迅：《娜拉走後怎樣》，見《魯迅全集》第 1 卷，人民文學出版社 1973 年版，第 147 頁。

〔註28〕盧隱：《今後婦女的出路》，見《盧隱選集》，百花文藝出版社 1983 年版，第 444 頁。

業而不得不拒絕愛人求婚。隨後，淩叔華的《綺霞》等篇也涉及此域。這些作品包含了新女性的一個人生經驗，即：家庭與事業（做女人與做人）是對立的。這個命題也許有失偏頗，但確有社會歷史的背景。如果說女性幸福在於既能體現出社會角色（事業、職業），又有涵容女性角色的兩性之愛、父母之親與親子之樂的話，即使在現代西方，這也仍然是困惑人們的難題，那麼，在當時中國社會化勞動還未進入家庭的中國，二者更難以兼得。盧隱付梓於1933 年的長篇《女人的心》描寫了一位女大學生素璞。她先離開了夫權意識極重的丈夫，之後又斷絕了與在婚外獵豔的情侶的關係，可以說獲得了相當程度的自由。但當她重返鄉梓，又視此舉破壞了孩子的幸福。素璞的進退失據，蓋源於她在衝出家庭後，又偏偏想兼領母性角色。她的行為確是一種倒退，但其間的悲哀又是無法抹掉的。無獨有偶，30 年代沉櫻在題為《女性》的小說中同樣涉及這一問題。一旦生子，便無法追求事業，而打掉孕中的胎兒，又陷於女性獨有的價值失落。對這位女性來說，無論怎樣，都是不幸。題為《女性》，蓋指此為女性的普遍情況。到此，也許可以理解盧隱的《何處是歸程》中沙侶的苦惱了：「結婚也不好，不結婚也不好，歧路紛出，到底何處是歸程啊？」

從企盼新式婚姻到對婚姻的失望，從掙脫舊家庭到對家庭的恐懼，其間不過短短幾年時間。那些對自由始終懷有神聖感的知識女性，抑或只有這二者中間的狹窄區域方能容身。她們掙脫父權與夫權，但也拒絕任何家庭角色，固然，女性個人的幸福杳如黃鶴，但卻能擁有至可珍貴的「人」的自由。盧隱筆下的亞俠、麗石、露沙們從此在夾縫中「遊戲人生」，以期能永遠駐足於自由空間之中。從自由戀愛進入新家庭，到拒絕家庭，這是新女性在「五四」之後邁出的沉重一步，也是無可奈何的選擇。自此，現代小說婦女形象中一個重要現象發端了。

可以說，茅盾、蔣光慈筆下的時代女性賡續著亞俠們無望的生命之旅。大革命使中國、尤其是大都市暫時處於無序的狀態，舊有的道德體系失去了有力的約束，男子統治的秩序比以往稍有鬆懈。時代女性們以一己女身參與歷史的發展，作為人的價值卻在參與之中得到實現。但時代對女性們是苛刻的，她們不得不遠避自我的女性身份，拒絕承當家庭角色，這或許是社會角色對當時女性作出的要求。因此在章秋柳、慧女士、孫舞陽（茅盾：《蝕》）以及梅行素（茅盾：《虹》）身上，讀者感到她們軀體雖為女兒，而性格實為男性所屬，正如梅

行素所表述的，「只有忘記了自己是女性」，才可能獲得人格的自由。

　　然而同時，我們又無法把這群時代女性的行爲上升到婦女解放較高的意義程度。尤其對時代女性來說，混亂時期的中國都市提供給她們的，只是一個極爲短暫的實現個人價值的時刻。大革命失敗後，中國都市社會迅速將這一歷史裂隙彌合，留給她們的只有性道德鬆弛的都市兩性交往的空間。因此，狂猖不規的章秋柳、王詩陶等人起初爲結社而激情澎湃，而社會不過讓她們鬧鬧戀愛把戲而已。個人的成就似乎只能與性有關了，於是性愛的遊戲被視爲對男性的「支配」而氾濫。章秋柳以美豔的肉身拯救同志，趙赤珠（《蝕》）、王曼英（蔣光慈：《衝出雲圍的月亮》）爲革命居然去作野雞。雖然其行爲並非出於純粹的商業動機，但不過是又一種形式的屈辱，不僅談不上任何「解放」的意義，相反，倒更接近舊秩序對女性的要求。

　　到 20 年代末 30 年代初，舊的政權秩序以及隨之而來的社會秩序統統恢復，「自由固然不是錢所能買到的，但能夠爲錢而賣掉」，她們不得不進入都市生活的秩序中。對這些丟棄了道德感、不願承諾家庭角色，而又不甘心將自我逐出都市享樂生活的女性來說，難保不受制於資本主義的都市市場，以色相去獲得生存與享樂，墮入女性的另一重深淵（如茅盾、蔣光慈筆下都有爲生存而賣身的女革命者）。所謂「意志徹底自由，人格絕對獨立」終成空話。實際上，章秋柳等人在狂呼結社的同時，已接近了都市享樂生活。一方面是艱苦、沉悶、瑣屑的工作，一方面是刺激、奢華、肉感的生活，章秋柳所下的決心只能是：「完了，我再不能把我自己的生活納入有組織的模子裏去了，我只能跟著我的熱烈的衝動，跟著魔鬼跑！」30 年代沉櫻的小說《下午》與茅盾的《腐蝕》可說是爲章秋柳們以後的生活所下的注腳。《下午》中，原爲大革命中某黨（中共）成員的伊楠，原先對都市享樂生活極感厭惡，此時漸漸進入資產階級中上層生活圈。她不去參加黨內的秘密集會，而是與一位新交男友駕車兜風，「儼然高貴的小姐們坐在汽車內，不住地皺著眉去注視那拖著貨車的勞動者的苦臉」。她所心儀的男友是資本主義都會生活的標本，「一位會交際的人物，對於女性是又溫存又尊敬，無論是言談是禮貌都有著女人歡悅的魔力」。而伊楠呢，也已掌握了都市男女愛情遊戲的全部技巧。玩性正酣，卻突然告辭，「對於要籠絡的對方，是要常使他不能全然地滿足」。由此可見，發生在前革命者伊楠身上的絕非是愛情故事，她的行爲已流於都市男女交往流行的程序，是爲生存而進行的可憐的努力。

　　新女性並非沒有出路，拋棄自我，投身社會革命，可以獲得個人的拯救。從盧隱後期的小說《一個情婦的日記》中的美娟，到丁玲的《一九三〇年春上海》（一）中的美琳，到 40 年代郁茹的《遙遠的愛》中的羅維娜，都是這條道路上的跋涉者。然而，生活在三、四十年代中國都市中的大多數婦女，包括許多新女性，她們無力超脫所在的社會環境而參與社會革命，不得不在灰色生活中隱忍苟活。

第三章　世俗、物質商業關係中的城市男女

第一節　海派文學：城市消費與物質中的男女聚散

　　作為對上海都市形態的反映，海派小說彌補了左翼小說的不足。有論者指出，新感覺派的小說「表現半殖民地都市的病態生活」。此話不錯。究竟表現了怎樣的都市病態生活呢？其實，左翼小說與海派小說都著力於表現上海都市形態最基本的特點——現代性，但對上海這個現代中國無所不包的文化存在而言，其現代性亦多種多樣。有政治、經濟的現代性，也有文化意識與生活方式的現代性。如果說，左翼小說是建立於上海多元政治與經濟基礎上的，表現上海都市走向世界革命的政治走向與經濟崩潰的現狀，那麼海派小說則是上海多元文化的產物，表現了上海在文化上，尤其是物質文化上趨近歐美的最新動態以及東西文化雜糅的特點。尤其與左翼小說不同的是，海派作家由於對馬克思階級鬥爭學說不感興趣，所以他們無意將作品中的人物加以政治上的劃分，而是大致採用類似城市社會學意義上「都市人」文化品格角度對人物加以詮釋，因而人物都是一些文化上的都市人。這固然與當時先進的左翼文學理論存有距離，但也恰恰首次在文學上提供了另一種中國「都市人」的概念。自然，這種情勢會帶來對都市表現的淺近，缺少社會歷史感，但同時也促進了另一種深刻，即普泛化的都市人特質與都市人的文化歷史感。如果將海派小說中的文化都市人與左翼小說中的政治、經濟都市人合在

一起，便可以展示 30 年代上海都市人的全貌了。

　　海派小說的貢獻之一，在於展示上海「既有異域情調，又有都市特質，而且能夠集中地體現現代資本主義社會生活方式的外在物質文化」。〔註 1〕物質文化，雖然處於文化上的淺近層面，但並不等於不重要，相反，深層文化的變化還要依賴淺層文化的導入。而且，文化學理論告訴我們，越是淺層文化，越是在總體文化中處於容易鬆動的層面。因此，不能說表現都市物質文化的作品，便一定是較低級的作品。在海派小說的取景框裏，故事、場景較多地出現在街頭、賽馬場、夜總會、大戲院、大旅館、富豪別墅、特別快車、新式跑車、遊樂場等有著極強現代感的都市景觀中，其中尤其以夜總會最為常見。其中的場景與生活方式彌漫著撲面而來的西洋情調，如亞歷山大鞋店、約翰生酒鋪、拉薩羅酒店、德茜音樂輔、漢密爾登旅館、白馬牌威士忌、瑙瑪希拉式的頭髮、爵士樂、混合酒、美國味等，一句話，他們經常將都市人物放在消費和享樂的場所。這在當時確實受到茅盾的譏評：「生產縮小，消費膨脹」，「這畸形的現象也反映在那些以上海人生為對象的都市文學」，〔註 2〕這一定程度上說明了海派小說對都市的理解並不寬廣，但我們卻不能否定這種表現的合理性。我們再引茅盾在同一篇文章中的評語：「上海是發展了，但發展的不是工業的生產的上海，而是百貨商店的跳舞場電影院咖啡館的娛樂的消費的上海！」既然上海的畸形就呈現出「生產縮小，消費膨脹」，那麼可以說，茅盾的巨製《子夜》側重描寫前者，而海派小說熱衷描寫後者。這不也正是上海畸形都市形態的表現嗎？！

　　問題還不全在這裡。關鍵在於，海派小說對都市人的都市特質的把握，使他們以享樂、消費的場所為背景，顯示出很大的合理性。海派小說意在表現具有較典型的都市特質的人物，如他們所言，人物都是「近代都會的產物」（《風景》）、「近代型女性」（《兩個時間的不感症者》）、有「數字概念的人物」（《方程序》，以上均為劉吶鷗作）、「在刺激與速度上生存的姑娘」（穆時英《被當作消遣品的男子》）等等，而享樂與消費的場所恰是最好的場景。在這種集中性的社會娛樂、閒暇場所，人物能最大程度地表現現代都市人的那種「異質性」、聚居性。芝加哥學派的派克曾說：「個人的流動──交通和通訊發展，除帶來

〔註 1〕譚桂林：《現代都市文學的發展與〈子夜〉的貢獻》，載《文學評論》1991 年
　　　　第 5 期。
〔註 2〕茅盾：《都市文學》，載《申報月刊》第 2 卷第 5 期。

各種不明顯而卻十分深刻的文化以外，還帶來一種我稱之爲『個人的流動』。這種流動使得人們互相接觸的機會大大增加，但卻又使這種接觸變得更短促、更膚淺。大城市中人口之相當大一部分，包括那些在公寓樓房或住宅中安了家的人，都好像進入了一個大旅店，彼此相見而不相識。這實際上就是以偶然的、臨時的接觸關係，代替了小型社區中較親密的、穩定的人際關係。」〔註3〕海派小說作品中的人際交往，完全不同於鄉村社會那種靠血緣、鄰里關係造成的人群際合，而是泯去了門第、階級、血緣、鄰里等傳統關係，以流動的個人身份介入夜總會、大旅館這種流動性的活動場所。這反而能見出都市人的某些特質：一是人際接觸的表面性、短暫性、局限性與匿名性；二是人們成分複雜而流動性增強，感情淡漠；三是密集的人群互不相識，作爲交換媒介的金錢成爲人們交往的衡量標準，更容易見出瀰漫於都市社會的拜金主義。

　　筆者無意將西方都市理論套用於對海派小說的分析之中。雖然海派作家中沒有一個所謂都市理論家，但長期生活於都市，他們至少對此心有靈犀，而借助於敏銳的筆觸表現出來。從人物來說，海派作家無意讓人的階級所屬以及鄉下人與都市人的舊有背景決定人物行爲。在他們看來，所有聚集於消費、享樂場所的人們，都具有純粹的都市人特質，而且都承受著西方式的生活方式。這裡不僅有大亨、鉅賈、經理、職員、姨太太、舞女、娼婦、嫖客、流氓，還有乞丐、流浪人、車夫，甚至於還有外國水手、傳教士、商人。「異質性」的都市人，還表現出都市社會的現時性特質，也即與都市社會快節奏相應的時尚多變性——那種心態與價值上的不穩定、無定形、易改變，快速地棄舊迎新特點。而夜總會等這些異質性人群快速聚散的特定場所，更加速了人們這種多變的特性。恰如劉吶鷗在小說《兩個時間的不感症者》中所言：「在這都市，一切都是暫時與方便。」

　　縱觀海派小說，其潛在結構之一是都市男女的快速聚散。當然，這決非優美的愛情故事，其中所隱含的，恰是物質與時尚多變情況下，人們喪失歷史感，一切都在此時此地的實用感官中證明價值所在的文化意義。在此情形下，人物的意義降到了如派克所指出的那樣：「在相當程度上取決於一些俗套表徵——如儀表、時尚、『派頭』——，而且人生的謀略在很大程度上下降到謹慎地講究時裝與禮貌的境地。」〔註4〕

〔註3〕派克等：《城市社會學》，宋俊嶺等譯，華夏出版社1987年版，第42頁。
〔註4〕派克等：《城市社會學》，宋俊嶺等譯，華夏出版社1987年版，第43頁。

劉吶鷗最長於從兩性交往這種最能體現都市人多變、偶然性的角度入手。《兩個時間的不感症者》中一位在跑馬場贏了 1000 元的體面紳士，邀請素昧平生的近代時髦女郎進入菜館。同赴舞場時，時髦女郎卻又同另一位紳士翩翩起舞。舞罷，女郎又去趕赴第三位紳士的宴席。據說，時髦女郎「還沒有跟一個紳士一塊兒過過三個鐘頭以上」，而這兩位紳士呢，則又有舞場上另幾位女子可以消受。這種都市的快節奏的兩性遇合，使得兩位都市紳士居然無法再對都市中的時間概念有所感覺，成了「時間的不感症者」。此外，像《遊戲》中的女子在兩性交合中，率意而為，朝三暮四，並聲言「管他不著」；《風景》中同乘一列車的都市男女，趁停車之便野合，都表現了「暫時與方便」的「都市詼諧」。《禮儀與衛生》則在都市家庭生活中尋求「時下的輕快簡明性」。律師姚啓明和妻子可瓊三度結合，兩度離婚，已夠得上快節奏了。妻妹白然先與一富商之子同居，後又被轉手給一位畫家，充當裸體模特兒。這種商業式的流通到最終達到極致。一位法國商人看中可瓊，以古董店的代價換取可瓊陪他去安南，而姐姐可瓊則以妹妹白然代替自己陪伴丈夫。這一切彷彿都是都市商業性的等價交換與快速流通的產物。

也許，劉吶鷗作品中，由於過分渲染腐爛的生活方式而淡化了都市人的特質，那麼，在穆時英、施蟄存、黑嬰、徐霞村的作品中，人物大都泯去各自的背景，在舞場與街頭，借著各自僅有的相同之處，快速聚合離散，以求擺脫身負的壓力與悲哀。像穆時英的名作《夜總會裏的五個人》中，交易所投機失敗破產的金子大王胡均益、被解職的市府職員繆宗旦、遲暮的交際花黃黛西、研究《哈姆雷特》版本而迷途的學者季潔與失戀的大學生鄭萍，懷著各自的苦惱，在周末的夜總會相識，並瘋狂地跳舞，直到黎明。舞罷，胡均益自殺身亡，其餘人則把他送到墓地，為他人送葬，也哀悼自己將死的命運。另一篇名作《上海的狐步舞》則寫了一夜眾多男女快速的遇合。有「法律上的」母親與兒子在最新式的跑車中進行「一九八〇年的戀愛方式」；有企業巨頭在華東飯店出條招妓女；有兒子與電影明星調情；有妻子同比利時商人到飯店開房間；有想檢閱都市黑暗面的作家被老太婆拉去陪兒媳睡覺。施蟄存的小說《薄暮的舞女》中的舞女素雯，由於相信情人的約會而回絕了舞場老闆的合同。當得知情人在投機事業中破產後，又打電話表示願意接受舞廳老闆與舞客的邀請。這種變化僅僅發生於兩次電話的間隙之中。我們還可以列舉出許許多多的作品，如施蟄存的《梅雨之夕》、《春陽》，穆時英的《夜》、

《街景》，黑嬰的《五月的支那》、《都市的 Sonata》、《帝國的女兒》、《春光曲》，
葉靈鳳的《朱古律的回憶》等等，人物大都在街頭快速聚合，勾起相互之間
一點若有若無的隱痛、記憶與需求，爾後分手，又忘得乾乾淨淨，無影無蹤。
到此，也許可以理解，爲什麼海派作品較少涉及具有穩定性人群關係的場所，
如家庭、機關、工廠，而是把場景較多地安排在街頭、舞場、跑馬廳、列車
這些具有流動性的處所了。

　　上述論述，決非爲海派作品中那些描寫都市男女腐爛的生活方式尋找社
會學上的理論依據。不能說劉吶鷗筆下腐爛的情愛生活便是都市人的特質。
劉吶鷗等人對色情文學的偏嗜與海派作家對弗洛依德理論的熱衷，導致了他
們過分地從男女情愛方面表現都市社會，從而留下惡謚。但我們仍可以從中
窺見某些都市人的特質。即使是腐爛的生活方式，也帶上了都市社會人際交
往頻繁、時尚多變的現時性、偶然性特徵。拋開劉、穆兩人一些不健全的作
品，在施蟄存、穆時英的一些較好的作品中，如《梅雨之夕》、《霧》、《春陽》、
《黑牡丹》、《夜總會裏的五個人》等等，我們仍然可以獲得這一印象。如果
說，海派小說大都以都市男女遇合爲外在結構，那麼，其潛在結構或者深層
結構中便是都市社會時尚多變、人們心態價值不穩定而具有現時性的特質。

　　當然，所謂都市社會的現時性特徵，仍然是一個包蘊很多內奧的歷史性
的概念，並不爲劉吶鷗等人所理解的都市一切都是「暫時與方便」。即使是在
西方都市，現時性特徵也只是一種外在表現。在這一點上，海派小說是存在
缺陷的。這不僅僅是人們常說的「缺少中國化」的問題，而是說他們忽視了
都市現時性存在的歷史性內容——那種都市社會複雜的社會學、文化學、心
理學內涵。即使上海是一座純而又純的西方都市，他們的描寫也是不夠的，
更何況他們還忽視了上海在世界性大都市中所獨有的東方文化的歷史性存
在，這就更讓後人詬病了。

　　海派理論家杜衡在 30 年代就指出：「中國是有都市而沒有描寫都市的文
學，或是描寫了都市而沒有採取適合這種描寫的手法。在這方面，劉吶鷗算
是一個端開，但是他沒有好好地繼續下去，而且他的作品還有著『非中國』
即『非現實』的缺點。能夠避免這缺點而繼續努力的，這是時英。」〔註5〕這
段話是頗有見地的。其實，杜衡對劉吶鷗的批評，用之於徐霞村，葉靈鳳、
黑嬰諸人身上，也同樣合適。恰如一位當代學者所說：

〔註 5〕杜衡：《關於穆時英的創作》，載《現代出版界》第 9 期。

　　　　他（劉吶鷗）似乎很注意「現代文化」，但他幾乎忘記了上海人
　　儘管有了新的環境和意識，卻依然是中國人，而不是巴黎人、倫敦
　　人或東京人。也就是說，他幾乎不寫中國傳統文化在上海人心中的
　　遺留，寫不出根深蒂固的中國傳統文化和撲面而來的西洋文化的強
　　烈反差。以及這種反差所造成的靈魂的分裂與痛苦。〔註6〕

但杜衡所說的穆時英對都市小說「中國化」的努力一語未免過譽。誠然。穆
時英比之劉吶鷗略勝一籌之處，在於寫出都市人放浪生活背後所隱藏的悲
哀，其人物雖然「戴了快樂的面具」而瘋狂地享樂，但內心卻都有著精神上
的創傷。他在《公墓‧自序》中對此有一段集中的表述：「在我們的社會裏，
有被生活壓扁了的人，也有被生活擠出來的人，可是那些人並不一定，或者
說，並不必然地要呈示反抗、悲忿、仇恨之類的臉來；他們可以在悲哀的臉
上戴上了快樂的面具的。每一個人，除非他是毫無感覺的人，在心的深底裏
都蘊藏著一種寂寞感，一種沒法排除的寂寞感。每一個人，都是部分地或全
部地不能被人家瞭解的，而且是精神地隔絕了的。每一個人都能感覺到這些。
生活的苦味越是嘗得多，感覺越是靈敏的人，那種寂寞就越加深深地鑽到骨
髓裏。」一定程度上，穆時英接觸到了都市人在及時行樂背後，所隱含的人
的價值的喪失這一西方式主題。正像《夜》中，在瘋狂追求生理刺激的上海
舞場，水手與舞女的交合，是為了消除各自孤獨、寂寞的靈魂。但感官享受、
生理宣洩不僅不能使人消除內心苦痛，反而更深刻地造成價值顛覆。舞場上
一位醉鬼居然滿場子找自己的鼻子：「我的家在我的鼻子裏邊，今兒我把鼻子
留在家裏，忘了帶出來了。」也許，穆時英為都市男女快速聚散所提供的病
因，乃在於冷漠的人際關係、內心所受的壓迫與價值失落，比之劉吶鷗完全
將人物行為歸之於性的衝動，畢竟高出一籌。但穆時英仍然是把上海當作西
洋都市來寫的，並沒有做到杜衡所說的所謂「中國化」。

　　海派作家中真正能做到中國化的，只有施蟄存一人。施蟄存雖生活於上
海，但他來自松江，並在蘇州生長。深厚的傳統文化修養，使他對上海的表
現帶上了獨有的東方色彩。他的小說也慣常表現都市人的快速聚散、追求享
樂的現時性存在，但作品中仍能窺見東方人所特有的歷史文化存在。《霧》與
《春陽》都寫上海街頭男女遇合的故事。《霧》中的鄉下牧師女兒，在去上海
的火車上，遇到一位英俊紳士。兩人談吐頗為契合，以至牧師女兒對紳士一

<hr>

〔註6〕楊義：《中國現代小說史》第2卷，人民文學出版社1988年版，第681頁。

見傾心。但當得知紳士是電影明星後，則不由得心中怒罵「一個下賤的戲子」。這個遇合故事所包含的是牧師女兒濃厚未開的傳統封建意識——那種「萬般皆下品，唯有讀書高」的價值判斷。《春陽》一篇也寫了一個鄉下婦女在上海的遭際。早年與未婚夫的靈牌結婚而獲得一大筆財產的嬋阿姨，到上海提款。在春風和煦的南京路，見到許多都市男女親暱溫存的場面，她那如古井枯燈般的生命欲望油然萌生，並傾心於銀行那位有迷人微笑的職員了。但職員的微笑畢竟是商業性的，這使嬋阿姨急急忙忙趕回鄉間。這個遇合故事中間，包含著開放的都市社會對人們正常生命欲望的催發。雖然這也是都市男女遇合的偶然多變的現時性存在，但幾乎包含了嬋阿姨欲擺脫封建人生狀態的努力與失敗的整整一生的內容。現時性存在終於有了濃厚歷史性內容的依託。這是我們無法忽視施蟄存這位優秀小說家的地方。施蟄存的作品，使我們看到了上海這個現代都市西洋化了的物質文化與生活方式之中的東方式文化因素，看到了兩者的交合與糾纏、衝突與融合，使得在其它海派小說中顯得洋氣、怪異、恐怖的都市，更為切近中國人的人生。

第二節　中國現代小說中的都市女性

　　筆者認為，從 20 年代到 40 年代，中國現代小說中的都市女性形象是一個具有歷史連續性的系列整體，既為中國現代婦女解放的內在邏輯所規定，又與近現代中國都市文化的發展、都市社會的結構存有必然聯繫，出現在不同作家、不同時期作品中的女性形象，大致都無法擺脫這一社會歷史的規定性。因而，社會歷史的視角仍能幫助我們廓清那些遙遠年代的女性們的面貌。

一、婦女問題與近現代中國社會

　　婦女解放肇端於西歐。18 世紀末與 19 世紀初形成初瀾，20 世紀初湧起大波。一般說來，婦女解放是近現代社會化大工業對產業分工的要求。一方面，社會化大生產使中世紀以家庭為主的經濟日趨衰微，婦女藉以從家庭經濟的束縛中解脫，只需從事簡單的家務勞動。而生產的社會化程度日益提高，使得即使是婦女的那份家務勞作也成為整個社會機械化生產的一部分；另一方面，社會化、機械化為勞動消泯了人們的性別差異，「由於人力的匱乏，現代工業勞動對靈巧與速度的要求，第三產業的發展，社會越來越依賴婦女勞

動」〔註7〕。隨著經濟上的獨立，社會角色、政治地位，教育權、平等的婚姻等女性權利相應地被提出來。應該說，西方的婦女解放建立在整個社會的工業化基礎上。儘管這個過程是漫長的，即使在 20 世紀也舉步維艱，美國、英國婦女分別於 1920、1928 年獲選舉權，法國婦女遲至 1944 年才獲選舉權，而有的歐洲國家如瑞士、列支敦士登等國婦女在 70 年代才獲選舉權，〔註8〕但畢竟由此獲得了穩定的發展。

近代資本主義的大都市是社會化大工業的集中體現，開放的都市生活使家庭職能日趨減少，就業擴大，婦女與社會的次級交往增加，因而社會角色也得以確定。所以，現代的大都會一直是婦女解放的中心。

近代中國與西方的文化落差是巨大的，當西方國家接近完成工業化的時候，中國才剛剛起步。但令人驚喜的是，當自然經濟仍屬國家經濟的主體時，婦女解放問題已經提上日程。「五四」新文化運動時期對婦女問題的研究，諸如女子婚姻自主、女性參政、教育權利等方面也達到空前程度。經由新文化先驅們的努力，婦女在中國歷史上破天荒地具有了與男人一樣的「人」的意義。之後，特別是在解放區，婦女所具有的與男人同等的各種權利開始以法律形式得到確認。到新中國，婦女已在法律上享受到只有西方發達國家才有（甚至還沒有）的經濟權利、政治地位。從「五四」到新中國，短短幾十年，中國的婦女解放可以說走完了西方一二百年的道路，儘管中國的工業化至今還未完成。

也正因此，中西方婦女解放的進程呈現出巨大差異。中國的婦女解放並沒有建立在大工業與產業分工的基礎之上，在工業化到來之前，已率先由新文化先驅們在文化的範疇上提出，進而得到了新文化意識形態上的肯定。它幾乎是一步跳過西方婦女解放的門庭，徑入堂中。從這個角度說，中國的婦女是幸運的，然而也正因此，中國婦女解放自一開始便帶有自己的特點。

首先，婦女問題的提出與新文化先驅們對整個中國舊文化的反叛與個性解放思潮的宣導存在著必然聯繫。由於舊文化是一種以家庭為本位的倫理政治型文化，因此「五四」先驅們批判的矛頭直指統治中國數千年的孔學倫理，家族神聖的煌煌華袞被褫去，女性也從赫然的父權桎梏中掙脫而出。在對舊

〔註 7〕《簡明不列顛百科全書》第 3 卷，中國大百科全書出版社 1985 年版，第 228 頁。
〔註 8〕參見《簡明不列顛百科全書》第 3 卷，中國大百科全書出版社 1985 年版，第 228～229 頁。

文化「破」的同時，先驅們也著手建設新的婦女觀，時人的文章與大多數報刊所設立的婦女問題專欄大都集中在婚姻問題上。比如《時事新報》發問：「現在的青年對於他父母所定的未婚妻應該怎麼辦？」「現在女青年對於她父母所許的未婚夫應該怎麼辦？」饒有意味的是，當時為新文化界所關注的婦女受壓迫的典型事件，比如趙玉貞與李超事件，都與婚姻的不自由有關。這些說明了當時新文化界婦女問題討論的興趣點所在。由於意識形態中心點所起的作用，當時小說創作也較多地將注意力集中在男女婚姻的自由選擇上，一時形成波瀾，以致題材過濫。郎損（茅盾）的《評四五六月的創作》中說：「描寫男女戀愛的小說佔了 98%。」〔註9〕無疑，新文化運動給中國女性帶來了自由婚戀的新空間，而更多的婦女問題則少人問津，即使提出了，也難引起社會各界的普遍關注。因此，與西方不同，自由婚戀實際上成為中國婦女解放的第一步。

其次，尚未工業化的中國社會還處在傳統產業結構之中，整個社會結構、家庭結構與國民的意識結構並未因婦女問題的較早提出而發生變化。女性的生產勞動與家務操作沒有成為社會機械化勞動的一部門，甚至於在廣大農村鄉鎮，家庭經濟仍將婦女束縛在小農耕作之中。即使是在中國最發達的大都市如上海，初步的社會化生產也未對婦女作出參與廣泛社會勞動的要求。儘管許多婦女獲得了婚戀的自由，但絕大多數城鄉婦女仍被囿於傳統的家庭角色。因此，除少數知識女性外，她們無法得到經濟上的獨立，也就喪失了人格獨立的可能性。

其三，正因為中國婦女解放不能依賴極緩慢而又時輟的工業化體系的建立與產業結構的調整而作漸進的運動，所以，整個婦女解放的內容與已取得的成果勢必要依靠一種新型的政權形式給予肯定。因此，自 30 年代之後，新政權的建立是婦女解放的前提，而為此進行的社會解放鬥爭成為婦女獲救的唯一途徑。於是，體現進步政治的蘇區、解放區，成為進步知識女性的一片芳甸。

由以上對婦女解放諸多特點的分析，可以看出，都市的作用是複雜的。存在於都市的新文化，率先湧起個性解放、婦女解放的大潮，並產生了一批受到中等以上教育的新型知識婦女階層——都市自由女性。然而近代以來，在沿海都市化進程中崛起的各大都會，其社會結構，家庭結構與處於統治地位的男子

〔註 9〕載《小說月報》第 12 卷第 8 號，1921 年 8 月。

的意識結構，均呈現出傳統色彩，更遑論那些處於傳統文化形態下的舊都市與小市鎮了。同時，中國革命的獨特形式，又無法將社會革命這一機遇惠及新政權難以控制到的都市中的普通婦女，因此，大多數女性，除了新文化所爭取到的第一自由空間外，別無所有。那麼，她們的命運又將怎樣呢？

二、家庭樊籠中的女性

本世紀 30 年代，中國都市正進入資本主義經濟軌道，封建大家庭漸至破敗而向核心家庭趨近。男性多半進入社會化勞動。然而，都市生活仍呈現出明顯的鄉村特徵，尤其在家庭結構方面，不管是父命媒言撮合的舊家庭，還是自由戀愛結婚的新家庭，普遍存在「男主外，女主內」的模式，其中多數市民主婦成為不折不扣的寄生者。而且愈是大都市，愈是中上層社會，情況便愈突出。即使是上海等大都市中，女性就業者也極少，往往為下層勞動者，而中產以上的階層的女性多以工作為恥，女性就業幾乎成為貧賤的標誌。它的可怕，甚至超過封建時代，因為它集封建與資本主義兩者的醜於一身。

把市民主婦分為舊式太太與新式妻子兩類。前者是無愛的結合，或受命於父令媒言而嫁人，或為實際生存而委身，在精神上屬於「五四」之前；後者則是自由戀愛而結婚，以「五四」為起點。

舊式太太，一般來說，是無愛婚姻的受害者。這種婚姻常常強調性愛之外的其它需要，而將婚姻的真實意義摒棄在外。不論是封建時代的婚姻，還是兼具封建與資本主義商品性雙重特徵的婚姻，都體現了這一點。封建婚姻常常無視個體需要（生理的、心理的、社會的）與個人利益，而單方面地滿足家族的需要。婚姻與婚姻生活的主體，不是當事人，而是整個家族。雖至近現代，這種婚姻形式與婚姻生活仍然存在。《家》、《京華煙雲》、《金鎖記》、《財主的兒女們》等對此都有揭示。封建大家族與資產者核心家庭不同，它等級森嚴，是一個具體而微的小型王朝，其成員的言行均要體現出封建人倫意義。女性的生活，已為封建倫理道德所塑就。不但要以敬奉公婆、相夫課子為己任，甚至還要負擔家庭日常用度的管理甚至稼穡、紡織等勞作，其家庭角色勢必要求妻子成為百依百順的孝媳、賢妻、良母。瑞珏（《家》）、木蘭（《京華煙雲》）等形象，雖不乏作家的理想化處理，卻仍有其社會學內涵。《四世同堂》中的韻梅是一個較明顯的例示。她與丈夫瑞宣並無愛情，「他們倆老因此而不能心貼心的完全黏合一處」。但既作為祁家的長孫媳婦，「她只能用

『盡責』去保障她的身份與地位——她須教公婆承認她是個能幹的媳婦，教親友承認她是個很像樣的祁家少奶奶，也教丈夫無法不承認她的確是個賢內助」。尤其是到了戰爭時期，個人的幸福對整個危亡中的民族來說無關宏旨，而維護家族的團結、平安度過戰亂則成為大旨要端，韻梅的自我犧牲與任勞任怨成了家庭的凝聚力量，難怪作家認為「她也是一種戰士」。

不過，戰時的意義只存在於戰時，並不能概括和平時期。瑞玨的慘死、七巧（《金鎖記》）的心理變態、金素痕（《財主的兒女們》）病態又瘋狂的縱慾與木蘭婚非所愛的現實，即是傳統婚姻結下的酸果。

近現代中國都市，資本主義因素增強，大家庭解體，多數男子成為依靠薪俸生活的獨立的社會個體，這使無愛的婚姻也出現了一些新情況。女性有時勿庸考慮家族利益，有了若干擇偶的自由，但婚姻的封建性並沒有改變，不過是以個人的商業化交易取代了家族間的政治、文化交易，做太太似乎成了一種謀生方式。一方供以生活，一方委以身體，至於給誰做太太，那是無所謂的。恰如盧隱的《何處是歸程》中所言：「許多女子也是為了吃飯享福而嫁丈夫。」這構成了都市資產者家庭封建與資本主義特性雜糅的特色。在這種情形下，封建婚姻所要求於婦女的傳統道德倫理意義也許有所減弱，但女性的寄生性甚至比以往更為突出。

在現代較開放的都市生活中，男女交往增加，「女結婚員」有時不必依靠父命媒言。她們出入各種舞會、茶會、宴會那種貌似西方交際而骨子裏實為東方所有的各種場所，憑藉男女交際上的一技之長，入主富室深邸。甚至於《紅玫瑰與白玫瑰》中的那個華僑小姐王嬌蕊對此不惜跨國尋求，其父母送她去英國讀書，「無非是為了嫁人，好挑個好的」。如果說凌叔華的《茶會以後》中的有些女性，在都市生活剛剛開放之時對此技巧還不能掌握的話，那麼，張愛玲小說中的女主人們則已駕輕就熟。

「這種權衡利害的婚姻，……往往變為最粗鄙的賣淫」，「妻子和普通的娼妓不同之處，只在於她不是像雇傭女工計件出賣勞動力那樣出租自己的肉體，而是一次永遠出賣為奴隸。」〔註10〕這在中國都市中具有普遍性，以致形成婚姻雙方可怕的畸形關係。《結婚十年》中的賢妻視妻直如妓女：「就是向我討錢也該給我一副好嘴臉看，開口就責問，彷彿天生欠著你似的，這些錢

〔註10〕恩格斯：《家庭、私有制和國家的起源》，見《馬克思恩格斯選集》第4卷，人民出版社1972年版，第71頁。

要是給了舞女嚮導，她們可不知要怎樣的奉承我呢？」買賣婚姻，已失去了性愛與家庭生活應有的嚴肅性，舊式主婦也許可以藉此獲得生存，但不可能擁有現代婚姻所體現的完整意義上的性愛。恩格斯曾言，在私有制社會，「妻子方面的一夫一妻制，根本沒有妨礙丈夫的公開的或秘密的多偶制」〔註11〕。在無愛卻有錢的家庭中，丈夫完全可以在婚外另蓄別室，或者乾脆把婚外關係家庭化（妾、姨太太），留給妻子的不過是名份，而爲了生存，她們不得不竭盡全力保住這個空殼。張愛玲的小說《等》中聚集了一批這樣的太太。她們都被丈夫遺棄，卻又各執堂皇的說詞爲己解脫，要麼歸之於和尚的卜卦欠靈，要麼推諸蔣先生（介石）的命令。然而，自欺欺人並不能解救自己的不幸，長此以往，難保心理不成病態而發瘋，於是一齊天天到龐醫師的心理診所等待診療。

凌叔華在 30 年代創作的幾篇小說，如《太太》、《送車》等篇什，表現了舊式太太們的典型心態。她們所在的都是核心家庭，並以丈夫薪俸爲生活來源，具有都市資產階級家庭的一般形態。但她們的婚姻與婚後生活卻又是十足的封建形態。這些經明媒正娶的太太們，真正過著寄生的生活，雖然並非賢妻良母，卻又極重自己的名份，在自由婚戀與女性色情商品的雙重衝擊下，徒留阿 Q 式的優越感，以充塞空洞的心靈。請看《送車》中的一段：

> 「我還瞧不上那樣的結婚呢，我們這種雖然不是自己挑的，倒是光明正大，若說情份不好，孩子也有了好幾個了。」白太太忽然露出勝利的笑容。

名份成了這群太太手中的最後之物。

寄生的生活產生出畸形的生活方式。既然無法進入社會，她們只能尋找太太、姨太太這個寄生圈中的「原始接觸」，以腐朽的生活自娛。她們頻繁地看戲、串門，開設麻將局，盡可以把丈夫賺的錢統統扔到麻將桌上去（凌叔華《太太》）。而下之者則捧男伶、臥煙榻，或把個中式麻將桌與西式大客廳弄成調情的場所，以滿足變態的心理（張愛玲《留情》），或「爲著解決性欲問題，甘心把老頭子給的脂粉錢，投機倒賣賺來的錢，貼給小白臉面首」〔註12〕。在她們身上幾乎集中了封建性的與資本主義商品性的家庭的雙重糟粕。

〔註11〕 恩格斯：《家庭、私有制和國家的起源》，見《馬克思恩格斯選集》第 4 卷，
人民出版社 1972 年版，第 71 頁。
〔註12〕 師陀：《結婚》，四川人民出版社 1982 年版，第 221 頁。

　　市民主婦中還有另一大類屬：她們大都經由自由戀愛而與愛人結合，但婚後卻迅速進入了未經變革的家庭結構之中，即連某些知識女性，也喪失了經濟獨立，成為丈夫的附庸，相夫課子，操持家務，慵倦無為。她們的生活方式回到了「五四」以前。杜衡的《海笑著》中的一位知識女性芸仙頗有代表性。她曾掙脫出無愛的家庭的桎梏，與使君有婦的愛侶情奔上海。然而，衣食住行、養家活口的現實人生馬上困擾了這對情侶。芸仙也曾試圖就業，但失敗了。絕望中，只好寄希望到情人家「做小」（妾）。小說意在揭示，都市社會結構與女性意識自身，都不允諾她們進入社會；為了生存，她們不僅可以為夫附庸，甚至可以回到舊式大家庭。現實逼令這些新主婦不得不全身心投入到女性傳統的職責中去，在傳統的價值中求得自我。凌叔華的《小劉》中一位昔日女權運動的闖將，7 年生了 6 胎，生生不已。施蟄存的《獅子座流星》中的卓佩珊，雖然厭惡丈夫，卻又拼命掙得一個賢妻良母的角色。她也曾行色匆匆地與外國的職業婦女一塊擠電車，卻只是看病求醫，祈求生育。蘇青《結婚十年》中的蘇懷青，兼具新舊主婦兩重身份。儘管受過大學教育，頗具文學天稟，也可以舉行半新不舊的婚禮而完婚，但她一旦進入夫家，只有生下兒子、伺候丈夫、敬奉公婆，那個大家庭才多少給她一些生存的可能性。更悲哀的是，她的生存價值最後甚至降到了名份的要求，而且有時還不得不求助於公婆的蔭庇才得以確認。隨之而來的是空虛、無聊、煩悶的精神世界，「不是怨，不是輕蔑，不是悲哀，而是一種空虛的惆悵」（施蟄存《妻之生辰》）。她們不停地花錢，與丈夫爭執，與下人慪氣，漸漸地染了一身市民的庸俗作風，如蘇青所言「一個女子到了無可作為的時候便會小心眼起來了」。子君為了小油雞而與官僚太太明爭暗鬥；蘇懷青按著丈夫的要求，竭力裝出市井蠢婦的樣子以取悅丈夫；沉櫻的《愛情的開始》中那個飽受丈夫感情不專之苦的少婦，漸漸在隱忍的生活中學會了麻木、苟且與周旋。長期下去，難保她們不支起麻將局，走上煙榻，混迹於腐朽的舊太太、姨太太隊伍之中。這確是子君的精神姐妹，雖不曾如子君般慘死，但精神上已被埋葬。

　　顯而易見，婦女既然沒有人格的獨立，也就難以如戀愛時一樣站在與男性同等的地位，獲得對方的尊重，擁有愛與被愛的尊嚴。曾有過的甜蜜的婚後生活，終難持久，即使家庭不致破裂，也如恩格斯所言中世紀的家庭一樣，男女雙方只有「客觀的義務」。她們如子君一樣，只能靠追憶已逝去的自由時代而生，或試圖重新喚起心靈中被愛的記憶，作出種種努力來印證被愛仍舊

是一種事實。凌叔華的《花之寺》中的燕倩居然化名致信丈夫來表述愛情，相約在花之寺見面，信中所述其實是自己與丈夫相戀的經過。燕倩顯然已失去同丈夫平等對話的資格，所作的，不過是借助「他人」提醒丈夫與自己過去的戀愛。沉櫻的《喜筵之後》與杜衡的《重來》中的女性在婚外尋找自己的自由角色，但沒有獨立的人格，還配稱作自由嗎？她們都試圖借與情人的舊日戀情而使生命燃燒，但不是遇到充滿色欲的貪相，就是如演滑稽戲般無聊，甚至連丈夫都不屑調動自己的妒嫉心了。

當然，在新主婦行列之中，也不乏在屈辱生活中重新振作與掙扎者。丁玲的《一九三○年春上海》（一）中的美琳與郁茹的《遙遠的愛》中的羅維娜，投身民族解放大潮而獲得了新的生命。而那些沒有這種機遇的女性，雖然奮力掙扎，卻不一定能踏入光明之域。蘇懷青為了維持最低限度的家庭開支，而不得不給報刊撰稿。此一舉動，雖談不上社會解放的意義，卻是對「男主外，女主內」傳統家庭秩序的反叛，直接威脅著家庭中的夫權統治。因此，她受到丈夫的竭力反對便是可以理解的事情。那位丈夫一反常態：「請你以後別再寫文章了吧，要錢我供給你就是。」甚至於收起報刊，鎖上書櫃，而當懷青向他要錢時，卻又擺出一副對待妓女的臉孔。小說結尾，懷青與丈夫離了婚。這抑或只是又一次娜拉出走，結果呢，只要社會結構不改變，經濟不獨立，仍復是「不是回來，就是墮落」。

三、商品化的女性

魯迅嘗言，娜拉走後，不是墮落，就是回來。此言極為精闢，涵蓋了沒有經濟獨立的女性的兩種生存狀況。「回來」，意味著依舊做為人附庸的家庭主婦；「墮落」，即指為謀生而出賣色相，成為肉的商品。無論哪種，爭得的自由都將被賣掉。

恩格斯曾指出，文明社會仍有蒙昧群婚時代的痕跡，在私有制下一夫一妻的婚姻制度中，「婦女愈來愈被剝奪了群婚的性的自由，而男性卻沒有被剝奪」，一夫一妻制「只是對婦女，而不是對男子的」，這種婚姻制，「是作為女性被男性奴役而出現的」。中國新舊雜糅的近現代都會，依然是以男權為中心，男女兩性的關係基本上由男性確立，並被分為婚內與婚外兩種。譬如《紅玫瑰與白玫瑰》中的佟振保，把女人分為聖潔的妻與熱烈的情婦，前者符合一夫一妻家庭中男子對財產繼承的要求，後者則體現性的快樂原則。無論哪

一種模式，女性都受制於男人。近代都會，由於商品經濟的衝擊，加上中國沿海都會男子的移民特點，男子與婚外的女性關係逐漸社會化，色相行業擴大為諾大的市場，「自古就有的雜婚制現在在資本主義商品生產的影響下愈變化，愈適應於資本主義商品生產，愈變為露骨的賣淫」〔註13〕。同時，女性的就業並沒有達到廣泛社會化的程度。畸形的就業結構，整個社會的文化意識，與職業婦女微薄的收入，不足以給都市女性的自由身份提供可靠的保障。於是，大量尚未進入家庭但又習慣於寄生生活的婦女，甚至包括一些不願受家庭束縛、希望駐足於自由空間的新女性，不得不被分佈在為都市男子提供享樂的無形市場的各個角落，身心均受到腐蝕。此處，即使我們暫且撇開行業意義上的色情商品（如妓女、舞女），女性的準商品性特徵，也仍然是一個不容忽視的存在。在茅盾展現舊上海社會全景的巨製《子夜》中，這類女性幾乎佔了三分之一，足可證明這一點。

　　30 年代，許多作品都曾剖析過都市女性墮落的複雜的社會文化原因。一方面，在現代都市社會，女性的寄生生活沒完全改變，不論是男性還是婦女，都視「不幹活也能吃飯」的生活為一種正常現象。在近代商業衝擊下，出賣色相成了又一不勞而獲的途徑。另一方面，社會的畸形，使廣大已就業的小資產階級與無產者婦女，雖流盡血汗，也難以得到生活的必須費用。誠如蘇青在某個場合所言：普通職業婦女的薪金還不及妓女的四分之一。杜衡的《人與女人》與蔣牧良的《夜工》中的人物都徘徊在多重文化之中，卻又不得不墮落。《人與女人》中的珍寶，處於三種文化的夾縫中。作工的哥哥嫂嫂正直肯幹，代表了工人階級的健全人生；母親是數千年婦女寄生生活的產物；王翠則是殖民地色相商品。珍寶無所適從。她曾憧憬著哥哥「不出二十年，不再做牛馬」的社會理想，卻又因收入太少而無法抗拒「不幹活也能吃飯」的墮落的享樂生活。老舍的《月芽兒》與蔣牧良的《夜工》也有類似的社會背景描寫，黑暗的社會使都市女性無法不由詩書禮儀文化與健全正直的人生向色相商品貼近。

　　色情市場之大，無孔不入。丁玲筆下的夢珂（《夢珂》）從鄉下來到上海，彷彿入了魔道，無論走到哪，都擺脫不了這個巨大市場。夢珂從學校來到表哥家，漸漸與表哥有了情意。但表哥不僅與別的妖婦有染，而且與朋友像設

〔註13〕 恩格斯：《家庭、私有制和國家的起源》，見《馬克思恩格斯選集》第 4 卷，人民出版社 1972 年版，第 71 頁。

下陷阱一樣，等候她的就範。而當她憤而出走，來到電影公司時，一開始就感受到不祥的氣氛：「她不知道這是不是應該，當著她面前評論她的容貌，像商議生意一樣。」她下意識地覺得，「她的行止不能由自己了⋯⋯」。一開始，她似乎還不能接受被出賣的事實：

> 這天，無論在會客室、辦公室、餐廳、拍影場、化裝室⋯⋯她所飽領的便是那男女演員或導演間的粗鄙的俏皮話，或是那大腿上被扭後發出的細小的叫聲，以及種種互相傳遞的眼光。誰也是那樣自如、嬉笑的、快樂的談著、玩著，只有她，只有她驚詫，懷疑，像自己也變成妓女似的在這兒，任那些毫不尊重的眼光去觀覽了。

她無法抗拒，「她走到大鏡子面前，看見被人打扮出來的那樣，簡直沒有什麼不同於那站在四馬路的野雞」。她掙扎、哭泣，哭完了，「依然是隱忍的，繼續到這純肉感的社會裏去」。在小說的結尾，丁玲從女性角度注意到使夢珂繼續不幸下去的原因：那些男性們，「上海的文豪、戲劇家、導演家、批評家」，用那些男子們製造出來的詞藻，諸如「國色天香」、「羞花閉月」去捧她，「以希望能夠從她身上得到各人所以捧的欲望的滿足，或只想在這種欲望中得一點淺薄的快意吧」。再如葛薇龍（張愛玲《沉香屑・第一爐香》），她接二連三地落入男子的圈套，尤其是爵士之子喬琪喬，攪動了薇龍的感情波瀾，同時又實話實說：「我不能答應你結婚，我也不能答應你愛。」那麼，能夠得到的是什麼呢？小說結尾甚有意味。薇龍與喬琪來到海邊，恰值英國海軍登陸，那裡陳列了許多商品，「可是最主要的還是賣的是人」，成群的女孩子在那裡等候水兵的「惠顧」。薇龍心裏清楚：「本來嗎，我跟她們有什麼區別？」薇龍本來因為沒錢上學而求助於香港上流社會，而除了身體，她別無提供交易的資本。慣於寄生性的生活的女子尤其無法逃脫這個市場。施蟄存的《薄暮的舞女》也證明了這一點。有人養活，於是舞女素雯打電話拒絕舞場的生意；養活她的人死了，她又打電話找上門去。

即令那些脫離了家庭或尚未進入家庭的知識女性也不免困惑，一不小心，便深陷泥淖不能自拔。丁玲筆下的莎菲即是一例。但莎菲同時又代表了新女性與色相市場對立的理性精神。她看透了凌吉士的商業作派，自由的心靈終於戰勝肉的衝動：「這親密，還值不了他從妓院中揮霍裏剩餘下的一半」，「我豈不是把我獻給他，任他來玩弄來，比擬到賣笑的妹妹中去。」莎菲一

腳踢開淩吉士，同時也就將自我逐出這個市場。然而，丁玲並沒有告訴我們莎菲靠什麼活命，她大概只有孤獨下去或者死。職業嗎，堂而皇之的職業也不是護身符。趙惠明、曾樹生不就是職業婦女嗎？而且曾樹生還兼有家庭主婦的角色，依然不能拒絕物質生活的誘惑。曾樹生的出走也許有一點娜拉的意義，但此舉並非聽從自己的意志，也並非為了愛，她終究不過是花瓶而已，仍是一種色相商品，不過是地點換到了辦公室而已。

　　市場具有統一性，純粹的貿易行為使本應有個性的男女交往具有了一種劃一的標準。處於這種關係之中的男子，是身處中上層社會、既有錢又有閒的資產階級紳士；而女性群落呢，則是習慣於不勞而獲的生活，而又不願為人主婦，此外還必須性感放蕩的女性。英國人類學家莫里斯認為，具有商業功能的性行為並不局限於交媾；許多出賣色相的女性「幹的是次一級的以色相換錢的交易」，「她們那些性感的姿態和動作，性感的個性和肉體，都是為了彌補她們的性服務之不足」。〔註14〕看那些男人：「那穿黃色條紋洋服，戴寬邊大眼鏡的挺著高大的身軀，紅的面頰上老現著微笑」（《夢珂》）；那「歐洲中古的騎士風度」，「高貴的美型」，「好豐儀」（《莎菲女士的日記》）。更主要的是他們有錢：「一手扒進公債，一手扒進女人」（《子夜》）；「我有錢，有地位」（《心經》）；「正途出身，出洋得了學位……他在一家老牌子的外商染織公司做到很高的位置」（《紅玫瑰與白玫瑰》）；「他需要的是什麼，是金錢，是在客廳中能應酬買賣朋友的年輕太太……」，「他的愛情是什麼？是拿金錢在妓院中，去揮霍而得來的一時肉感的享受，和坐在輕輕的沙發上，擁著香噴噴的肉體，抽著煙捲，同朋友們任意談笑，還把左腿疊壓在右膝上，不高興時便拉倒，回到家裏老婆那裡去」（《莎菲女士的日記》）。再看那些女性：「不想工作怕餓死」（劉吶鷗《流》）；「不幹活也能吃飯」（杜衡《人與女人》）；要「穿絲襪、高跟鞋，住洋房，坐汽車，看電影，逛公園，吃大餐」（穆時英《南北極》）；甚至「脫離了爵士樂、狐步舞、混合酒，秋季的流行色，八汽缸的跑車，埃及煙，我便成了沒有靈魂的人」（穆時英《黑牡丹》）。同時，有著「淫佚的媚態」（丁玲《一九三○年春上海》（二））；且未婚。在此基礎上，都市男女以各自所突出的群體特徵為核心，形成了都市男女定型的行為方式與交易形式，並成為一種具流行色彩的生活。雙方的交往簡單到各據所有、各取所需，最後連交換的過程也從簡了。正如沈從文對穆時英小說男女交往所作

〔註14〕《人類動物園》中譯本，貴州人民出版社1987年版，第81頁。

的概括：「男女湊巧相遇，各自說一點漂亮話」〔註15〕，然後上酒吧，最後去旅館開房間。

定型化的交往模式產生了都市男女流行的毫無個性的消費生活標準，甚至異化為一種符號。我們還是落腳在女性上面，看一下丁玲《一九三○年春上海》（二）中的瑪麗。她「豔麗」、豐滿，有「蕩佚的媚態」。她「有一種極端享樂的玩世思想」，麗服靚妝，逛街購物，看電影，讀流行報刊，總之，一切向都市流行的消費標準看齊。她要到「頂闊氣的影院」，「從雕飾得很講究的扶梯上，和站有漂亮侍者的門邊走到座位上去」。她要置身在有軟椅墊、放亮的銅欄、天鵝絨的幔帳這「上海僅有的高貴的娛樂場所」，而「不必定影片合意」，因為「鄉下人才是完全來看電影的」。在這兒，橫流的物欲已真正腐蝕了人的精神。瑪麗的享樂生活並不需要自己努力，她完全可以過寄生生活。「她有許多朋友，臣僕似的，都惟她的喜怒是從」，而她只需多給一個媚眼即足夠了。她甚至把蕩佚的媚態送到革命者的會議上去。她也許愛過革命者望微，但並不受制於望微，在他面前，她是自由的。但她受制於市場的規律，離不開整個男性社會。「她知道女人一同人結了婚，一生便算終結了」，「究竟為一個男人而失去許多臣僕，是不值得的事」。篇末，當望微在馬路上被捕之際，瑪麗「顯然買了東西出來」，而且「正有一個漂亮青年在攬著她」。受左翼思潮的支配，丁玲在作品中試圖將望微與瑪麗處理為資產階級女性與革命者的關係，但恰恰是瑪麗身上的商業特徵，而不是女人的天性構成了與革命的尖銳對立。

可以確信，泡在商業情場上的都市男女，再難有真正的情愛的衝動與享受，更難有堅貞與忠誠。如一些交際高手對葛薇龍的訓示：在香港找愛情，不啻於用罐子裝載泰山的雲霧，「這年頭，誰還是那麼個羅曼諦克的傻子」。剩下來的只有商業般的頭腦與技巧。葛薇龍因在香港失學而求助姑媽。這位「小型慈禧太后」梁太太與省港的名公巨卿以她做幌子大作文章：

> 　　對於追求薇龍的人們，梁太太挑剔得厲害……便是那僥倖入選的七八個人，若是追求的太熱烈了，梁太太卻又奇貨可居，輕易不容他們接近薇龍。一旦容許他接近了，梁太太便橫截裏殺將出來，大施交際手腕，把那人收羅了去。那人和梁太太攀交情，原是醉翁之意不在酒，末了總是弄假成真，墜入情網。

〔註15〕 沈從文：《論穆時英》，見《沈從文文集》第11卷，花城出版社與三聯書店香港分店聯合出版，1982年版，第205頁。

讀來驚心動魄，一如趙伯韜大戰吳蓀甫之驚險。如此男女之間，各懷身手，計謀迭出，都決心讓對方上當，而自己不吃虧。在這方面的描寫，張愛玲的小說已經窮形極相。

集中了殖民化、商業化與封建性雙重罪惡的洋場社會，促生了一批中國都市中特異的女性。這是一群馳騁於色情市場中的尤物，她們身上兼蓄了對男子的依附性，最原始的商業性的職能與最現代的資產階級腐朽的生活方式。作為色情商品，她們仍以身體為謀生的手段，而之所以顯得特異，在於她們居然可以奴役男性，拿男性作消費對象。早在 20 年代，浪漫抒情派小說家筆下已出現了類似的女性，不過，多是一些東洋的娼優、舞姬與侍女。30 年代中國的都市，在接受西方糟粕方面可謂迅速，很快就孳生了這樣一批洋場社會的寄生者，因而在小說中尤其是新感覺派與茅盾的小說中開始大量出現這一類女性形象。《子夜》中的幾位交際明星，居然以色相攪動起商業波瀾，翻雲覆雨，連趙伯韜、吳蓀甫這樣的實業鉅子，都不得不敬畏三分。

洋場尤物最大的特長，用劉吶鷗的話來說就是「動不動就拿雌的螳螂的本性來把異性當作食用」，把色相市場上等候消費的男子當作「消遣品」、「朱古力糖」與「小吃」。相形之下，男子卻成了「被獅子愛著的羔羊」。究詰其存在的土壤，正與都市廣泛的色相市場有關。洋場社會，為中上層男子資產者提供了廣大的色相消費市場，而洋場尤物正利用了市場的廣泛，煽起許多男子的購買欲望，同時，又奇貨可居，遊戲於男子消費者之中。這絲毫不屬女性的「雄強美」，雖然她們不專屬於某個男子，甚至還可以奴役男性，但她們卻仍依賴於男子社會所建立的色情市場，並受消費市場規律的制約，不僅沒有人格的獨立，也失去了做人的起碼的尊嚴。

到此，已對現代小說中的都市女性形象作了簡單的分析。改變中國女性的這種命運，從爭取個人解放到最終投身到社會革命大潮，或許這就是現代文學為婦女解放道路提供的答案。

附：個案──賽金花故事的性別想像

賽金花，在 20 世紀前幾十年，經常出現在各式文學、史學、傳說文本中。其中文學作品有曾樸的小說《孽海花》（以及天寶宮人改編之《孽海花》）、陸世諤的《新孽海花》、連載於《新新小說》的《京華豔史》、樊樊山（樊增祥）

的長詩前後《彩雲曲》，夏衍的話劇《賽金花》、熊佛西的話劇《賽金花》、周樂山的小說《賽金花》、香港作家金東方的劇作《賽金花》等等；以記述爲主的文本有劉半農、商鴻逵師徒的《賽金花本事》、曾繁的《賽金花外傳》、曲江春的《賽金花佚事匯錄》等。此外，還有大量賽金花本人的「自述」。但是，在這些文本，甚至是在賽金花本人的所謂「自述」中，其所「講述」的瓦德西、賽金花的「瓦賽」浪漫史和賽金花遊歐記，不管是大的事件，還是小的細節，也不管是寫歐洲，還是寫庚子年的北京，大都將賽金花的一生歸之於「英雄美人」和「風塵救國」的核心敘述中。恰如陶然亭賽金花墓的一對輓聯：「威霽瓦將軍，一身紅玉兼紅拂；骨埋香冢畔，百年陶穴近陶然」，〔註16〕在不經意間露出有意味的虛構性。

關於「瓦賽公案」的各種文本，其中由虛構而引起的爭論焦點，在於：一、瓦、賽「戀」是否存在，並附帶著瓦、賽是否在歐洲就相識並相愛的問題；二、賽金花在庚子年是否有「憑三寸不爛之舌，救全城百千無辜生靈」的愛國義舉。應該說，兩者是相聯繫的，前者還構成了後者的敘述基礎。本來，文本（包括文學和其它文本）的虛構性不足爲奇。因爲任何故事，包括歷史敘述，按照海登·懷特的說法，都有「文本性」。但，由於這是一種含括了賽金花本人和其它文人不約而同的「集體行爲」，我們就應該注意到其虛構背後的「權力」因素，也即意識形態。細加思索，從各種文本中，我們可以看出，賽金花與聯軍統帥瓦德西的關係，是對其一生故事的關鍵。因爲賽金花既爲娼妓，本不足以讓文人們注意，最多只會注意到她早年與洪鈞的「倡優士子」關係。一般說來，也難成爲集體話題。賽金花事蹟之被關心，乃在於其在庚子年與瓦德西的關係。而妓女之進入文本，除卻與「娼優士子」母題，被受眾認可的就是「英雄美人」、「風塵救國」的文學模式。各種眞眞假假、撲朔迷離的關於賽金花的記述，應該是由其與瓦德西的「英雄美人」中心性關係出發，出自於性別意識形態，貼合於中國人的性別想像，由此上溯、衍生，產生出各種「合理」的虛構。本文的寫作動機不在於以歷史學的考據證明其「虛假」，而主要在於說明，各種說法諸多矛盾之處的背後表達著何種意義的訴求。

〔註16〕白雉山：《王文農義葬賽金花》，載《武漢晚報》1985 年 6 月 29 日。

一、關於賽金花遊歐

我們首先看看各種文本對於賽金花歐遊情狀的描述。

「瓦賽公案」以賽金花在北京與瓦德西的交往爲中心，所以，人們對賽金花在歐洲生活的核心內容的敘述，便集中其在朝野上下的男女社交了。這是合乎文本性別想像敘述的中心性要求的。在賽金花人到中年之時，曾樸的《孽海花》以她爲線索，鋪張成洋洋灑灑數十萬言。在曾樸筆下，歐洲人的行止、風俗也都圍繞著中國「英雄美人」性別模式的想像加以展開，逃不出中國式士大夫中心思維的窠臼。比如，瓦德西在聖彼德堡與彩雲（以賽金花爲原型的人物）第一次見面，便送了彩雲一隻寶石箱，裏面裝有一對「精光四射」的鑽石戒指。「那鑽石足有五六克勒，似天上曉星般大」。〔註17〕這等行爲，不像是歐洲人，倒是有點像中國內地買賣婚姻裏的送彩禮和付聘金。在男女社交不發達的中國，恐怕只能靠這種中國男女的交往來想像歐洲男女的關係了。而小說裏德皇腓特烈三世的皇后維多利亞（英國女王維多利亞與親王阿爾伯特的長女），對賽金花說起話來直如江湖中人：「我平生有個癖見，以爲天地間最可寶貴的是兩種人物，都是龍跳虎踞的精神，顛乾倒坤的手段，你道是什麼呢？就是權詐的英雄與放誕的美人。英雄而不權詐，便是死英雄；美人而不放誕，就是泥美人。如今密細斯又美麗，又風流，眞當得起『放誕美人』四字。」〔註18〕這段話不僅是標準的中國江湖腔調，而且，這「龍跳虎踞」、「顛乾倒坤」，還有所謂「權詐」、「放誕」，也完全是中國概念。小說中維多利亞皇后對賽金花的這一番話，其實也是作者基於賽金花日後「英雄美人」核心經歷的想像。因爲，如果不把賽金花放進這種關係中，這個此前和日後都是妓女的女人，又有什麼可寫的呢？

既然賽金花識得「英雄」瓦德西，那麼，賽金花在歐洲時肯定是一個交際花，舞姿且好，又有交際手段，否則怎能認識瓦德西呢？這是一個「合理」的推論，在《孽海花》中多有敘述。《賽金花軼事匯錄》中也說：「當然，更不用說，在國際間宴會的場合，她是風頭最健，常常爲青年將校所包圍」。〔註19〕賽金花除了禮節性地覲見德皇等外，一般都在公使館。「使館裏遇著請客，按照外國規矩，欽差夫人應該出來奉陪，可是我只出來打個招呼，同他們握握手，

〔註17〕 曾樸：《孽海花》，上海古籍出版社1993年版，104頁。
〔註18〕 曾樸：《孽海花》，上海古籍出版社1993年版，第79頁。
〔註19〕 曲江春：《賽金花軼事匯錄》，《賽金花本事》，中國人民大學出版社，第183頁。

就退回去。洪先生是最反對外國禮節的，說他們野蠻，不可仿習。」〔註20〕她又說：「有人說，我在歐洲常常到各跳舞場區，那卻是一派胡謅，要想一想，我是個纏腳女子，走起路來是如何得不方便，而且我在歐洲連洋裝也沒有穿過，叫我怎麼跳得起？」〔註21〕曾樸寫傅彩雲的舞姿雖好，交際手腕之高，卻不能博得作為彩雲原型的賽金花一笑，反被賽金花認為是「胡謅」。在這裡，應該是賽金花說了實話的。

其實，賽金花可能此時並不認識瓦德西。最早作《賽金花傳》的吳趼人曾說：賽「得遊歐洲，習為歐人語」，並不曾說兩人相識，更談不上私通。賽本人也曾在劉半農、商鴻逵的《賽金花本事》中說：「我同瓦以前可並不認識。」〔註22〕又據張燕谷《續孽海花》記述，賽金花在柏林認識的「瓦德西」和後來的庚子年聯軍總司令並非一人，乃一位陸軍中校，1889 年曾任德國駐華武官，與賽相識時 20 多歲，庚子年也不過 30 多歲。而「總司令」瓦德西生於 1832 年，賽金花在德國時，瓦德西 57 歲左右，庚子年已經 68 歲了。有學者認為：「張燕谷的《續孽海花》在藝術成就上雖遠不如曾作，但夷考史則頗為審慎，故其所記較為可信。」〔註23〕賽金花本人曾對《賽金花故事編年》的作者喻壽說：「他們都是胡說呀，我哪兒會和他（指瓦）認識哪！」〔註24〕

瓦賽相識於柏林一說，始於曾樸的《孽海花》。曾樸的表弟張次溪，在他輯錄的《靈飛集》中曾記楊雲史就此事問及曾樸：「余曾問賽與瓦帥在柏林私通，兄何得知之？曾樸曰：彼二人實不相識，余因為苦於不知其此番在北京相遇之由，由不能虛構，因其在柏林實有碧眼情人，故我借來張冠李戴，虛構來跡，則事有路索，文有來龍，且可鋪敘數回也。言已大笑。」曾樸此種虛構，乃在於「英雄美人」的想像路數。看看他怎樣描寫瓦德西就可知曉：「一個雄赳赳的日爾曼少年，金髮頰顏，風采弈弈，一身陸軍裝束，很是華麗。」葉赫顏扎氏《憶賽金花》等文章還煞有介事地說瓦德西是「德國貴族中頗負盛名的

〔註20〕劉半農、商鴻逵：《賽金花自述》，孫震編《賽金花其人》，重慶出版社 1987 年版，第 43 頁。

〔註21〕劉半農、商鴻逵：《賽金花自述》，孫震編《賽金花其人》，重慶出版社 1987 年版，第 22 頁。

〔註22〕劉半農、商鴻逵：《賽金花自述》，孫震編《賽金花其人》，重慶出版社 1987 年版，第 22 頁。

〔註23〕陳則光：《論歷史諷喻劇〈賽金花〉》，載《文學評論》1980 年第 2 期。

〔註24〕喻壽：《賽金花故事編年》，孫震編《賽金花其人》，重慶出版社 1987 年版，第 125 頁。

陸軍學校學生」。其實，此時的瓦德西已經 57 歲左右，如何還是「少年」模樣？哪裏還有 57 歲的「學生」？在談到虛構「瓦賽公案」的動機時，田漢說得好：「中國一般談瓦德西的，多只單純地把他作爲賽金花的異國情人」，「但瓦德西雖有充分資格做聯軍統帥，卻不必有資格做一個誘惑女性的情人，那時他已經六十八，快到古稀之年，其後只隔四年他就下世了」，〔註 25〕喻壽說得更加一針見血：「因爲必須是這樣的一個外國小白臉，才有理由使賽金花『一見傾心』」。〔註 26〕

　　小說畢竟是小說，而非人物傳記，對於人物的虛構似可以理解。但是細加究詰，小說《孽海花》對於賽金花遊歐經歷的虛構，畢竟不能跳出中國人的東方性別視野，完全落入了中國文人對於「娼優士子」和「英雄美人」思維的窠臼，並導致了人們的書寫興趣。商鴻逵說：(《孽海花》)「算是一部香豔而富『史趣』的書。……曾先生的書裏寫她（指賽）最賣力：聰明、美麗、技藝才能匯於一身。」〔註 27〕說到底，「瓦賽公案」承繼的仍是中國文學的「香豔」傳統，其對歐洲人物行爲的想像，也是以與東方核心價值爲基礎的。兩者摻和在一起，密不可分。

二、關於賽金花的浪漫史

　　賽金花在庚子之亂中與瓦德西的浪漫史，是國人對於賽金花最感興趣的，也是關於賽金花故事文本的核心，流傳甚廣。而且，賽金花的另一「本事」，即愛國義舉，也以其和瓦德公元帥的浪漫史爲基礎，成爲關於賽金花的文本定式。

　　賽金花在庚子年與瓦德西在北京見面，這一說法爲人深信不疑。但據喻壽考證，聯軍在 8 月 15 日進京，賽在此後也到了北京，並說在幾天裏見到了瓦德西。但瓦德西作爲總司令，卻遲至 10 月 17 日才到北京。也就是說，賽金花說見過瓦德西的時間是錯的。以此推算，賽金花可能沒有見到瓦德西。而且，究竟賽金花與瓦德西有無浪漫，就扯不大清楚了。吳趼人《賽金花傳》只是說：「會庚子之變，聯軍陷北部，金花以通歐語，大受歐人寵幸，出入以

〔註 25〕田漢：《庚子事變與賽金花》，載《女子月刊》1936 年第 4 卷第 9 期。
〔註 26〕喻壽：《賽金花故事編年》，孫震編《賽金花其人》，重慶出版社 1987 年版，第 95 頁。
〔註 27〕商鴻逵：《曾孟樸與賽金花》，孫震編《賽金花其人》，重慶出版社 1987 年版，第 138 頁。

馬，見者稱爲賽二爺」，根本沒有提到瓦賽相逢的事。至於熱熱鬧鬧的「演繹」，更是荒誕不經。賽金花與瓦德西相遇，一說是瓦德西在中國「到處在尋找賽金花」，但賽金花本人說：「後來他派人在中國京、津、滬一帶尋找我，這我才和他見了面。」〔註28〕但在多數場合，賽金花所敘的是：有德國兵騷擾北京南城賽宅，賽以德語以對，並詢問幾個德國名人，眾兵愕然，將其情告知瓦，遂有了與瓦見面。賽金花說「瓦德西隱約還記得我，但想不起我是誰」，〔註29〕曲江春的《賽金花軼事匯錄》更是借題發揮，說賽金花「日夜陪伴瓦德西，騎馬招搖過市，紅極一時」，作者敘述的，應是中國官員在「花界」的一般情形，不過是加上了亡國滅種秩序大亂之時更加無忌的想像而已。

另有多種說法，描述賽金花與瓦德西在中南海儀鸞殿，同眠於西太后的龍床。甚至於殿中大火，兩人還裸體倉皇逃出。樊增祥藉此爲題材，寫下前後《彩雲曲》，極盡「香豔」鋪敘，甚至於內中不少侮辱的猥褻描寫，如「此時錦帳雙鴛鴦，皓軀驚起無襦袴」，已接近色情描寫了。關於儀鸞殿失火的敘述，在歷史史實上甚可懷疑。黃濬《花隨人聖庵摭憶》說：「所述儀鸞殿火，瓦、賽裸而同出云云，余嘗叩之樊翁，謂亦僅得之傳說。」〔註30〕紀果庵《〈續孽海花〉人物談》也說：樊增祥「僅得之傳說」，賽金花本人也說：「瓦德西雖住在宮中，可不在殿裏睡，他是在儀鸞殿（在西苑）的旁邊，覓了一塊靜潔而又風景幽麗的地方，搭起一個帳篷，辦公睡覺差不多全在裏面」。〔註31〕

茅盾曾指出過製造此類傳說的心理，說：「至於老牌才子樊山老人的前後《彩雲曲》，還是玩的捧花旦捧像姑捧妓女那一套，那就不免有些令人肉麻」，〔註32〕時人將其比之於吳梅村的《圓圓曲》，〔註33〕都出自於中國文人的性別想像的傳統。在近代名士金松岑《天放樓詩》中，瓦賽關係表現出「娼優士子」和「英雄美人」兩重模式，如「輸爾虬髯紅拂妓，儀鸞殿上訂三生」，這簡直是唐玄宗和楊貴妃的故事翻版了。〔註34〕

關於賽金花與瓦德西的私情敘述撲朔迷離，其中也包括賽金花的自述。

〔註28〕 葉赫顏扎氏（那顏氏）：《憶賽金花》，載《中外婦女》1985年第5期。
〔註29〕 燕燕歸來樓主編：《賽金花繫年小錄》，《賽金花本事》，嶽麓書社，第178頁。
〔註30〕 喻壽：《賽金花故事編年》，《賽金花本事》，中國人民大學出版社，第133頁。
〔註31〕 劉半農、商鴻逵：《賽金花本事》。
〔註32〕 何典：《賽金花論》，載《讀書》半月刊，第1卷第2期。
〔註33〕 錢基博：《現代中國文學史》，上海書店出版社，第164頁。
〔註34〕 曲江春：《賽金花軼事匯錄》，《賽金花本事》，中國人民大學出版社，第183頁。

可以肯定的是，她也將自己與瓦德西的交往，也放在「英雄美人」的套子裏去敘述。賽金花曾說，瓦德西聽了她「因鬧義和團又逃到北京，途中狼狽情形及其到京後生活的困難」後「很表同情」，就「拿出兩套夾衣服，都是青緞繡花的；又取出一個小箱子，裏面裝了 1000 塊錢，都是現洋，對我說『東西很少，請先拿去用吧』。」〔註35〕場面寫得眞是活靈活現！這個德國司令出手闊綽，給美人「纏頭」十分大方，活像捧妓女的嫖客。這裡，賽金花不小心露出了自己妓女思維的「狐狸尾巴」。因爲瓦德西的慷慨，是舊日妓女希望看到和想像所及的闊公子做派。而按照與賽金花交往甚密的齊如山的說法，賽金花與德國軍人確來往，但都是少尉、中尉這樣級別的軍官，連上尉都很難搭上。因爲上尉已是一連之長，「舉行上便需稍微愼重」。瓦德西有聯軍司令之尊，更不可能與妓院沾邊。齊如山直言，賽金花當年在北京德占區（南城），只是老鴇母的身份，居所就是「妓院的性質」，「手下有兩個十六七歲的姑娘」。連賽金花和齊如山套近乎，也是因爲齊如山德語還算好，想讓齊如山幫她拉德國軍官的買賣，「喝一次茶是八塊錢，過夜是二十塊錢，此外還有點賞費。」〔註36〕如此而已。

那麼，瓦德西和賽金花的「情事」起於何種緣由呢？冒廣生《孽海花閒話》和范生《爲近代外患史上一個被迫害的女人喊冤》都說沒有此事，而這兩部文字的來源，是夢惠草堂主人丁士源的《梅愣章京筆記》。丁士源是與賽金花相交而又有記述文字的兩個人中的一個（另一人是齊如山），丁有記載：瓦德西在中南海紫光閣辦公。因丁和聯軍總部德國軍官（瓦德西的參謀長）相熟，也是賽的熟客。賽金花要求丁領她去中南海遊覽。在丁士源的帶領下，賽女扮男裝，欲以拜謁瓦德西之名遊覽中南海勝景。因瓦德西不在，不克入內。第二天，丁將此事告訴鍾廣生和沈藎，鍾、沈二人「覺得原來的故事太平淡，寫了稿子寄去，不會受老闆歡迎，便一變而寫賽金花被召入中南海，爲瓦德西所『寵幸』了」。兩人「遂各戲草一稿，一寄上海《遊戲報》李伯元主筆，一寄上海《新聞報》張主筆，謂賽金花被召入紫光閣，與瓦德公元帥如何如何，說成活現逼眞」。這就是所謂「瓦賽情事」的由來。既然社會上傳

〔註35〕劉半農、商鴻逵：《賽金花自述》，孫震編《賽金花其人》，重慶出版社 1987
　　　　年版，第 43 頁。
〔註36〕齊如山：《齊如山全集》，臺灣聯經出版事業公司 1979 年版，第 4173～4174
　　　　頁。

說紛紛，賽金花在接受採訪時也就樂得順水推舟，照單全收。確認其與瓦德西的關係，不過她只是不陪宿的「書寓」罷了。劉半農採訪賽金花後寫的《賽金花本事》，因作者聲名煊赫，其誤導面更大。其間我們可以看出，關於瓦賽「情事」，是國人的「集體創作」。賽金花本人，也加入其中了。一旦將賽金花和瓦德西放在「英雄美人」的模式中，關於賽金花超越其身份而獲得的重要性，在各種關於庚子年的「本事」和自述中都有記述，包括賽金花本人的記述。其荒唐之處百出。

按照賽金花自己的說法，自己初次見瓦德西，瓦德西說「他們乍到北京，人生地疏，種種軍需，都沒有什麼辦法，請我幫忙辦一辦。……糧臺大事，哪有經驗？……過幾天，我到他營裏，他又對我說，請幫忙辦辦，叫我實在不好意思再推遲了。」〔註37〕「他說我人很機靈，而且熟識北京情形，他們人地生疏，言語各異，似乎是除了我沒有別人可以購辦了。」賽金花說她派了14個糧商運糧的兵營，各國士兵「歡天喜地」，「德國兵的肚子，才有了救星。後來各國的軍糧也由瓦德西介紹，都歸我辦。」〔註38〕賽金花還說，瓦德西常對她說：「宮裏的東西，你喜愛哪件，儘管拿走，沒有什麼關係。」語氣裏，似乎宮中器物盡是他的私產。

瓦德西以元帥之尊，居然懇求賽金花給予軍糧上的接濟，那麼現代軍隊的後勤部門究竟在幹什麼？至於瓦帥隨意讓賽金花拿取宮中的器物，更是荒唐！瓦德西曾在1900年11月12日的報告中表示：「余將用全力，以使一切由德接管之房舍對象，均常妥為保存」，「所有太后陛下所用之臥房及住室，全皆特別劃出不用。」瓦德西入居儀鸞殿，「整隊入宮，見穆宗瑜妃，猶致敬禮，殿宇器物，戒勿毀掠，迨回鑾時，尚無恙也」（《拳亂筆記》）。這在民國時期羅惇曧《庚子國變記》有記，可為佐證。

至於賽金花當時與德國糧臺做生意，倒是確有其事。不過，這絕非如賽金花所說是瓦帥所請之事，而是賽金花本人牟利的私事，與瓦德西無關。齊如山說，在「光緒庚子辛丑，一年多的時間，我和賽金花，雖然不能說天天見面，但一個星期之中，至少也要碰到一兩次。」〔註39〕因為賽金花的德語

〔註37〕劉半農、商鴻逵：《賽金花自述》，孫震編《賽金花其人》，重慶出版社 1987年版，第44頁。
〔註38〕曾繁：《賽金花外傳》，《賽金花本事》，中國人民大學出版社，第81～82頁。
〔註39〕齊如山：《齊如山全集》，臺灣聯經出版事業公司1979年版，第49頁。

是在「稀鬆得很」，她想做德國人的生意，要辦事就找齊如山幫忙，而齊如山說自己的德語「僅能對付弄懂而已」。齊如山提到，賽金花剛買的一火車皮土豆因受凍而被德國糧臺總管拒收，「交涉的沒辦法了」，一籌莫展之下還是齊如山斡旋，德國糧臺總管「少給幾個錢」，〔註40〕最終還是買下了。試想，若果如賽金花所說，是受德國統帥瓦德西再三請求而幫忙採買急需的軍需物品，哪有被下級軍需拒收的道理？！

三、關於賽金花的「救國」

關於賽金花的愛國義舉，既是賽金花故事的核心，所以也是所有關於賽金花「本事」中最為熱鬧的話題。

其實，關於賽金花的愛國義舉，各種文本的記述並不止於庚子年的事蹟，而是開始於戊戌變法。葉赫顏扎氏《憶賽金花》記述1930年訪問賽金花，賽金花曾對訪者詳陳其如何在戊戌年「贊助光緒一邊的維新黨」。她說「在榮祿大臣的權勢下，便被迫與他從良了」。此話甚為曖昧，再結合其下邊的話，含有被榮祿納妾的確定意義。此話甚是荒唐，但卻是下面贊助維新黨的「前提」。再看下面一段：

> 一天，李蓮英太監奉慈禧太后的密旨，來到天津與榮祿密謀策劃，以兩宮御駕莅津閱兵為名，搞一場假兵變，在亂中把光緒刺死。他們竊竊私語，全被我聽到了。我想帝黨維新派主要人有康有為、譚嗣同等人，那譚嗣同是湖北巡撫譚繼洵之子，洪鈞與譚繼洵至交，我不但認識繼洵，也認識譚大少爺。李蓮英後來跟榮祿的談話，聲音越來越低了，後來榮祿進內屋叫我去見李總管大人，我出來見李蓮英時，他對我眉來眼去，我十分厭煩他。當李蓮英辭出後，榮祿異乎尋常地向我獻殷勤，他說袁世凱是當代英雄，帝黨維新派想拉攏袁世凱。袁在小站練新軍，頗有雄厚勢力，如果維新派把袁世凱拉過去，大清的江山就完了。他說大清江山，完全在愛卿（指賽）之手。我一聽心中明白，這是榮祿想「獻美人計」。我說，我可不是貂蟬。這時我也想，只要你把我送給袁世凱，我一定「倒戈」去為維新派出把力。

賽金花還記述「榮祿果然把袁世凱從小站招來」，她也得以聽到榮祿、袁世凱兩人的話。之後：

〔註40〕齊如山：《齊如山全集》，臺灣聯經出版事業公司1979年版，第4177頁。

> 等到袁世凱告辭以後，榮祿馬上向我跪下，說大清的江山只有
> 我一人能救。並不出我所料，榮祿直截了當地叫我嫁給袁世凱。那
> 時，他越跪在地上哀求，我越不答應，最後他只好趴在地上磕頭，
> 我才答應下來。

賽金花還記述其在榮祿安排下，如何參加榮祿爲袁世凱在天津紫竹林舉辦的
舞會，然後嫁給了袁世凱。之後：

> 後來我隨同袁世凱從天津到北京，下榻金魚胡同賢良寺，次日他
> 即赴頤和園覲見光緒皇上。他跟皇上說什麼，我不知道，我知道他的
> 心一直放在慈禧這一邊。那時我確實知道將在九月初借著請太后和皇
> 上到天津閱兵時把皇上謀害。就在袁世凱覲見皇上的當天晚上，譚大
> 少爺忽然來見世凱。我對譚嗣同的光臨，十分注意。在他們的談話中，
> 世凱對譚少爺滿口答應「入京勤王」。當時我也和譚少爺見面了，彼
> 此闊別多年，十分高興，譚嗣同走後，袁世凱對我說，今天譚嗣同是
> 假充聖旨，想來說服我，鼓動我反對榮中堂。可我對袁世凱毫不動聲
> 色。深夜，我派心腹持我的信去追譚大少爺直到爛漫胡同譚宅，信中
> 把九月初借閱兵機會，謀害皇上的底細告訴了譚少爺。〔註41〕

如此這般，賽金花不僅又嫁了榮祿、袁世凱兩位清末重臣，增添了更多的「英
雄美人」的材料，還與譚嗣同有舊交和新的結盟，共同演繹出慷慨赴國的「救
國」故事。她置身於戊戌變法的國家政治之中，甚至於還可能改變了歷史。
此事未見任何中外記載，不僅其救譚嗣同之事荒唐，其與榮祿、袁世凱的羅
曼史也是信口開河。如果這眞是賽金花的自述，可見其內在的「英雄美人」
和「美人救國」雙重思維如何不斷衍發而生出更多的「故事」，而且還帶上了
更強的戲劇性。

關於庚子年賽金花的「愛國義舉」，在賽金花自己的講述中，大約有幾個
方面：勸說瓦德西不要濫殺北京百姓，共計救了一萬多人；勸說克林德夫人
放棄以慈禧太后抵命的要求，以建立「克林德坊」代之；爲慈禧和李鴻章作
德語翻譯；第一次世界大戰結束後出席國家改「克林德坊」爲「公理戰勝坊」
的儀式，以及獄中救沈藎等等。特別是關於勸說克林德夫人一事，傳說甚廣。
詹塏《花史》載：「文忠（李鴻章）與諸大臣惶迫無能爲計，有謂傅（玉蓮，
即賽金花）能辦此者，乃召至，許以厚酬，被以華服道之，……瓦帥欣然曰：

〔註41〕 葉赫那顏氏（顏扎氏）：《憶賽金花》，載《中外婦女》1985 年第 5 期。

『諾。』即日宮禁肅清。文忠喜。酬金，不收，以所被華服飾贈之，亦弗受，無何，車駕回都。」〔註42〕這裡說的是清朝和八國聯軍開和議，克林德夫人提出「要西太后抵償啦，要皇帝賠罪啦，一味的不饒，把個全權和議大臣李鴻章弄得簡直沒辦法了」，〔註43〕朝中大臣，為此事弄得一籌莫展，只好由賽金花自告奮勇去見克林德夫人。克林德夫人聽了賽金花一席話，放棄了殺人報仇和要清朝皇室賠不是的要求，以在東單建「克林德坊」了事。賽金花不僅將瓦德西玩弄於股掌之上，連克林德夫人也要給足了面子。此事見於各種關於賽金花的文本之中，不再引述。

　　自是，關於賽金花救國的故事紛紛出籠，對於賽金花「女子救國」的褒揚也鋪天蓋地。連載於《新新小說》的《京華豔史》第三回回目為「第一美人功臣第一，無雙名妓奇事無雙」。其中有如此誇大的話語：

> 　　這一個平地登天，卻還也不忘本。平日相好的什麼大人先生家裏，被人家鬧得荒了，就是扯順民旗，叫洋大人也不中用。都來趁空，求這個救苦救難大慈大悲的觀世音菩薩。她一言上達，馬上就傳下號令，安全了許多……
>
> 　　「請你好好地對待中國百姓！」這是賽金花一生中莫大功德的一句話……那一年李中堂維持外交，政府賴以復安，賽金花主持內政，生靈賴以生存……所以說賽金花的功勞同李中堂是並名不朽的。

　　曲江春《賽金花軼事匯錄》「前言」說：「當此之時，朝野寂焉無人，獨有賽金花者以一弱女子，挺身而出，周旋於聯軍統帥瓦德西及各重要首領之間，誘以情，導以理，動以仁，律以紀，卒使聯軍就範，而燕市百萬之民，乃得卸去驚愕之容，重等衽席。於是賽二爺之名，亦被歌頌九城矣，設非有賽其人，恐太廟、皇城、頤和、萬壽，亦必繼明園而成廢墟，億萬百官，千嬌萬麗，俱遭毒屠與姦淫，亦未可知。」潘毓桂為賽金花作《賽金花墓表》甚至說：「宇宙間振奇之氣，鍾於男者，百數年一見，鍾於女者，蓋二三千年而一見」，並稱其「不世之績」，「一例千秋，後先輝耀」，還有「媲美於漢之明妃和戎」、「漢祚賴以延續數百年」等句。賽金花死後葬於陶然亭，有貴陽呂功助輓聯：「家國顛危，爭說三江奇女子；生靈塗炭，曾無一個是男兒」；浙江俞滄溟聯：「生不為男，

〔註42〕劉半農、商鴻逵：《賽金花自述》，孫震編《賽金花其人》，重慶出版社 1987年版，第 49 頁。
〔註43〕齊如山：《齊如山全集》，臺灣聯經出版事業公司 1979 年版，第 4172 頁。

如此才華眞可惜；死猶歸佛，從茲色相總成空」。王曼雲聯下聯曰：「隨節而出
國，乘機能救國，驚誇巾幗一英雄」，〔註44〕已到了空前的程度。張競生曾致信
賽金花《致靈飛書》：「我常喜歡把你與慈禧並提，可是你比她高得多呢！假使
她在你的位置，什麼事都顯不出，最多只能被作爲『哭娘』。（慈禧以此出身的。）
若你有她的勢力嗎，當能變法，當能做出許多新政治。你雖位卑而人格並不微，
當聯軍到北平，她拋卻人民和寶貝的太監溜走了。只有你在金鑾殿中與外帥折
衝，保衛了多少好人民。」〔註45〕此外，張競生還從身體方面對賽金花大加讚
賞，將之比作有酒渦的影星蝴蝶，因此，這封信在報紙上發表時，被冠名《張
競生寫給賽金花的情書》，在贊許其愛國的同時，又兼有了「香豔」成分。後來，
張競生還在《時事新報》上，將賽金花比作貞德。還有一說：1903 年，賽金花
因在妓院致死妓女人命入獄，同時，有因反對清政府賣國的《中俄密約》而同
時入獄的沈藎。沈藎被杖斃，賽金花見而憐之，幫其收屍。此事被說成同情革
命黨，還引起了李伯元的讚歎。他在《南亭筆記》中說：「夫賽金花一賤妓也，
其膽氣竟高出於久歷戎行之大將，奇哉！」

可是，賽金花究竟有沒有此種「義舉」呢？齊如山是此時與賽金花交往較
多又有文字留下的當事人。按照齊如山所說，見到賽金花接待幾個德國軍官，
「賽金花指著前面一帶（指南城──引者），同那兩個軍官說：『這都是我們的
佔領區！』我聽到『我們』兩字，自然覺得刺耳，而有兩個德國軍官，也彼此
作了一個鬼臉，他們沒有說什麼，可是我知道也是爲『我們』二字」，「我相信
賽金花沒有見過瓦德西，就是偶而見過一兩次，她也不敢跟瓦德西談國事。第
一，她那幾句德國話就不夠資格，就說她說過，瓦德西有這個權可以答應這些
事情嗎？……這種司令仍不過是只管軍事，至於一切國事的交涉，仍由各國公
使秉承各本國政府的意旨進行，或主持。瓦德西怎有權答應這種請求呢？」「她
總是說跪著求過克林德夫人，所以夫人才答應了她。她這話卻沒對我說過，她
知道我知道她的底細。我猜想她沒有見過克林德夫人，我雖不能斷定，但以理
推之，卻是如此。因爲她庚子年在北平，不過是一個老鴇子的身份，一個公使
夫人怎能接見這樣一個人呢？」甚至於賽金花手下兩個嘍囉，乘機禍害北京百
姓，被德國軍官治罪，賽金花請齊如山前去說情，連德國軍官都說「他毀壞你

〔註44〕白雄山：《王文農義葬賽金花》，《武漢晚報》1985 年 6 月 29 日。
〔註45〕張次溪編：《靈飛集》，《賽金花本事》，劉半農等著，嶽麓書社 1985 年版，第
　　　　151～152 頁，第 162～163 頁。

們中國人啦」。〔註46〕言下之意，賽金花的民族立場甚爲可疑。

關於在移克林德坊一事，當時許多記述，也包括賽金花本人，說她不僅被段祺瑞邀請參加，且在儀式上「自請演說，縱論世界大勢，末曰：『中國苟在自強，此不過幾塊石頭搬家耳，不足以言雪恥也。』出語警闢，聞者歡服」。此事見賈逸君《中國民國名人傳賽金花》。而據《申報》報導，賽金花對記者說：「我還記得歐戰和平紀念會，老段（指段祺瑞）率眾位大官在東城大街上拆下那塊克林德碑，我當日同魏老爺（指賽金花當時的丈夫魏斯炅──引者）去參觀，他問我爲什麼不說幾句話，你與此碑有關係呢！我即斷然拒其演說之請，僅取紅花一朵存我箱中，作爲紀念。」〔註47〕另據喻壽《賽金花故事編年》記：「據賽氏自言……以不會演說避謝。」〔註48〕至於賽金花義葬沈藎就是同情革命黨一類說法，則違背了基本事實。因爲賽金花並不知沈爲何人，在講述中一直稱之爲「沈進」。據說，陝西易俗社在吉祥戲院演出《頤和園》，其對賽金花愛國義舉的表現，連賽金花本人都感到不安：「該戲演來，少失眞相，雖十分誇獎我，但於我之良心上，誠爲不安。」〔註49〕

四、圍繞夏衍、熊佛西劇作《賽金花》的民族主義想像

30年代，夏衍創作話劇《賽金花》。從所受時代思潮來說，是出於「國防戲劇」的影響。關於該劇取材，他說：「劇中事件，關於賽金花個人部分者，大約取材於劉復的《賽金花本事》，曾孟樸的《孽海花》，虞麓醉髯的《金花傳》等書。」關於歷史部分的參考書，他提到了《庚子西行記事》、《庚子海外記事》，還有王光祁翻譯的《庚子聯軍統帥瓦德西拳亂筆記》等等較爲嚴肅的書籍。〔註50〕應該說，夏衍此劇的歷史題材是嚴肅的，但對賽金花形象的處理原則，則與各種賽金花文本沒有太多不同。這也就意味著，夏衍對於賽金花形象的塑造，仍然含有各種文本對於賽金花的性別想像的規定性。

就主題來說，夏衍認爲，「我不想將女主人公寫成一個『民族英雄』，而只想將她寫成一個當時乃至現在中國習見的包藏著一切女性所通有的弱點的

〔註46〕齊如山：《關於賽金花》，《賽金花本事》，中國人民大學出版社，第187～193頁。

〔註47〕載《申報》，1934年11月17日。

〔註48〕喻壽：《賽金花故事編年》，孫震編《賽金花其人》，重慶出版社1987年版，第120頁。

〔註49〕曲江春：《賽金花軼事匯錄》，《賽金花本事》，中國人民大學出版社，第163頁。

〔註50〕夏衍：《〈賽金花〉附言》，載《文學》第6卷第4號。

平常的女性」，同時，他「只畫了一幅面目不很凸出的庚子為背景的奴才群像」，〔註51〕「我只打算畫一張『漢奸群像』的漫畫罷了。」〔註52〕本來，這是想通過賽金花這個弱女子之在亂世中的沉浮，表達民族主義訴求。正如鳳子評論的：「以一個女人的肉體，來保全殘破的山河，已經是士大夫階級的恥辱」。〔註53〕比如，第五場「跟她說西施和昭君的故事」，本意也是批判兩千年來漢人士大夫的苟安思維，「將女人作為苟安的城堡」（魯迅語），將賽金花比作王昭君、貂蟬一類「和戎之明妃」，或者是莫泊桑筆下的羊脂球。但是，夏衍劇也不乏「香艷」成分，特別是「這手是握過飛特麗皇后的手的」這樣的用語。第七場，刑部差官魏邦賢在查抄賽金花時譏諷說：「跟紅毛子睡覺，要臉嗎？」一段，勾起觀眾的性別想像的熱情，笑場不止。以此，茅盾在評論此劇時說：「我感到劇作者所自居的『諷喻』到了觀眾這邊卻完全變了質」，〔註54〕這就難怪魯迅先生說：「連義和拳時代和德國統帥瓦德西睡了一陣子的賽金花，也早已封為九天護國娘娘了。」〔註55〕時論認為：「若以賽金花為主題，強調了賽金花對於當時人民的護愛心，以及民族的概念而為目前正努力著民族解放運動人們給以教訓，那就是最要不得的曲解。因為她並不是一個了不起的民族英雄，她只是為了己身的安全而以肉體來取得敵人的歡心，在一種偶然的機遇上救了北京千萬人的性命。所以我覺得作者把賽金花過分地強調，使一個庸俗的妓女能有超越那時代的思想也近乎太想像化了。」〔註56〕鳳子在談到以賽金花為題材而寫作「國防文學」的創作動機時說：「這時一面感到『養兵無用』，一面又自覺『救國無方』，於是只有寄悲憤於詞章，而一頁尚未乾的庚子史蹟，在他們的腦子裏，又複印出來，『萬人爭傳』的『賽二爺』自然的舊從被遺忘的狀態中再被憶起，當寫作的對象。」〔註57〕

　　隨即，夏衍《賽金花》被禁演，雖然劇本經過了當時國民黨中央宣傳部的批准。另一部熊佛西的同名話劇也遭到禁演。內務部的通令說：「賽金花生平事蹟，有妨礙中國尊嚴之處，故已通令平津滬漢等地，一律禁止開演」。在

〔註51〕夏衍：《歷史與諷喻》，載《文學界創刊號》1936 年 6 月。
〔註52〕夏衍：《劇作者言》，載《大晚報》1936 年 11 月 24 日。
〔註53〕鳳子：《關於賽金花的小說與戲曲》，載《女子月刊》1936 年第 4 卷第 9 期。
〔註54〕茅盾：《談「賽金花」》，載《中流》第 1 卷第 8 期，1936 年 12 月。
〔註55〕魯迅：《「這也是生活」》，《魯迅全集》，第 6 卷，第 487 頁。
〔註56〕庸：《讀「賽金花」劇本後》，載《中央日報》1936 年 11 月 31 日。
〔註57〕鳳子：《關於賽金花的小說與戲曲》，載《女子月刊》1936 年第 4 卷第 9 期。

一個有兩百多政治家、作家、記著參加的大型宴會上，時任中宣部部長的邵力子與熊發生爭論。邵說：「庚子之變的那等皇室宗親與義和團等少數人闖的禍，賽金花以美色去周旋瓦德西，去為洋兵辦糧草，去為北京城的老百姓求情，這叫什麼？是『瓦全』的精神」，「我們國家現在已到了什麼地步？大家都很明白，我們現在所需要的是『玉碎』的精神！是『寧為玉碎，勿為瓦全』！」邵力子的話是批評熊佛西的，但他對劇作的看法，其實仍不脫民族主義思維。邵力子代表了當時多數人的看法，比如艾思奇就說：「不要靠賽金花這樣的人來替我們保持部分地方的安全，不要讓各地守軍的將士孤軍獨戰，要決定全國規模的抗敵政策，然後中國的自由解放才會有希望。」〔註58〕

五、小結

熊佛西與徐悲鴻等三十多人曾有一次與賽金花的聚會。熊佛西曾談到對於賽金花交往的感想，說賽金花的俗氣使他無法對她產生寫作的熱情：「賽金花這個女人俗極了，毫無意味！為她寫一個劇本，可以說不可能，我當晚確有這種感想。『把這麼一個庸俗的女人寫在劇本裏有什麼意思呢！』我曾這樣問自己。妖豔的妓女，華貴的狀元夫人，瓦德西的 Misstress 等，或許有人認為是很好的戲劇材料，但於我『無緣』了。」〔註59〕熊佛西此處所說的「妖豔的妓女，華貴的狀元夫人，瓦德西的 Misstress」，「很好的戲劇材料」，其實正是各種文本中人們對賽金花進行性別想像的基礎。杜君謀編《賽金花軼事》中《賽金花死了》一節說：「她是個愛矯的女人，但她卻不同於別個只知愛矯的女人，別個女人在惟命是從的服從之外，便再沒有別的，她卻還有青春潑剌的精神敢把愛熱鬧的脾氣發揚出來，於是一般風流大人先生們在玩厭了多愁善病的林黛玉式的女人之外，便因為她的新奇刺激，來喜愛她了。何況，她還有了『欽差夫人』、『狀元夫人』的頭銜，是古今一例，都當作奇貨看待的，就說現在吧，『皇后』、『校花』，不是就比普通的要來的值價嗎？」〔註60〕而對於賽金花自己欲說還休、前後多變的曖昧態度，有人這樣認為：「這無非是因為賽氏晚年，生活在一種變態心理下，她自覺社會已全然忽視她的存在，只有在誇張和瓦德西的關係的時候，社會才驚奇地注意起來，一切物質的幫

〔註58〕艾思奇：《實踐與理論》，讀書出版社1939年版。
〔註59〕熊佛西：《賽金花‧自序》，北平實報社1937年3月。
〔註60〕轉引自安徽大學中文系：《夏衍〈賽金花〉資料選編》，第220頁。

助也跟著來了。經過一個長時期以後，積非成是，她不得不以這種傳奇的故事作爲商品，經常地去滿足那些購買者了。」〔註61〕至 30 年代，據喻壽介紹，北平地方，多有開業飯館或者戲院邀請賽金花參加典禮或發表演說，票價高至五元。賽金花時有請他人代說情形，觀眾大嘩。由此可見賽金花一生的經歷如何供人發掘了性別想像的商業價值。〔註62〕

對賽金花的各種情狀，特別是賽金花與庚子年中國政治的話題，齊如山曾對《賽金花本事》的作者劉半農說過下面的話：「這種種情形，平常國民不知道，尙無不可，若小說家詩家文人，不知道，便有點說不過去，然他們以小說家詩家的立場，隨便說說，抑或可原，像您這大文學家，又是留學生，若連國際這樣既普通的情形，都不知道，未免說不過去，而且您所著之書，名曰本事，非小說詩詞可比，倘也跟著他們隨便說說，則不但與您的名譽有關，恐於身份，也有相當的損處。」〔註63〕在這裡，齊如山用語已很重，其對虛構賽金花故事之厭惡態度可以想見。但是「小說家、詩家、文人」能比「平常國民」高明多少呢？一方面，普通文人對本國、外國政治軍事的瞭解能有多少？另一方面，他們和「平常國民」受同一種價值觀念的薰染，擁有一致的思維前提。對於風塵女的「娼優士子」或「英雄美人」的「集體想像」，使文人弄墨之時難免於無意間將之投射到文學作品中，成爲集體話語。

文章寫完，看到陳惠芬女士的《王佳芝與「救國女子」傳統》一文，說到小說與電影《色戒》等近現代文本中的「女子救國」模式，甚得啓發。文中提到夏衍版的《賽金花》勾連出的「女子救國」的傳統。〔註64〕女人之價值，仍與身體有關，並體現在「娼優士子」、「英雄美人」，或者說「女子救國」之中。三者都被黏合於女性身體與男人的關係。除此之外，女人別無其它的價值。這樣，賽金花和瓦德西交往的核心價值被凸顯，並加以鋪排。我們驗之以其它關於賽金花的各種文本，可以看出，關於賽金花各種文本的破綻之處，或者帶有各種對於西方社會文化的隔膜，或者帶有文化的、人性的目的，恰好折射出了中國文人對於女性性別的價值觀念。不管何種情形，都是一種中國人集體的「女性想像」。

〔註61〕喻壽：《賽金花故事編年》，《賽金花本事》，中國人民大學出版社，第 147 頁。
〔註62〕喻壽：《賽金花故事編年》，《賽金花本事》，中國人民大學出版社，第 146 頁。
〔註63〕齊如山：《齊如山全集》，臺灣聯經出版事業公司 1979 年版，第 4177 頁。
〔註64〕陳惠芬：《王佳芝與「救國女子」傳統》，載《上海文化》2008 年第 2 期。

第四章 老舍等人筆下的舊城人物

第一節 北平人的自我與世界

　　需要辨析的是，老舍所表現的，是清末民初至 40 年代的北京，因此，爲討論的方便，使用「北平」似乎比使用「北京」在概念上更爲科學。但對「北平」的界定，又不必拘泥於歷史學分期，它應該是 20 世紀上半葉的近現代北京。另外，老舍小說中有時出現的其它城市，如濟南（《文博士》）與虛擬的「貓城」（《貓城記》）、「文城」（《火葬》）、「雲城」（《牛天賜傳》）等，在城市形態上與北平有著同一性。比如濟南，老舍說它「雖是個大城市，可是還能看到樸素的鄉民……它似乎眞是穩定在中國的文化上」。〔註 1〕而「貓城」與「文城」呢，「整個大城——九門緊閉——像晴光下的古墓」，建築物「四面是高牆」，在人文景觀上，幾乎是北平的化身。因此，這幾個城市，也可以被納入對北平文化的分析之中。

一、至尊、至大的本位文化心態

　　中國所處的地理特徵，對中國傳統文化、中國人心態的形成與發展，有著深刻影響。東面瀕臨浩瀚無邊的太平洋，北面與西邊橫亙巨大山脈，使文化的發展具有相對於海洋民族所少有的封閉性。而黃河平原與長江中下游的氣候、土壤等生態條件，特適宜於農耕經濟的單一發展。地域的因素造成華

〔註 1〕老舍：《弔濟南》，見《老舍散文選》，百花文藝出版社 1984 年版，第 115 頁。

夏民族經濟生活的自足自給，安土重遷，較難於同其它民族的文明相互融匯，因此，易於導致文化上的自我中心意識，對其它民族的文化的吸收態度漠然。同時，古代華夏文明，已達到農業文明的峰巔，文明的輸出輻射幾乎是文化傳播的唯一形式。而周邊「四夷」，由於文明的低級層次而不斷對華夏文明採取謙恭、俯首的態度，導致中國人對自我生存的地域又產生極強的認同態度，並謹守著「華夷大防」，以一成不變的文化心理來理解不斷變化的外部世界。宋代石介的《中國論》頗具代表。他把文化的優勝感化為居住地域的自豪。認為，仰觀於天，是 28 宿的星座；俯視於地，是與天上 28 宿對應的中國九州。中國為天下之正中，乃是由於華夏九州享有綱常倫理、禮樂教化的高度文明；而「四夷」之所以居天地之偏，乃是因為他們不曾享有這種文明。因此，九州內外的「華」、「夷」之分乃是天經地義、不容混淆的宇宙秩序。數千年來，中國人一直在心理上恪守著「天朝上國」的信條，雖然在近代不斷遭到有著資本主義文明的西方列強的侵略而蒙受屈辱，但仍不肯調整根深蒂固的文化心理定勢。《正紅旗下》所寫，已是滿清風燭殘年的末期，也是傳統文明日益顯出衰敗的時期，而面對洋人，多甫永遠拍著胸脯說：「洋人算老幾呢？……大清國是天朝上國，所有的外國都該進貢稱臣。」闊綽的定大爺與洋人鬥法，其秘密的武器卻是「叫他進後門！那，頭一招，他就算輸給咱們了」。這不禁使人想到奕劻、李鴻章在簽訂喪權辱國的「辛丑合約」時，依然保留著阿Q式精神勝利的情形。

北平簡直就是中國的縮影，數百年的都城大邑，使北平人皇城意識極為發達，對世界的感知以北平為本位，竟視其它的城市為「鄉下」。雖然北平已不是國都，但這種心態卻無保留地承傳下來。在西方文明的高度發達與中國沿海資本主義大都會崛起的情況下，這種心態顯得極為可笑。《離婚》中的張大哥堅決認為：「除了北平人都是鄉下佬。天津、漢口、上海，連巴黎、倫敦，都算在內，通通是鄉下，張大哥知道的山，是西山，……最遠的旅行，他出過永定門……他沒看見過海，也不希望看見，世界的中心是北平……」愈是這種心態，愈是使北平人對所居住的北平有著極堅定的信仰。他們不願走出城門，看一看外邊的世界。冠曉荷一直不願離開北平，「他也有北平人普遍的毛病，怕動，懶得動」，連到天津，都覺得是「出外」，而心存驚悸。反之，他「輕易不肯出城，從城內看城樓，他感到安全；反之，從城外看它，他便微微有些懼意，生怕那巨大的城門把他關在外邊」。祁瑞豐呢，好像「北平就

是他的生命似的，絕對不能離開，一步不能離開」。這並非是漢奸的特有心理，而是所有北平人的一般心態。小羊圈胡同的居民包括錢詩人在內，都把北平看成自己的根，「只怕丟了咱們的北平城！」可以說，北平，在他們心中，已是一種生命精神、生活方式，須臾不可離開。自然，它可以成為人們對家鄉對民族的信仰，但同時也可以叫他們為了北平而喪失民族氣節。牛教授頗為典型：「他寧可失去靈魂，而不肯換個地方去剃頭。」（《四世同堂》）

　　華夏文化的封閉性，並不局限於對民族自身所處地域的盲目自大。「北平本位」的觀念深刻地影響了北平市民的生活態度，滲透到他們的日常起居之中。祁老人之所以選中小羊圈胡同為宅，正是它的封閉的環境使他對居住的安全有了一種信賴：「胡同口是那麼狹窄不惹人注意，使他感到安全，而葫蘆胸裏有的六七家人家，又使他感到溫暖。」小羊圈胡同的結構，與北平所處的地理位置，乃至中國文化的地理特徵，都有一些相似之處，所以祁老人自然地把這幾者聯繫一處：「北平城是不朽的城，他的房子也是永世不朽的房子。」不難想像，這種心態必然同保守、求穩的文化性格相連。正由於祁老人的盲目自大，才使他在北平淪陷之後，所想的只是頂住大門，存足三個月的糧食與鹹菜。「他曾以為北平是天底下最可靠的大城，不管有什麼災難，到三個月必定災消難滿，而後諸事大吉」。

　　「居天下之中」的至大心理與終生蝸居北平的生活方式，雖不是直接導致北平人保守、忍從的奴性主導性格的唯一因素，但卻給這種性格的形成提供了適宜的土壤，而面對新的文化秩序，採取排斥、抗拒的態度，難以改變。老舍筆下的人物絕大多數是「北平的老兒女」，都不曾亦不願走出北平文化圈。冠曉荷只去過天津；張大哥則只出過永定門；連韻梅冒險外出籌備糧食，也只到了張家口一帶。即連許多新文化的青年與一些帶有難民色彩的浮浪少年，也是如此。如瑞全只在北方鄉下作抵抗活動，趙子日也只是涉足「中國的文化，日本的帝國勢力，西洋的物質享受」的天津日租界。一旦將這種文化性格置於異域文化之中，那種種由北平帶來的自大、懶散、屈從等傳統習性便顯得極為荒唐可笑。馬則仁還固守著北平式的自大與浮誇，「下雨不出門，颶風不出門，下霧也不出門」。身居英倫，卻不肯睜眼瞧一瞧西洋，更不肯參與到英倫的西洋文化之中。事實上，馬則仁是把倫敦當成了北平，成了「倫敦的第一個閒人」。由此，不難看出，北平地域文化、皇城帝都文化，對於北平人自大、保守心態的超級作用。

二、唯洋是崇與北平底色

由於北平人對世界的感知一直是以北平爲本位，其世界觀念、城鄉觀念，都表現出傳統人的認知方式，而當這種思維被運用來認識外來西方文明時，便顯得十分荒唐可笑。《正紅旗下》中的親家爹仍然以一種傳統的華夷等級秩序看待西洋。在他心目中，西方各列強，只是華夏文明圈外的撮爾小邦，「不知道英國是緊鄰著美國呢，還是離雲南不遠」。張大哥則把北平當成都市，而巴黎、倫敦都只是「鄉下」。老舍曾說：「北平人，因爲北平作過幾百年的國都，一點不會排外的」(《四世同堂》)，但這種態度並非是現代人應有的對外來文明以一種平等的方式進行吸收，而是以皇城一等居民的姿態，強制性地把外來事物納入到既有思維之中，以印證傳統的心態。在他們看來，認識整個世界只是認識北平的附加成分。

發生認識論的鼻祖皮亞傑認爲，人們對外部客體的認識過程，存在著兩種互爲對立依存的機制。一是外部客體與認識主體的概念範疇中的現存語詞相吻合，從而被主體的認識結構順利吸收。此稱爲同化機制，表現爲不必改變與調整認知結構便能認識客體的特徵。另一則是，當某一新奇特異事物作用於主體思維時，主體的認知結構無法再以原來的概念、範疇予以接收，就必須調整、補充或改變主體認知結構，去認識客體的特殊屬性。此稱之爲順化機制。「當同化勝過順化時，就會出現自我中心主義的思想」。[註2] 對傳統中國人來說，對華夏文明圈內外的東方小國的認識，可以循著既有華夷秩序的思維去完成，而無須改變自我的認知結構。但西方文明卻不同於東方文化，是一種特異的嶄新的資本主義文明形式，必須對自身的認知結構進行調整、改造，才能全面準確地認知西方文明。但在傳統中國人那裡，並沒有意識到這一點，仍然以傳統認知結構中的語言概念來實施對西方文明的理解，將西方文明所表現出的一些特徵狀態，用他們所熟悉的一種既有概念來表述概括。這樣，西方文明已不再新奇，而是中國古已有之的舊物。這種認識方式的最大惡果，就是割裂了整體，把西方文明僅僅作爲實體與器物即物質文明的表現，在潛在心理中，意欲將西洋物質文化納入到東方精神文明之中。

在老舍筆下，《正紅旗下》的旗人與張大哥等人，表現出典型的古代中國人的思維特徵。他們拒斥西方文化，甚至視而不見。而一些新一代的北平人，那些西崽們，則表現出鴉片戰爭後近代中國人的思維特點：雖然唯洋是崇，

〔註 2〕《西方心理學家文選》，人民教育出版社 1983 年版，第 32 頁。

但實際上割裂西方文明，把西方文明理解爲宴飲、跑車、金錢、美女的享樂性文化。這裡表現了傳統中國人對物質、對城市的理解：物質文化不再是民主政治、法律意識與現代科學的結合，而是純粹供人享樂的器物。這就形成了北平人畸形的心理狀態。一方面，面對新鮮事物，唯洋是崇，另一方面，又把外洋事物放進北平文化中的享樂底色中。趙子曰的「中國近代化」的邏輯就是：「改造中國是件容易的事，只需大總統一道命令：叫全國人民全吃洋飯，穿洋服，男女抱著跳舞！……至於還講什麼進取的精神，研究、發明等等，誰有工夫去幹呢！」「最經濟的一條到文明之路：洋人發明了汽車，好，我們拿來坐，洋人們發明了煤氣燈，好，我們拿來點，……洋人發明什麼，我們享受什麼，洋人日夜的苦幹，我們坐在麻雀桌上等著。」那位洋奴毛博士，雖然一再聲稱「必須用美國的精神作事」，而其美國精神不過是「金錢、洋服、女人、結婚、美國電影」的移植，「例如家中必須有澡盆，出門必坐汽車，女人們好看，客廳必有地毯……」，連美國的政治，也不外乎是參議員的婚禮如何奢華、鋪張。這種「美國精神」，實際上是傳統中國人的享樂精神。老舍筆下自命新潮的西化新人物，大多是只懂享樂的西崽。如天天在東安市場消磨時光的瑞豐與菊子（《四世同堂》）；「不知道國事，專記影戲園的廣告」的張天眞；只通「戀愛」、「黃油」、「蘇打」、「冰激淩」、「親愛的」等英語而其它一概不知的小趙（《離婚》）；「肉體國際化」了的招弟（《四世同堂》）；整天「跳舞、打扮、演戲、出風頭、鬧脾氣、當皇后」的好萊塢次品麗琳（《文博士》）；以及講究衛生，坐車上必設玉製痰盂，卻可以把痰道通向大街的牛老爺（《牛老爺的痰盂》）。

在這種情形下，傳統中國對西方文明的吸取，正如同《趙子曰》中對日本租界的描述：「那裡是繁華、燦爛，鴉片，妓女，燒酒，洋錢，鍋貼兒，文化。那裡有楊梅，春畫，電燈，影戲，麻雀，宴會，還有什麼？……中國的文化，日本的帝國勢力，西洋的物質享受，在這裡攜著手兒組成一個『樂土天國』。」〔註3〕北平城外表的西化，如同《茶館》中裕泰茶館中的醉八仙大畫與財神龕被撤去，而代之以時裝美人與女招待一樣，不過是享樂文化的變異，而骨子裏卻死守北平本位文化；民主、科學、國民意識、自由精神倒難以進入北平人的生命之中。而對西方文化與世界大勢的眞正認識，是李子榮、

〔註3〕老舍：《趙子曰》，見《老舍文集》第1卷，人民文學出版社1980年版，第278頁。

小馬（《二馬》）、瑞宣、瑞全等人，在拋棄了傳統的北平式自大心態與傳統認知方式之後，才得以獲取的。

第二節　老舍小說中北平人的人格

北平文化是以傳統文化爲主體的都市文化，北平市民的整體人格也屬於傳統人格型範。傳統文化有精華與糟粕之分，因而有正面影響與負面效應之別。這裡說的傳統文化，主要是指其佔有面相當大的糟粕與負面部分。

一、血緣倫理與人格型範

傳統文化處主流地位的封建中國，是以血緣倫理爲基礎的宗法社會。整個社會生活，是由禮教秩序——血緣與準血緣的倫理關係與政治權利的結合——支配，實際上就是要求人們各據血緣上的尊卑分份，使生命個體按照「君臣有定」、「長幼有序」、「貴賤有名」、「尊卑有等」、「夫婦有別」的倫理原則發出行爲。由此，宗法制度必然是一個以人與人之間的不平等關係爲核心的等級制度，人與人之間是領有與被領有的人身依附的關係。可以認爲，宗法等級制度塑造了傳統中國人的人格。生命個體對禮教秩序、等級制度的無條件服從，必須導致獨立價值判斷的喪失與自由個性的壓抑。因此，傳統人格就是一種毫無個性的奴性人格。奴性人格的表現，因等級制度的人身依附而表現出雙重特性：對於尊者、長者等表現出遭奴役，受支配的奴性；而對於卑者、幼者等，則又表現爲奴役、支配他人的主性。即主奴兩重根性。需要辨析的是，傳統人格有時表現出的主性，絕對不是獨立的、自由的現代人格，相反，它是以更尊、更長者盡奴隸的義務爲前提的。因此，不管是主性追求，還是奴性表現，都可視爲奴性人格實踐。

在中國，傳統士大夫的奴性人格實踐較爲典型，由於中國儒學經世思想、宗法的君臣父子綱常與封建科舉政治，使中國士大夫的職業高度單一，只能登科入仕。一方面爲君臣僕，作弼充僚，一方面治理地方，「爲民父母」。由於士大夫所處的地位恰在君與民之間，其奴性人格的雙重根性就表現得更爲突出。魯迅曾說：「專制者的反面就是奴才，有權時無所不爲，失勢時即奴性十足。」〔註4〕老舍小說中的小官僚們，無不如此。《四世同堂》中的藍東陽

〔註4〕魯迅：《諺語》，見《魯迅全集》第4卷，人民文學出版社1973年版，第542頁。

官至處長之後，一方面實行殘酷的治術，壓迫下屬，一方面又對日本人脅肩諂笑，百般獻媚。短篇《哀啓》中的金先生，「能夠用勢力壓人和避免挨打，在他，是人生最高的智慧。」《四世同堂》中，詩人錢默吟經過靈魂與皮肉的煎熬悟出「封建的思想──就是一方面想作高官，一方面又甘爲奴隸」，這正是老舍對中國士大夫階層主奴根性的認識。

　　不過，北平的士大夫文化並非只存在於官場，它的表現也不局限於官僚階層。既然禮教秩序是對所有中國人思想、行爲的規定，那麼都市平民也無法置身圈外。加之「統治階級的思想在每一個時代都是占統治地位的思想」，「是社會上占統治地位的精神力量」，〔註 5〕因此，作爲等級社會中的底層成員，小民百姓身上同樣存在著惡劣的主奴根性。赤貧的阿 Q，在趙太爺面前只有低聲下氣，而一旦出現在小 D 面前，馬上氣焰炙人。儘管在行爲上，他們似乎除了自己的家庭成員之外，無法奴役他人，但關鍵在於，主奴根性已滲透到他們的人生態度、思維方式之中。一方面，趨近主性，渴望得到一官半職，當這種渴求實際上難以實現時，便轉化爲心理上的滿足，成爲一種大眾社會心理。在老舍筆下，就是處處追求「官派」。另一方面，面對統治者與既有生活秩序，又表現出無條件的奴性服從，放棄應有的政治權利與經濟利益，惟求保住飯碗。當故都爲日本軍隊佔領之後，祁瑞豐居然宣稱：「管他誰組織政府呢，反正咱們能掙錢吃飯就行！」而祁老太爺對此還頗爲嘉許（《四世同堂》）。北平文化中的市民人格，實際上就是奴性人格型範。由於所處階層的低下，市民人格的兩面性較多地表現出奴性服從一面，因此，因循守舊，麻木忍從，成爲老舍小說中北平人的人格主導方面。

　　當然，北平的傳統文化並非儒學一家、鐵板一塊。就歷史上說，「燕趙多慷慨悲歌之士」，墨俠文化傳統亦源遠流長。但是相對於儒文化而言，它沒有對北平市民構成太多的影響力，而且，仗劍行俠、急公好義也並非現代意義上的獨立人格，相反，有時倒是作爲奴性人格的補充而存在的。從古燕國的荊軻刺秦，到老舍小說中的丁二行俠（《離婚》），都是出自對主人「愚忠」、「報恩」的心理，而有著現代理想人格色彩的李景純（《趙子曰》）與錢默吟等人的義俠豪舉，則顯得乖張。難怪有論者認爲是作家自身的市民意識所致。

　　當然，上述北平人的人格不啻是濃縮了的傳統中國人的人格，而北平作

〔註 5〕《費爾巴哈》，見《馬克思恩格斯選集》第 1 卷，人民出版社 1972 年版，第 52 頁。

爲 800 年的帝都皇城，封建文化已到爛熟的地步。1927 年以後，北平依然保留著傳統文化的優勢，甚至由於喪失了近代中國的中心地位，導致西方文明的滲透較爲緩慢，傳統人格也因此更不易改變。即使是一些受過現代教育的市民知識分子，其現代思想也因難以與其居家處常的北平文化融合，或徘徊徨而敷衍人生，或犧牲自我以認同傳統。現代意義上的人格，處於難產的狀態。

二、主性與奴性

在老舍小說中，北平人傳統人格的表現並非是可以隨意折摘的零散部件，而是渾然一體又呈現出方方面面的整體。本文對此分別展開論述，僅僅出於論述的方便。

（一）「官本位」與主性追求

在傳統人格那裡，趨近主性首先表現爲對權力的嚮往。由於傳統社會的仕祿一體，做官也就意味著地位、名望與財產的獲得，這導致整個社會「官本位」主體價值觀的建立，誘引了眾多志在爵祿的文人學子躋身科舉入仕之列。所謂「學而優則仕」、「陞官發財」以及由此衍生的「萬般皆下品，唯有讀書高」的東方式格言便是對中國人傳統事業格局的概括。當然，做官並非只有讀書獨徑可走，以隱爲仕、賣官鬻爵、受招安、裙帶風等都是補充科舉的入仕手段。對於北平來說，數百年的皇城歷史與城市特有的政權統治特性，使人們「官本位」的意識似乎比其它都市更爲頑固與活躍。儘管近代以降，科舉作爲一種舉拔官僚的政治制度已經取消，但做官發財的社會心理與潛在狀態並沒有消弭。「名、錢、作官」，仍然是「五四」之後的一些浮浪青年的「『三位一體』的宗教」（《趙子曰》）。就是在留洋的文博士心目中，也以爲自己的名片「必須是中央什麼館或什麼局的主任才能鎭得住」（《文博士》）。這不啻是「學而優則仕」的現代翻版。而動盪不安的中國近代社會，倒是使古已有之的入仕之路更加豐富多樣，比之科舉致仕似乎更爲醜惡。

冠曉荷屬老一代北平人。在他身上，傳統文人的「出仕」與「隱仕」極巧妙地結合在一起。一方面，「他自己的方法老是擺酒、送禮、恭維和擺出不卑不亢的架子」等這類官場上的「北平的風度」，一方面又循著古代隱士的「終南捷徑」，企圖在錢詩人那里弄一點鐘鼎金石、琴棋書畫，用隱士的風雅引起日本佔領軍的注意（《四世同堂》）。但以此種方法獲官得祿，已趕不上文博士與祁瑞豐的裙帶風及藍東陽等人的「賣官鬻爵」來得快捷。更有一些洋場惡

少，利用「五四」以後社會生活的豐富性，通過組織社團，召集會議，參與所謂「學潮」，充任家庭教師，來達到致仕的目的（《趙子曰》）。

追求「主性」的出仕爲官，意在實現奴役他人的目的，因此，它必然以對更高統治者的奴性服從爲前提。科舉制中的古代士大夫，幾乎無一不是皇權專制的奴才。對於老舍小說中的人物來說，不管是趙子曰、歐陽天風還是冠曉荷，也不論是文博士、祁瑞豐或是藍東陽，同古代舉子們躋身科舉一樣，都進入一種對權貴的依附過程。他們或入贅豪門，或藉重軍閥勢力，或投進日本人懷抱，奴性人格在其中得以最充分的顯現。

對於北平的非士大夫階層——普通市民來說，雖然不曾進入「仕祿」的人生格局，但「官本位」已成爲一種生命精神，進入了他們的日常生活之中。老馬雖一生不曾作官，卻總幻想自己「能做高官，享厚祿，妻妾一群兒，兒女又肥又胖」（《二馬》）。這確是普遍的中國人自我設計的生活理想。在可能的範圍內，社會底層的人們也往往以奴役他人爲快。《正紅旗下》的姑母與《牛天賜傳》中的牛老太都自命官家後裔，對兄弟媳婦或夫役下人頤指氣使，神氣十足；《柳家大院》中的老王父女，雖一貧如洗，卻將自家媳婦虐待至死，似乎只「專爲學學『文明』人的派頭」。最使人震驚的是《貓城記》中的公使夫人，雖因失寵於丈夫而飽受虐待，卻又以虐待侍妾爲快意，奴性的壓抑轉成主性的殘暴。在這些人身上，人性早已泯滅不存。

社會主體價值往往導致大眾的社會心理。老舍筆下的市民，多半在行爲與心理上追求「官派」作風。旗人「有錢的眞講究，沒錢的窮講究」，甚至爲請客而賒帳負債，是追求「官派」作風（《正紅旗下》）；按官員的模樣，逼迫嬰兒多吃，也是追求「官派」作風，因爲「官樣孩子的基本條件是多肉」（《牛天賜傳》）；甚至連商業經營中也講求「官樣大派」（《老字號》）。即使是作官的希求完全絕望之後，也會把這種理想寄寓在「得個官樣的兒子」上面。且看北平人給嬰兒所行的抓周禮：

> 太太（牛老太）有塊小銅圖章，是她父親的遺物，雖然只是塊個人的圖章，可是看著頗近乎衙門裏的印。太太最注意這件高官得作，駿馬得騎的代表物。……其次便是一枝筆，一本小書；二者雖不如馬到成功伸手抓印的那麼有出氣，可是萬般皆下品，惟有讀書高，筆與書也是作官的象徵，不過是稍繞一點彎兒。再其次是一個大銅錢……（《牛天賜傳》）。

傳統士大夫的人生事業格局在這一風俗中竟得以完全的顯現。讀書為作官，作官就有錢。無獨有偶，在《正紅旗下》中的嬰兒洗三禮中，仍可以看到人們對下一代作官的祈願。風俗，作為一種群體性生活方式的凝聚，它的靈魂是特定時代的社會心理。老舍筆下的「抓周」與「洗三」民俗，正是人們「官本位」觀念的映像。

饒有意味的是，小人物身上的奴性服從意識與對作官發財的嚮往，是和諧一致的。後者的取得正是市民祈求「做穩了奴隸」的生活的可靠保障。在此，主性與奴性充分地統一在人們的行為與心理中。張大哥對兒子的希望並不高，但也要「有一半官職」，才能過上「不高不低」的一個「中等人」的生活（《離婚》）。一生求穩的祁老人，雖然頗曉得「樹大招風，官大招禍」，但當聽說瑞豐做了科長時，竟「高興得什麼似的」，因為「家中有個官，在這亂鬧東洋鬼子的時候，是可以仗膽子的」。因此，他完全不管瑞豐做的是什麼樣的漢奸狗官。可以想像，有祁老人、張大哥這種社會心理基礎，也就會一代一代產生出恬顏事仇而求爵祿的敗類。

（二）求穩、保守與忍從、內省

魯迅曾把中國數千年歷史概括為兩個時代：「暫時做穩了奴隸的時代」，與「想做奴隸而不得的時代」，而不管什麼時代的中國人，都是「沒有爭到過『人』的價格」的奴隸。〔註6〕老舍小說中的人物，就是這樣一群「老中國的兒女」。他們沒有自我意識、國家觀念，屈從於一切現有秩序。如同老馬一樣，「不太愛思想，因為事事已有了準則」。張大哥一生的心血就花在營造他謹小慎微、逆來順受的奴隸「常識」上，「凡事經篩子一篩，永不會走到極端上去」；而牛老者呢，若「是條魚，他永遠不會搶上水，而老在泥上溜著」（《牛天賜傳》）。安穩地做奴隸，便是他們一生的最高追求。

在專制統治的舊中國，奴性人格的一個最直接的結果便是使人們對政治有一種畏懼與疏遠心理，缺乏現代國民應有的對於國家生活的參與意識。對於推翻專制統治的革命與民族的抗戰，具有奴性的人們漠然視之，而將任何一次革命都當作新的皇朝建立，只等新的統治者上臺，再作新朝的順民。張大哥就是這樣，「永遠留著神，躲著革命黨走，非到革命黨作了官，決不給送禮」。在中國幾千年的歷史中，中國人不僅作本民族統治者的奴隸，也習慣於

〔註6〕魯迅：《燈下漫筆》，見《魯迅全集》第1卷，人民出版社1973年版，第195～197頁。

作外族侵略者的奴隸。遼金進犯中原，蒙古人入主中國，直到滿清建立，雖亦有短期的抵抗行為，但隨後，就是數百年的屈從與麻木，根深蒂固的奴性意識使人們為生存而安於現狀。因此，在老舍筆下，也就有了小羊圈胡同那一群善良而懦弱的居民。當錢詩人遭捕之際，祁老太爺有心到冠曉荷處說項，但終因怕連累自己而作罷：「在一個並不十分好對待的社會中，活了七十幾歲，他知道什麼叫作謹慎。」小說中的「北平人倒有百分之九十九是不抵抗的」，恐怕就出自奴性服從之下的求穩心理。但事實的嚴峻性在於：既然承認做奴隸的現實，必然不能決定自己的命運。張大哥等人與小羊圈胡同的居民常常連奴隸也無法「做穩」。雖然張大哥總躲著革命黨，兒子天真卻因涉嫌革命黨而被捕，自己也丟了衙門中的差事。淪陷後的小羊圈胡同居民，從「惶惑」、「偷生」到「饑荒」，正是失掉了奴隸地位的過程。

在禮教秩序統治之下，奴性人格是為中國社會傳統文化認可的一種整體人格，而超出禮教範圍的個性自由人格，常常遭到既有的生活秩序的壓迫，即使不曾泯滅，也只能處於壓抑狀態。在這種情形下，只有兩條出路：或麻木、泯滅以認同傳統，或以深藏的形式保留己見而不為人知。《離婚》中的社會，是一個扼殺個人幸福的傳統婚媒制度與政權專制占統治地位的社會。張大哥既是這種北平文化制度的被迫害者，又是這種文化制度的一個代表。他以極富有「人情味」的方式，迫使有著新文化思想的知識分子老李，不得不把對馬少奶奶的那一點「詩意」壓抑在心中。其實，所謂「詩意」，愛情的意義倒在其次，它主要是老李對「安靜、獨立」的個性自由的追求。《四世同堂》中的瑞宣也是一個例示。一般來說，受過現代教育，並能夠以「五四」以後的新文化價值觀作為行為準則的知識分子，已經很難再認同傳統文化所要求的奴性人格。瑞宣雖然並沒有離開淪陷的北平，但他所具有的現代國家觀念與新型的國民意識使他無法安心做一個亡國奴。因此，他的思想成為小羊圈胡同那些「做穩了」亡國奴的居民的強烈批判。從瑞宣本人來說，他將自由人格始終埋於心中，讓其處於被壓抑的潛隱狀態。而在人格的外在表現上，他保持著與小羊圈居民們一致的占主流地位的整體人格狀態。在黯淡的歲月中，度著養家糊口的日子。瑞宣那一份自由人格，只有在不斷的內省與自責中，才能得到對自我的確認。《四世同堂》中經常出現瑞宣大段內心獨白，就是這個原因。

長期的人格壓抑造成人們的心靈麻醉。對於更多的底層的北平居民來

說，他們沒有知識者的心靈的掙扎，奴性的忍從已成為習慣，自由人性因而
扭曲以至喪失。《我這一輩子》中的巡警，被社會壓迫以至無法謀生，卻仍在
有滋有味地咀嚼著被調教成奴性人格時的那點屈辱的「光榮」：「現在想起來，
這種規矩與調教實在值金子。」更有甚者，於奴性的屈辱中感到人生快意。《牛
天賜傳》中的牛宅女僕劉媽，「是走狗中的能手」，「是為精神的安慰而自己安
上尾巴」的，以至「沒有牛太太，她心中就沒了主心骨，她得犧牲了一切舒
服自在，以便得到精神上的安慰。牛老太太厲害，這使劉媽懼怕，怕得心裏
怪癢癢的，而後覺出點舒適痛快，有時候幫助太太去欺侮老爺、四虎子，或
是門外作小買賣的，更使她的精神有所寄託——她雖然不是英雄，到底是英
雄的助手，很過癮。她越上年紀、這股子勁越增高，好像唯恐一旦死了，而
沒能完成走狗的使命。她不是為金錢，而是為靈魂」。劉媽只有「狗性」，而
無人性，一生的幸福便是「充分地過了狗癮」。這個揭示實在叫人觸目驚心。

（三）中庸人格與北平人的「禮」

在傳統文化中，「中庸」被視為人格道德美學理想的極致。其實，在早期
儒學中，「中庸」與「中和」同義，它的功用乃在於「致中和」，即將存有差
異不相安和的人際關系統一在和諧有序的禮教秩序之下，而人際和諧又常常
以「禮」來衡量，所謂「禮之用，和為貴」（《論語・學而》），因此，中庸人
格實踐也以「禮」為基本核心，以致中國素有禮儀之邦的美譽。此處所謂「禮」，
並不簡單是一種表示敬意的禮節，其含義要複雜得多。由於傳統社會以血緣
倫理為基礎，所以從根本上說，「禮」的本質是追求血緣關係中的人際和諧，
或者說「禮是社會公認合適的行為規範」。由這樣的行為準則出發，人際交往
中所持的儀式，就是「禮」。按社會學家費孝通的解釋：「禮字本是從豐從示，
豐是一種祭器，示是指一種儀式。」〔註7〕

在華夏文化圈內，北京人的多禮文化性格更顯突出。由於近代北平屬傳
統城市形態，故人們生活於血緣關係所規定的社區之內。一般是家族而居，
核心家庭較少。社區內人們的交際也屬「原始接觸」，即以個人的血緣關係為
交往依據，社會性交往程度極低。《正紅旗下》所出現的人物群體，就基本上
是以親屬、外戚關係構成的血緣集團。《四世同堂》所展示的也基本上是人們
與親屬關係或延伸至近鄰關係的活動，只有一些青年人例外。因此，「禮」的

〔註 7〕費孝通：《鄉土中國》，三聯書店 1985 年版，第 50、52 頁。

功用在北平更顯彰著。北平人在這種血緣倫理的圈子裏成長，自小就被進行有關「止乎禮儀」的人格培育。幼年的牛天賜被父母攜外赴宴，行前總要有一番有關禮儀的灌輸：「別當著人說餓，別多吃東西，別大聲嚷嚷，別弄髒衣裳；怎麼給人家道喜？說一個……」（《牛天賜傳》）。老舍小說中的市民，無論老小青幼，對長幼、卑賤的名分禮節從不疏忽。不消說瑞宣這樣的標準君子了，即使是瑞豐，「因為他是北平人」，所以也「最喜歡給人家行禮」。即使以實利為基礎的商業性交往，也往往以帶有東方溫情脈脈的人際禮儀的方式進行。

孤立地看，「禮」是人們——不僅是中國人——人際交往中應有的準則，有著人類生活的普遍性，但是，由於中國傳統的「禮」是以血緣倫理的尊卑貴賤長幼的名分為依據的，所以必然是視人為不平等的產物。因此，在近代，中庸人格的實踐便有極大的虛偽性。許多傳統人，只有在比之自己更為尊貴或至少相當的人們面前，才顯得禮數周到。比如冠曉荷，也頗文雅多禮，「對有點身份的街坊四鄰，他相當客氣，可是除了照例的婚喪禮弔而外，並沒有密切的交往」。只是在瑞宣在英領館謀到職位，瑞豐作了漢奸科長時，他才登門道喜，顯得溫良恭儉讓。「至於對李四爺、劉師傅、剃頭的孫七和小崔什麼的，他便只看到他們的職業，而絕不拿他們當作人看……對他們，他永遠是這樣的下簡單而有權威的命令」。而藍東陽則是「除了對日本人，他不曾講禮貌」，更看不出一點北平人的多禮風致。

遵循等級差序的中庸人格，必然導致人的獨立意識與真實情感的壓抑，因而，「禮」也喪失了人際交往中應有的原則性，成為奴性服從的實踐過程。由此看來，中庸人格中的「禮」的準則，也與人們的主奴根性有關。《四世同堂》中的祁家面對藍東陽、大赤包等人的淫威，不敢有所表示，因為祁家家規是「以挨了打為賢孝」的文化。而漢奸們也深知北平人的秉性，為所欲為而毫無顧忌。對藍東陽等人，老舍指出「假若有人曾一個嘴巴把他打出校門，他一定連行李也不敢回去收拾便另外找吃飯的地方去，可是北平人與吸慣了北平空氣的人——他的同事們——是對任何人任何事都不敢伸出手去的。他們敷衍他，他就成了英雄」。折衷調和、無是無非的處世態度，使北平人面對暴敵也堅執禮儀原則。就像祁老人所言：「什麼時候咱們北平人也不能忘了禮。」即使是日本偵探上門騷擾，「也極客氣地請哥兒們喝茶」。在冠曉荷、祁瑞豐等漢奸失意落魄之時，小羊圈居民還不失禮儀地提供衣食住花，「誰也

不好意思再打落水狗」、「永遠不曾趕盡殺絕與逼迫人」。這種「體面」的德行並沒有使侵略者與漢奸仁慈，反而更使他們肆行暴虐。「禮」，簡直成了北平人奴性人格的包金外殼，表面上看去「官樣」、「大派」、溫文雍容，其實乃是一種流淚的弱者哲學。

三、似新實舊的畸形兒

以上，我們只是由北平文化主體——傳統文化中覓見北平人的傳統人格。事實上，近代北平同整個中國一樣，也受到西方文明，甚至是經由天津、上海等殖民城市傳遞而來的西方文明的侵蝕。不過，西方文明是伴隨著堅船利炮的野蠻戰爭而強行導入中國的，因此，封建文化的解體，並非循自身歷史邏輯結構的發展而來，勢必造成傳統文化承繼與西方文化接受中的極大混亂。在中國的大都市，出現了一個文化的真空與斷裂：既有的封建文明日趨式微，而新文明也並沒有完整有序地建立起來，形成一種不西不中、亦西亦中的畸形的洋涇浜文化。此種情形，使中國社會的某些個體成員從傳統中游離出來，卻又無所皈依。正如老舍對《四世同堂》中高亦陀所下的判語：「他是可新可舊，不新不舊，在文化交界的三不管地帶找飯吃的代表。」再如文博士，「他既不是上海小流氓，也不是美國華僑的子孫，不像中國人，也不像外國人。他好像是沒有根兒」（《文博士》）。半生不熟的畸形文化導致文化虛無。這不僅是傳統文化的失範，而且也是西方精神的缺乏。無論是傳統，還是西方文明，對他們都缺少約束力。一任私欲惡性膨脹，出現了極端利己主義的人格類型。老舍小說中的惡少，如藍小山、歐陽天風、小趙、藍東陽等人，「第一沒有任何宗教信仰，第二沒有道德觀念，第三不信什麼主義，第四不承認人應有良心，第五不向任何人負任何責任」（《離婚》），表現為人類社會基本準則的全部喪失。

利己主義人格，在老舍小說中，表現為一些人的金錢崇拜與情慾橫流。20世紀初的北平出現了老張這樣的「哲學」，「營商為錢，當兵為錢，辦學堂也為錢，同時教書營商又當兵，則財通四海利達三江矣！……此所謂錢本位而三位一體！」這種以錢為「體」的哲學，以對他人的肆意侵犯為「用」。老張放高利貸、販賣鴉片、迫害青年，不一而足（《老張的哲學》）。老舍作品中曾揭示了初期商業化的北平，一些商人、官僚、騙子們的牟利手段。譬如《開市大吉》中以茶水代針劑，不顧病人痛苦而強索高價；《老字號》中的「野雞」商號把日本

貨「隨時可以變成德國貨、國貨、英國貨」；《老張的哲學》中的藍小山則侵吞他人存款。更有一些人將對金錢的貪婪同權力的追逐雜糅一處，帶上濃重的東方色彩。歐陽天風、大赤包、藍東陽都以入仕而致發財，還有一些民國官員則集古今之大成，「自由地摟錢！專制地省錢」（《我這一輩子》）。

　　20 世紀北平的惡少，又以踐踏人性、壓迫婦女為情慾實現的方式。藍小山公然宣稱：「我看女子是玩物」；小趙則除了自己祖母，任何女子都是引誘的對象。對於作為人類兩大成員之一的女性，他們似乎只有情慾滿足一個目的，根本不承認女性的人格存在。藍東陽「每看到女人便想到實際的問題」，連娶妻都當作嫖妓，以至赤裸裸地霸佔人妻。老舍通過《趙子曰》中的理想人物李景純對此剖析道：「人們學著外國人愛女人，沒學好外國人怎樣尊敬女人，保護女人。」在這群人身上，極端的利己主義倒是容易與封建文化中壓制他人人格的「主性」相吻合，成為雜糅東西方破爛的大雜燴。在文博士的性意識中，「把中國古有的夫為妻綱與美國資本主義聯合一塊」，女人「只有早睡的意義」，而妻子則是籠中玩物，「嫁給任何人，就屬於任何人」。這樣的文化構成，使他因妻子出逃而發瘋。

　　極端利己主義絕非是現代新型人格，從以上分析來看，「錢欲」與「人欲」橫流，都是以無視他人、壓制他人為手段，是一種缺少現代平等、自由意識的表現，其內核仍是傳統人格「主性」的延續。不健全的殖民文化，絕對無助於現代自由人格的產生，相反，還使其「奴性」一面更不易改變。因為殖民性的文化培植，必然以附屬國人民對宗主國絕對的奴性服從為最大的目的。獨立價值判斷的喪失是奴性文化培植的直接後果。例如，文博士把美國人的偏見奉為自己對中國的最高認識，而對本民族文化毫無知覺。他不看中國戲，只因為「聽外國朋友說，中國戲野蠻」，「他眼中的中國人完全和美國電影中的一樣」。不僅如此，殖民統治還導致新的人身依附關係的形成。在半殖民地的中國，一些投靠西方列強勢力的官僚、軍閥、遺老、惡少，大多並非出於對西方文化的真正信仰。像《柳屯的》中的教民夏家父子，「上帝有一位，還是有十位，對於他，完全沒關係」，而頗似李劼人《死水微瀾》裏的顧天成，只是在相信洋人進京，成為新皇上時，才入教為民。這豈不是又一次異族入主中原，漢人拱手稱臣嗎？他們祈求的不是人的解放，而是新的人身依附。《柳家大院》中的老王和《四世同堂》中的丁約翰，都自居為洋人的奴才，「洋人要是跟他說過一句半句的話，他

能把尾巴搖動三天三夜」。而在普通中國人面前，主性意識依然發達，以二等洋人自居。像丁約翰，好像不是英領館的雇員，倒是英國駐華外交官。在民族自尊異常強烈的中國人中間，殖民意識的濃重似乎難以理解，但又在情理之中。奴性人格的廣泛存在，正是在異族入侵時造就大量漢奸、洋奴的土壤。《四世同堂》中那個龐大的漢奸陣容，使我們不得不對中國人的傳統人格進行沉痛的反思。

四、新型人格：痛苦的分娩

「五四」後的新文化人一致認為：「沙聚之邦」落後民族，只有將國民的整體文化素質提高到與現代國家相適應的水準之上，也就是使居於奴隸地位的人民成為現代國民，才能成為「人國」。正如老舍《貓城記》中大鷹所言：「打算恢復貓國的尊榮，應以人格為主。」因此，對於北平人的傳統人格，老舍表現出強烈的批判意向。老舍很早就以西方文明為參照系，返照北平人的文化性格。居留英倫時，英國民族給他的印象之一就是人們「獨立的精神」。〔註8〕《二馬》就是將馬則仁為代表的「出窩兒老」式的老中國兒女，置於英倫的異域文化環境之中，見出他們的愚昧與怯懦。之後的《貓城記》、《四世同堂》等小說，基本上也遵循了同樣的批判方向。在現代文明的觀照之下，那些有著傳統人格的「老北平的兒女」，無一不處在「無可奈何花落去」的落魄之中。曾以一條五虎斷魂槍威震西北的沙子龍，現如今卻背時地趕上了「火車與快槍」的時代，連槍帶人統統被放在棺材裏面。老舍並非無視這群「老北平」身上傳統人格的美學價值，即使是老馬、黑李（《黑白李》）、牛老者這樣的酸腐君子，也有人性的善良與情感的真摯的一面。然而現代人格的產生必然是以傳統人格的沒落為代價的，這一點，在老舍小說中那些有著傳統東方人倫情調的老商人身上表現得特別明顯。祁天祐、牛老者、錢掌櫃（《老字號》）、田老者（《新韓穆烈德》），他們的人格與經營方式，都合乎鄉村社會的倫理規範，但由於缺乏富有進取的現代意識與靈活的商業手段，已不適合生機勃勃的現代商業社會。不管這些掌櫃們如何雍容、文雅，不管「老字號」如何官樣大派，也不管店員們怎樣發誓：「一個人幹五個人的活」，都無法再與現代商業競爭。雖然在他們看來，那些新商人是些怎樣的「野雞式」的無恥之尤（《老字號》）。

〔註 8〕老舍：《我的幾個房東》，載《西風》1936 年第 4 期。

　　作者經由長期思索而得到的，是面對傳統人格的沒落而產生的對北平文化的檢討。走出北平，走出北平文化圈，是老舍改造傳統人格的設想。然而就在這一點上，老舍似乎顯示出他個人文化傾向的矛盾性與保守性。一方面，他希望西方文明的全新價值觀的勃勃活力給北平注入生機，另一方面，又時時懷念與崇敬鄉村精神。瑞全在經歷數年抗戰生活後，「幾乎有點自愧是北平人」。北平的「知識、文雅整潔」與「鄉民的純樸、力量，與從土地中生長出來的智慧」相比，「倒好像是些可有可無的裝飾；鄉民才是眞的抓緊了生命」（《四世同堂》）。韻梅與老李也都以走進鄉下爲新的國民人格誕生的契機。老舍的設想過於道德化了，似乎忽略了北平與鄉村在文化形態上的一致性。北平那過於爛熟的文化正是建立於廣大的鄉村世界之上的。事實上，鄉村精神不僅無法改造北平，相反，鄉村型人格正面臨著北平文化的威脅而更加市民化了。老李的太太固然無法被老李資產階級人生價值同化，但也不曾給北平吹進一絲清涼，倒是受了「北平的力量」的「教育」，俗氣十足了（《離婚》）。鄉村型人格的代表祥子，最終也不得不步入市民行列，全面認同北平文化，農民車夫成了市民車夫。因此，老李返回鄉下，更不是出路。他固然可以逃離北平衙門，但又到那裡去找到「獨立」人格可以存在的地方呢？！在此，可以看出，作爲一個中國文人，那種鄉土依戀是怎樣制約著作家的創作的。

　　老舍文化理想中眞正有價值的，不是道德化的設想，而是切合實際的科學態度。西方文明使他看到現代人格誕生的可能性，但殖民化過程中的人格畸變又使他對西崽們的無根深感憂慮，他熱切希望西方現代文化能夠植根於傳統的沃土之中，並把傳統文化的菁華在現代文化的基礎上弘揚光大。「偉大的文藝中，……必有一個偉大的人格」，〔註9〕老舍的北平系列小說一直在尋求一個現代與傳統融合的最佳連接點，以此作爲現代人格產生的契機。當代研究者一致認爲，老舍筆下的理想人物大多有傳統「俠義」與西方「務實」的雙重精神。最早出現的是李景純，傳統的除暴安民與近代的實業救國在他身上都有體現：一方面捨身行刺迫害張教授、王女士的軍閥賀占元，另一方面力勸趙子曰等人學銀行、學市政，「從經濟方面改良社會」（《趙子曰》）。之後，老舍小說中理想的人物大致分爲兩種：一類是行俠型，如錢詩人、丁二、大鷹（《貓城記》）；一類是務實型，如李子榮（《二馬》）、鐵牛（《鐵牛與病鴨》）、尤大興（《不成問題的問題》）與福海（《正紅旗下》）。

〔註9〕老舍：《大時代與寫家》，載《宇宙風》第53期。

　　中西融合最為典型的人物是錢詩人與祁瑞宣。在老舍看來，融合不是混合，而是有機的結合與創造性轉化。錢、祁兩人的最大特點是「舊」得透徹，因而也就「新」得真實。冠曉荷、祁瑞豐雖也是北平「舊」文化的產物，但「並沒有鑽到文化的深處去」，因此，他們所接受的新文化不過是「改穿上洋服，像條洋狗」。而「錢先生是地道的中國人，而地道的中國人，帶著他的詩歌、禮儀、圖畫、道德，是會為一個信念而殺身成仁的」。一方面，他不顧生死，行刺日本軍官與漢奸，一方面又紮實沉穩地在居民中作著鼓動抗戰的工作。錢先生的人格力量，使瑞宣（也是老舍）看到：「舊的，像錢先生所有的那一套舊的，正是一種可以革新的基礎」（《四世同堂》），認為它是現代人格產生的沃土。

　　我們絲毫不懷疑老舍對「健美文化」的真誠態度，而且他所指出的現代文化必須植根於傳統文化的精髓之中，表現出獨到見地，正像我們所希望的現代化必須是一種中國文化一樣。但我們又很難說，老舍作品中的理想人物已具有了真正的現代人格。即使是錢先生，奴性人格特徵在他身上也並沒有完全褪盡。如他所言，他不能容忍外敵統治中國，但「可以任著本國人去發號施令」，仍見出奴性色彩。其它理想人物就更難以表現其人格的現代性了。不消說丁二的行俠是出於報恩的奴性意識，即使是李景純的義舉，也帶有「士為知己者死」的味道。鐵牛、尤大興等人，雖熱心實業，但對廣泛的現代生活缺少參與，以致成為傳統政治、文化的犧牲品。而一些站在時代潮頭的新人物，也難說具有健全的人格。革命者白李對女性缺少尊重（《黑白李》）；大學生田烈德雖有進步的政治、經濟思想，卻只能充作清高的資本，倒是時時依靠父親的資助（《新韓穆列德》）。真正健全的現代人格，在老舍的小說人物身上，尚處於痛苦的分娩狀態。如同瑞宣、錢詩人、老李、李景純、韻梅、小蠍（《貓城記》）等人，從舊的時代中走出，但還沒有跨入新的時代。

第三節　北平人的家庭文化

　　家庭對於北平來說十分重要。北平屬傳統的禮儀社會，家庭為社會的基本單位，人們通過家庭屬性體現社會屬性。故而老舍曾說：家在中國，是禮教的堡壘。而現代社會則不同，個人是社會基本單位，人們通過階級、階層、集團參與社會，而不必依賴家族與家庭。故而表現上海的都市小說，大多涉

及流動性較強的場所，涉及家庭者少。而在北平，傳統的家庭是生活與生產的統一體，家族、家庭的組織形式與倫理結構往往成爲整個社會的縮影。在老舍筆下，人們的家庭屬性較多。在老舍對北平文化的檢討中，家庭是一個重要話題。

一、傳統家庭及其在近代的解體

傳統的家庭價值觀念，建立於對血緣關係的認同心理之上。父子關係的心理認同，是一切血緣關係的基礎，而傳統家庭組成的最大目的，即在於繁衍後代，延嗣子孫，因此，傳統家庭最主要特徵是父子縱向結構。在傳統家庭中，家庭成員沒有個體存在的意義與權利，而只有延續家族血緣的義務，他們「把自己作爲上下相關的環節」，成爲家族鏈條中的一節，而「它的主軸是在父子之間，在婆媳之間，是縱的，不是橫的」〔註10〕。長期以來，似乎存在一種誤解，亦即認爲封建家庭必然是三世、四世同堂的族人聚居的大家庭，而兩代組成的家庭就是核心式家庭。其實，在古代中國家庭中，「通常或僅有直系二代三代的親屬，而無旁系；或僅有直系二代及旁系兄弟妯娌等親屬，而不及三代」。〔註11〕而且，據史載，自秦漢以來，我國的家庭人口平均在 5 口左右，像北魏楊椿「內外百口」與唐郭子儀「家人三千」的情形，是極爲罕見的，且包括了表親與家僕在內。至民國時期，農村家庭人口爲平均5.8 人，城市則更少。如 1933 年北平家庭人口平均爲 4.6 人。〔註12〕由此可見，我國由古至今存在的，多爲二代、三代的小家庭。但這決非現代意義上的「核心家庭」，因爲它仍然是一種父子縱向結構，而不是現代型的夫妻橫向結構。在老舍筆下，不論是三世、四世的大家庭，還是兩代之家，就其結構而言，都在傳統家庭的範疇之列。我們且避開《四世同堂》、《新時代的舊悲劇》與《搶孫》等典型的封建大家庭不談，看一下按一般意義上講略有殘缺的家庭。《二馬》中的馬家，雖無夫婦，卻有父子，已經能算作具體而微的傳統家庭了。所以長年鰥居的馬則仁，雖則人還未老，就已經做起依靠兒子生活的「老太爺」的家庭生活美夢了。《牛天賜傳》中的牛老者夫婦，因無子嗣，極願「得個官樣的兒子」，剛領養了小牛天賜，就已經看到了「自己死了，他怎樣穿孝

〔註10〕費孝通：《鄉土中國》，三聯書店 1985 年版，第 40 頁。
〔註11〕孫本文：《現代中國社會問題》，商務印書館 1947 年版，第 62 頁。
〔註12〕參見王玉波：《大樊籠、小樊籠──中國傳統生活方式》，中國新聞出版社 1989年版，第 135 頁。

頂喪」。他們所追尋的，正是一種完整的縱向家庭序列。即使如祥子這樣只有夫婦而無子嗣的小家庭，也同樣有一條隱性的父子線索存在。在祥子看來：「生命的延續不過是生兒育女」，貧賤一生的祥子一想到將要為人之父，便「忽然覺出自己的尊貴」，「彷彿沒有什麼也沒關係，只要有了小孩，生命便不會是個空的」。婚後的祥子，之所以能對他與老醜兇悍的虎妞組成的家庭尚能容忍，多半出於這個原因。由此亦不難理解，傳統人為什麼都想有個兒子。

當然，父子結構的存在，並不僅僅依賴於雙方的完整無缺，更重要的是，它依賴於一種父子間的文化認同。在傳統家庭生活中，父子之間是人身的佔有與依附關係，加之傳統家庭中男子的父子雙重身份，使得子之對父常有一種最原始的精神認同。這使得父權統治，有時並不顯得殘酷。《新時代的舊悲劇》中的陳廉伯，在文化意識、人生事業格局上均自覺認同父親所代表的「文章經濟」的士大夫文化，從而與父親的精神合一。在他看來，「父親是他的主心骨，像個活神仙似的，能暗中保護他」，因此，陳廉伯每置下一項產業，必先到父親那裡尋求一種精神上的贊助。《四世同堂》中的祁天祐、祁瑞宣父子，更有一種神秘的精神紐帶：那是一種「不必說而互相瞭解的親密，一個眼神，一個微笑便夠了」。雖然瑞宣是一位現代知識分子，但在家庭範圍內，其「處理事情的動機與方法，還暗中與父親不謀而合」，「他覺得他是父親的化身。他不完全是自己，父親也不完全是父親，只有把父子湊到一處，他彷彿才能感到安全美滿」。可見，父子間的認同是傳統家庭穩定和諧的前提，只要這種認同關係不被中斷，傳統家庭便能持續存在。在祁家，穩定的父子關係使家庭生活的模式數代不變，「父親看他，與他看父親，都好像能由現在，看到二三十年前」。而且瑞宣「只求父親活到祖父的年紀，而他也像父親對祖父那樣，雖然已留下鬍子，可是還體貼父親，教父親享幾年晚福」。祁瑞宣所決心承續的，正是中國代代相傳的父子家庭結構。

近代中國，隨著西方文明的強性侵入，持續數千年的封建過程漸至中止。尤其在城市，近代型大工業與商品經濟的逐漸建立打破了單一的家庭、家族型的經濟一統天下的局面，與自然經濟相適應的傳統宗法制度開始解體。在家庭內部，傳統的倫理秩序與父權權威結構受到了近代文化的衝擊。同現代文學的許多作品一樣，老舍小說亦觸及一個常見主題——封建傳統家庭的衰落，其主要的表現形式就是父子縱向結構遭到家庭社會內外力量的破壞。《四世同堂》與《新時代的舊悲劇》中的兩個大家庭，都因外力的介入而導致父子鏈條的中斷，

四世、三世之家已不復完整。當然，人員的喪失只是一種淺層的表現，關鍵在於，宗法制的解體，使家庭中的父子人身依附關係開始鬆動，建立於這個基礎之上的子對於父的文化認同，開始爲接受了新文化啓蒙思想影響的子輩所唾棄。他們反叛「父爲子綱」的孝悌之道，家庭中的人員組合已呈現出文化的多樣性，「像一塊文化的千層糕」。當英國外交官富善先生造訪祁家時，彷彿看到了新舊雜糅的一幅中國近代文化圖：「祁老人是代表清朝人的，也就是富善先生所最願看到的中國人。天祐太太是代表著清朝與民國之間的人的，她還保留著一些老規矩，可是也攔不住新事情的興趣。瑞宣純粹的是個民國的人，他與祖父在年紀上雖只差四十年，而在思想上卻相隔一兩世紀。小順子與妞子是將來的人。」其實，在新一代中，最富叛逆性的是瑞全，他對家庭的理解，已遠遠不同於祖父、父親，甚至也不同於大哥瑞宣。「他把中國幾千年來視爲最神聖的家庭，只當作一種生活的關係」，而不再顧及家庭的完整，隻身赴內地從事抗日活動。甚至瑞豐這個「東一杓子、西一杓子」的文化雜拌兒，也沒有聽從父輩的安排，不僅自由戀愛結婚，而且極嚮往夫婦式的核心家庭，最終分家另居。更重要的是，父子認同的傳統觀念開始被具有新思想的年輕一代自覺拋棄。瑞宣雖然還承續著父風，但已經是父子結構中的最後一環，不再把這種縱向結構向後代延續。他已不再用父權意識管束子女，「好像是兒女的朋友，而不是父親」。可以確信，到小順子的時代，傳統的父子認同將會更堅決地被拋棄，父子相續的文化承傳已難以爲繼了。

對此，還可以印證於老舍的其它小說。《二馬》、《新韓穆烈德》與《離婚》中的父輩都希望將「爲官享祿」、「妻妾兒女」的士大夫人生格局作爲自己的人生模式傳及兒輩。譬如《離婚》中張大哥對兒子設計的人生道路：「只盼他成爲過得去的，有模有樣的，有一官半職的，有家有室的，一個中等人……家中有個賢內助——最好是老派家庭，認識幾個字，胖胖的，會生白胖小子」，其中的核心便是父子結構的家庭理想。但在兒輩的中間，《二馬》中的小馬已經把孝悌之道棄若敝屐；張大哥的兒子天眞是一個好萊塢文化培養出來的準「美國貨」，父權已經失去對兒輩的約束力。父權時代的結束，意味著父子認同關係的消失，代之而起的是父子間撫育與贍養的現代平等關係。當然，這種關係在老舍小說中還只是初露端倪（如瑞宣與小順子）。

在傳統家庭中，長子的身份極爲特殊。瑞宣、陳廉伯、黑李（《黑白李》）等人，作爲以後家長的當然繼承人，他不僅是生物意義上延續家族的承擔者，

更是家庭道德倫理的承傳者。而且長子又是父子結構中的核心，其與兄弟姐妹的關係在某種程度上是父子關係的延伸。在維護傳統家庭這一點上，他上受父命，下傳子孫，具有僅次於父親的權利與義務。到了近代，家長權威逐漸動搖，長子作爲家庭維繫者的角色愈來愈重要。譬如瑞宣，雖然是受過現代教育的人，也「曉得什麼叫小家庭制度」，並非死抱舊倫理不放的封建衛道士。雖然「他沒有一點反對老二要分出去的意思，不過……他必得替老人們設想，而敷衍老的。……老二若是分出去了，三位老人就必定一齊把最嚴重的譴責加在他身上……他受過新教育，可是須替舊倫理盡義務」。不過，長子的權威作用畢竟是父權的下放，必依賴於封建家長制的倫理秩序的存在。在近代，父權的瓦解，也使長子的權威開始喪失。瑞宣、黑李與陳廉伯都已無法阻止兄弟們的反傳統行爲。《四世同堂》的結尾，經歷數年抵抗活動的瑞全回到家中，成爲家庭的權威，身爲長子的瑞宣倒要向弟弟求教。這表明，在一種新的文化背景下，無論是家長還是長子，都已失去家庭的核心地位。瑞宣長子權威的喪失，亦可以被視爲傳統家庭解體的徵象之一。

雖然我們有足夠的道理證明，近代文化的興起，勢必導致家庭結構的變化與傳統家庭的解體，但事實上這一過程是極緩慢的。在中國，家庭爲國家、社會的根本，根深蒂固的家族觀念使人們對家庭有極強的認同感與歸屬要求，很難因文化構成的改變而喪失。情形常常是，處於中西文化交匯時期，有著不同文化構成的人們，仍然以某種程度的自我犧牲而維護著傳統家庭的完整。瑞宣即一例示。而封建式舊家庭特有的同居形式與共財合爨的分配與消費原則，又在某種意義上超越了家庭成員之間的不同文化品格，穩定並強化了家庭成員之間的情感。在富善眼裏，祁家「最奇怪的是這些各有不同的人居然住在一個院子裏，還很和睦，倒彷彿是每個人都要變，而又有個什麼大的力量使他們在變化中還不至於分裂渙散。在這奇怪的一家子裏，似乎每個人都忠於他的時代，同時又不激烈地抗拒別人的時代，他們把不同的時代揉到了一塊，像用許多味藥糅成了一個藥丸似的」。老舍坦率地承認大家庭在近代的解體，但以其深厚的傳統文化素養，他意欲建構一種承認個人自由的，相容不同文化的大家庭。《四世同堂》的某些細節相當有趣。當瑞豐未分家時，家庭對他還有若干約束力，而一旦分居，便明目張膽地爲奸爲佞。家庭的凝聚力是巨大的，在抗戰八年中，大家庭就像一座堡壘，使祁家人的氣節與人格基本保持了完整。

二、婚姻關係

　　父子結構決定了傳統家庭中的婚姻關係。在傳統人那裡，家庭的組成，目的在於延續父子血緣關係，即所謂「昏者婚也，上以祭祖廟，下以延子嗣」。〔註13〕因此，夫妻關係，並非婚姻的主體，而只是父子關係的附屬物。家庭中妻子一方，有時只作爲一種生育工具而存在。無怪乎魯迅曾慨歎說，中國的女性，只有母性，而無妻性。這就產生了傳統中國人對婚姻的一種常見思維，如老舍《抱孫》中王老太太所言：「不爲抱孫子，要兒媳幹嗎？」因此，在兒媳難產之際，她不假思索地說：「保小的，不保大人；媳婦死了，再娶一個。」

　　傳統婚姻價值觀源於傳統中國人的生育崇拜，從而導致一部分傳統男子在生育目的之內對女性人身的佔有與縱慾行爲。而這一行爲又受到來自禮教倫理、婚姻制度甚至輿論法律的庇護，野蠻的多妻制度也因此具有了道德意義。《四世同堂》中的冠曉荷，以太太不曾產子爲由納桐芳爲妾，兇悍的大赤包亦無可奈何。即使是已生下兒子的陳廉伯的太太，也必須對丈夫納妾表示寬容，才算守了婦道。具有諷刺意味的是，多妻者往往是所謂「望重德劭」的社會中堅，如冠曉荷、陳廉伯、夏先生（《駱駝祥子》）、老張（《老張的哲學》）、閻乃伯（《趙子曰》）等。老張就理直氣壯地宣稱：「有幾個作大人的不娶妾？⋯⋯武官做到營長不娶小，他的上司們能和他往來不能？文官做到知事不娶小，有人提拔他沒有？」而他爲筵邀賓客所定的標準，就是納妾者。與此相對照，婚姻的情愛動機是不被傳統人重視的。即使在性的價值觀中，也不被視爲生命的目的。儘管古人一再強調「飲食男女，人之大欲存焉」，卻又常常被包容在「不孝有三，無後爲大」、「天地之大德曰生」的生殖目的之中。老舍小說裏極少有出於愛情而締結婚姻的。在《離婚》中的北平人看來，老李的太太爲他生兒育女，操持家務，這足夠了，老李幹嗎還要去追求一點不切實際的詩意呢？生育目的下的縱慾與排斥婚姻的愛情動機，是傳統倫理的兩極，難怪《老張的哲學》中的省議員閻乃伯把兩件事自然地放在一處，公開宣稱：「嫖妓納妾是大丈夫堂堂正正的舉動，所以爲維持風化起見，不能不反對自由戀愛，同時不能不贊助有志嫖妓納妾的。」

　　傳統的婚姻價值觀，使沒有愛情的夫妻雙方僅僅爲家庭各盡自己的義務而已。雖然近代以降，中國資本主義化的程度日益提高，但北平依然處在停滯、緩慢的自然經濟狀態與傳統的都市形態之中，家庭生活仍然呈現出「男

〔註13〕許慎：《說文解字》。

主外，女主內」的模式：男子負擔起社會活動與供養家庭的義務，女性則專事家務勞作、敬奉公婆、相夫教子。未婚的祥子對未來婚姻的期望就明顯地表明了這一點：「假若他有了自己的車，生活舒服了一些，而且願意娶親的話，他必定到鄉下娶個年輕力壯，吃得苦，能洗能作的姑娘。」他的擇偶標準完全符合傳統社會對女性的角色規定。其實，這種家庭理想並非是祥子這個農民車夫所獨有，在許多為老舍所肯定的、帶有現代色彩的知識者身上亦不鮮見。《二馬》中的青年改革者李子榮，對女性的最終的詰問便是「是不是會洗衣裳、作飯」。《四世同堂》中經過數年抗戰的煉獄生活的瑞全，竟也悟出了此中道理：「假若他要結婚，他須娶個鄉下姑娘」，並懺悔自己早先對都市時髦女郎招弟的愛情。其中所蘊涵的文化心理，不言自明。

女性角色為這一家庭模式所規定。像《正紅旗下》的大姐，「全家的飯食、活計、茶水、清潔衛生，全由大姐獨自包辦」。所以，婆婆「自從娶了兒媳婦，她乾脆不再用女僕」。《四世同堂》中的韻梅似乎更為典型。她與瑞宣的結合併非由於愛情，與其說是瑞宣的妻子，勿寧說是全家的兒媳，「媳婦的責任，似乎比妻更重要」。作為長孫媳婦，她的地位固然一部分得之於瑞宣，但更重要的，是她身上所體現出來的家庭女性的完美。韻梅所有的價值都來自她所承擔的角色分工：生兒育女、敬奉公婆、相夫教子，因此，深博祁老人的喜愛：

> 因為第一，她已給祁家生了兒女，教他老人家有了重孫與重孫女；第二，她既會持家，又懂得規矩，一點也不像二孫媳婦那樣把頭髮燙得爛雞窩似的，看著心裏就鬧得慌；第三，兒子不常住在家裏，媳婦又多病，所以事實上是長孫與長孫媳婦當家。而長孫終日在外教書，晚上還要預備功課與改卷子，那麼一家十口的衣食茶水，與親友鄰居的慶弔交際，便差不多都由長孫媳婦一手操持了……

從這個角度看，《駱駝祥子》的婚姻悲劇，很大程度上蓋源於祥子與虎妞在婚姻倫理價值觀上的衝突。農民出身的祥子，在擇偶標準上表現出傳統審美取向，其對小福子情有獨鍾，正在於此。可以說，祥子之與女性，並不存在愛與不愛的問題。不愛虎妞固然是真，但也未必見得就愛小福子。貞操的純潔與骯髒，也不在祥子的考慮之列。身為娼妓的小福子，難道比婚前引誘祥子的虎妞更乾淨嗎？重要的是，虎妞的所謂「不潔」是主動的，而小福子的賣淫是迫於孝道，這在祥子看來就有了分野。所以在將所有思維都集中於成家

過日子的祥子眼中，小福子顯然具有女性的傳統美：「她美，她年輕、她要強、她勤儉」，符合他的審美價值取向。相形之下，虎妞則缺少這一切，貌寢、高齡，而且「說話一向野腔無調慣了」。更重要的是，虎妞根本無視傳統社會給予她的性別角色，主動僞裝身孕力逼祥子結婚，而且居然一面讓人看住祥子，一面自己親自去找房子。在這一場婚姻締結過程中，男性的祥子反而成了純粹承受的配角。更讓祥子難以容忍的是，婚後的虎妞，不僅沒有進入女性的家庭角色之中，游手好閒，而且還要決定丈夫的事業，不許祥子外出拉車，創造了個女性主外不主內的新鮮模式。虎妞所代表的，是城市市民階層未成熟的一種新型的性愛道德觀與家庭模式，自然無法爲祥子接受。因此，在祥子眼中，虎妞直如洪水猛獸。

　　但是虎妞所體現的新的婚姻關係畢竟處於萌芽狀態，並沒有解決女性獨立生存的問題。當繼承父親車廠的幻想破滅時，她馬上陷入了女性生存的困窘之中。靠人生活的現實與挾制丈夫的野心永遠無法統一，在其意識深處，迅速向傳統回歸，決心嫁雞隨雞，操持家務。懷孕之後，更是「故意的往外腆著，好顯出自己的重要」。及至難產，生命彌留之際，她道出一句中國女性心底最深處的心聲：「等我好了，我乖乖地跟你過日子。」這裡，有對忤悖婦道的恐懼與對「三從四德」的自覺皈依，更有傳宗接代的女性原始思維。這時候，祥子與虎妞的倫理衝突已經結束，兩者的家庭價值觀已趨於合一。祥子雖仍然不愛虎妞，但虎妞畢竟給他帶來了家庭歸屬感與生子的希望，「只要有了小孩，生命便不會是空的」。虎妞死後，祥子感到的不是無愛婚姻的解脫，而是家庭理想破滅後的痛苦，「沒了，什麼都沒了，連個老婆也沒了，虎妞雖然厲害，但是沒有她怎麼成個家呢？」

　　現代婚姻關係的建立，當賴於家庭結構的改變，即由依附性的父子結構改變爲平等的現代夫妻結構。在老舍小說中，一些自由戀愛而結合的家庭，如瑞豐、文博士（《文博士》）、老范（《一封家信》），等已初露端倪。《離婚》中老李的家庭也因從鄉下移居城市而發生些微變化，連蒙昧的李老太太也感覺到她是除丈夫而外「第二大」了。但這並非問題的全部，除卻現代情愛準則外，現代家庭的夫妻結構，必須建立於男女間平等關係之上，而這，只有在女性具備了現代的社會角色之後，方能獲得。現代社會的內容之一就是女性回到公共的勞動中去，而在近現代中國，以自由戀愛爲起點的女性解放，只給予了女性們性愛的自由權，大工業的缺乏並沒有給女性帶來經濟獨立的

第二自由空間。對正處於分娩狀態中的家庭變遷，老舍表現了身兼傳統與現代於一身的中國文人的矛盾心態。出於自身積澱已久的市民意識，老舍常常對自由戀愛持一種挖苦揶揄的態度，但同時老舍亦看到了自由戀愛口號與女性依附性生存之間的錯位。在老舍筆下，那些堅執自由戀愛的女性，常不事任何勞作（包括社會性勞動與家務勞動），成爲不折不扣的寄生者。婚愛的自由與生存的不自由恰成對比。在《善人》一篇中，儘管穆女士如何標榜自由獨立，但這份如牛般的壯氣實是丈夫的錢財所提供。《毛毛蟲》中的毛毛蟲太太、《四世同堂》中的菊子與《一封家信》中的范彩珠，都是靠丈夫出錢養活的「自由女性」。這些自命新潮的女性，不過是利用了「五四」以後相對寬鬆的男女交往環境，自由戀愛不過是不再依從父命媒言，而實際上還是尋找自身的衣食之託，並不具有新的家庭生活內容。胖菊子固然不守婦道、挾持丈夫，但她改嫁藍東陽決非出於愛情，而是下野後的瑞豐無法再提供給她衣食與名譽的保障，而東陽則能給她一個「處長太太」的頭銜。

那些由自由戀愛而結成的家庭，仍然延續著「男主外，女主內」的模式，甚至於一些接受西方文化皮毛的時髦女郎，連一份「主內」的家庭職能也不復存在，造成女性的現代社會角色與傳統家庭角色的雙重失落。在老舍看來，這正是自由戀愛的致命傷，甚至以爲，以韻梅爲代表的傳統女性「比那些受過學校教育，反對作賢妻良母，又幸作了妻與母，而把家與孩子一齊活糟塌了的婦女，高明得多了」。這裡，既有傳統意識對近代畸形婚姻的詰難，也有立足於現代精神對新舊雜糅的婚姻的理性的批判。在這一點上，老舍並沒有完全悖離「五四」以後的時代精神。老舍一貫認爲，新型的家庭必植根於健全的文化之中，不是學會幾句西洋時髦話就能得到的。在老舍筆下，幾乎見不到真正意義上的現代家庭，倒是那些傳統家庭在經歷了血與火的民族災難之後，能夠見出一絲現代家庭誕生的端倪。在抗戰的最後幾年，祁韻梅已經開步從家庭中走出，到張家口一帶籌措糧食。雖然這仍然是一種家庭義務，並非參與社會化勞動，但畢竟已經構成對「男主外，女主內」家庭模式的威脅。相形之下，那些時髦的自由女郎，倒顯得更爲落伍。

三、家與國

中國傳統的家庭生活，既包含了家庭家族的整治方式，又包含了整個國家和社會的統治體系，國家社會實際上是通過家庭來實施對個人的控制。因此在

中國，國家含義包含國與家雙重層次，是地域、民族與家庭、家族的總和。但由於傳統人一生很少離開家庭，意識的產生也深受局限，幾乎不出生活的區域，從而導致社會意識的匱乏。因此，在傳統北平人意識中，國家的意義不過是家庭的延伸，即家庭觀念的國家，而缺少具有社會內容的國家觀念。

「五四」運動給老舍帶來了新的愛國主義理性。居留英倫時期，老舍特別「專注了他們（西方人）與國家的關係」，[註14] 注意到西方人的國家觀念完全不同於中國人以家爲國的狹隘心理，而是現代意義上國民對國家政治的參與意識。在《二馬》中，老舍對此激賞不已。與之對照的是，旅居英倫的馬則仁，則缺乏這種參與感。當人們問及其對英國出兵上海的態度時，他居然表示歡迎。在以後數十年的創作中，老舍一直耿耿於國民意識的貧困。在《四世同堂》中，面臨暴敵的入侵，祁老太爺與韻梅等人依然從家庭生存角度去認識這場戰爭，自忖沒有得罪過日本人，只要戰爭不使家庭解體，就無所謂亡國。國民的責任與義務常常被家庭利益所淹沒。《火葬》中的文城居民，「標語沒有教豆腐便宜一個銅板，話劇也沒有教誰走了好運，他們沒有得到什麼實際的便宜，便也犯不上多關心什麼國家大事」。在老舍看來，改變中國的貧困、積弱，必先促生新的國民人格，而這首賴於國民國家意識的產生。在回憶創作《二馬》時，老舍說：「那時在國外讀書的，身處異域，自然極熱愛祖國，再加上看著外國國民如何對國家的事盡職責，也自然想使自己作個好國民，好像一個中國人能像英國人那樣作國民便是最高的理想了。」老舍筆下的理想人物，大都從這個角度被賦予了現代國民色彩。譬如馬威，「個人的私事，如戀愛如孝悌，都可以不管，只要能有益於國家，什麼都可以放在一旁」。[註15] 表現出相同傾向的還有李景純（《趙子曰》）、老范（《一封家信》）與瑞全等人。

但作爲一個中國文人，老舍身上的傳統品格使其對國家的思索未脫傳統的政治倫理思維範圍，仍然把「齊家」作爲「治天下」的前提。在《二馬》中，老舍說：「有了快樂的穩固的家庭，社會才有起色」，這幾乎與《離婚》中老張「肚子飽了，再提婚事，天下沒法不太平」的家國思維如出一轍。可以看出，老舍意識中的國家觀念仍然囿於家國一體的思維框架之中，其偏頗性在抗戰時期便漸漸顯示出來。

〔註14〕老舍：《我怎樣寫〈二馬〉》，載《宇宙風》1935 年第 3 期。
〔註15〕老舍：《我怎樣寫〈二馬〉》，載《宇宙風》1935 年第 3 期。

抗戰爆發後，老舍「家與國」思維中的兩極空前活躍；同時也面臨著困惑。一向務實的文化態度與中國人特有的思維慣性，使老舍一直致力於尋求一個能夠統一國與家雙方利益的契機。這個思索幾乎貫穿了抗戰時期的所有作品。從《一封家信》、《一筒炮臺煙》到《四世同堂》，甚至包括《大地龍蛇》等劇作。瑞全的出走表明了小馬所代表的現代人的選擇，但這種處理顯然不能概括大多數新舊交替時代中國人的思維狀況。出走前的瑞全，雖也感到愛情與國家責任的兩難遺憾，但畢竟沒有家室之累。而身為長子的瑞宣，他在整個抗戰中的心路歷程則典型地表現了中國式的「家國」困惑。作為一個現代國民，他有責任承擔起對國家的義務與責任，但家庭的責任又使他不能不顧「一家老小的安全與吃穿」。在「為了家就為不了國，為了國就為不了家」的兩難選擇中，瑞全表現了一個現代人與傳統人的雙重姿態：隱忍苟活，養活家小，而把現代國民的義務多少放在了支持瑞全出走這一行為上。瑞宣解決家、國矛盾的方式是極微妙的：他到英國領事館為富善先生工作，既不食周粟，又保證了一家老小的吃穿用度。但這決非是一種真正的解決，試想能有幾個人能得到這種機遇呢？同是知識分子的陳野求，也出於養家的目的，不是被迫出任偽職了嗎？而這種選擇的最終結果是，既無法養家，更無以報國。

真正的出路是無法繞道走的。一種新的理性的產生，常常是心靈煎熬的結果。在抗戰之初，小羊圈中的居民們幾乎都囿於傳統的家國思維，但最終由保家上升到保國的理性高度。祁老太爺最初「什麼也不怕」，全部理想就是保全這個四世同堂的家庭，及至天祐自殺，小妞餓死，瑞豐為奸，瑞全出走，一家老小坐等餓斃，才明白日本人是不允許他的大家庭完整存在的。瑞宣也是如此，抗戰的事實使他的保家觀念被徹底擊碎，「不去救國，而只求養家——通體弄錯了」。挺身保國，才是保家的唯一途徑。這是瑞宣的認識，也是老舍對家、國關係思考的結果。

第四節　北平人生活的藝術

一、旗人文化與北平的享樂底色

不管我們以什麼視角、何種理論去闡釋老舍小說，都無法迴避一個基本事實，即：老舍小說根本上就是一部北平市民日常的市井生活圖畫，任何宏觀概括和微觀剖析都無法脫離這「日常」兩字。其實，市井日常生活，只是

一種外在的形態顯現,它的背後是具有群體性的文化心理與行爲模式;一言以蔽之,就是一部形象的中國文化圖書。中國人的生命精神,除了表現在哲學、詩詞、建築與圖畫中,也積澱在衣食住行的瑣屑活動之中。

現代學者錢穆認爲,中國文化主要「對人對心,可稱之爲藝術文化」。〔註16〕在此,「藝術」主要是指人生的意境,所以他在《現代中國學術論衡》中所談的中國藝術,就是中國的人生。在中國人的生命中,除去相當濃重的現實責任感與歷史凝重感之外,藝術化的文化享樂亦是人生的一大追求。梁漱溟先生說過,儒學的人生態度是「似宗教非宗教,非藝術亦藝術」。即使是人倫家理,日常起居,也滲透著中國人對理想人生境界的追求,具有了某種藝術的審美特性。還需說明的是,生活中的藝術顯現,必先超越了物質生活的實用功利性,常常是人們閒適、餘暇之際的非功利性的創造,所以老舍曾在《離婚》中說「『趣味』是比『必要』更文明的」。北京是 800 年帝都,藝術化的人生理想對人們的影響自不待言。而近代北平,以其大工業的缺乏而呈現出遲緩、停滯的生活色調,爲傳統人生的世俗化審美追求提供了豐饒沃土。所以,論起傳統中國人生活的藝術,相對貧困的北平倒是比暴富的上海等城市,有更多的讓人可思之處。漫步中國現代小說,可看到寫中國人生活的藝術,以寫北平爲多。難怪林語堂在對歐美人士敘講中國人的生活享受時,獨鍾情北平;而在當代京味小說那裡,審美化的世俗生活更是最主要的話題。理解了這一點,便不難理解爲什麼老舍會在北平人身上尋覓「生活的藝術」了。

此處,不能不談到北平文化裏獨特中的獨特之處——旗人文化。北平人生活的藝術與此大有關聯。旗人文化,從其內涵來說,仍然是一種漢人文化,不過是由於獲得了比之漢民族更有利的條件而把漢人文化發展到極致,成爲北平文化具有典型意義的體現。300 年前,旗人以其馬步騎射的武力征服中原,進關後,也力圖保持旗人社會組織的軍事職能,創立了八旗制度。但旗人作爲征服者民族的優越感與不作謀食之慮的優渥待遇,使旗人的軍事優長迅速消失,而文化的享樂心態則瘋狂地膨脹,把生活的藝術當作全數人生內容,孜孜以求。《正紅旗下》中的大姐夫父子,是不會騎馬的驍騎校和不會射箭的佐領,「到時候就領銀子,終年都有老米吃……生活的藝術,在他們看來,就是每天玩耍,玩的細緻,考究,入迷……」。對旗人文化、老舍曾作過沉痛的檢討:

〔註16〕錢穆:《現代中國學術論衡》,嶽麓書社 1986 年版,第 239 頁。

在滿清的末幾十年，旗人的生活好像除了吃漢人所供給的米，與花漢人供獻的銀子而外，整天整年的都消磨在生活的藝術中。上自王侯，下至旗兵，他們都會唱二簧、單弦、大鼓與時調。他們會養魚、養鳥、養狗、種花和鬥蟋蟀。他們之中，甚至也有的寫一筆頂好的字，或畫點山水，或作些詩詞——至不濟也會謅幾套相當幽默的悅耳的鼓兒詞。他們的消遣變成了生活的藝術。他們沒有力氣保衛疆土和穩定政權，可是他們使雞鳥魚蟲都與文化發生了最密切的關係……就是從我們現在還能在北平看到的一些小玩藝中，像鴿鈴、風箏、鼻煙壺兒、蟋蟀罐子、鳥兒籠子、兔兒爺，我們若是細心的去看，就還能看出一點點旗人怎樣在最細小的地方花費了最多的心血（《四世同堂》）。

旗人在與漢人 200 多年的融合中，把漢民族文化變成自己生活中極有特色的一部分。譬如禮儀之美，是傳統中國人中庸行為準則的核心，其功用乃在協調以血緣為核心的倫理人際等級關係。旗人使禮儀具有了審美特徵，在某些場合，「連笑聲的高低與請安的深淺，都要恰到好處，有板眼，有分寸」，「咳嗽與發笑都含有高度的藝術性」。林語堂就曾專門在《生活的藝術》中談及旗人的「打扦」禮與發怒吐痰的藝術。《四世同堂》中的福海，他的請安動作已經不是一般意義上的禮節，而是具備了氣質美與動作美的藝術。但旗人生活的藝術，並非是對漢人士大夫式的享樂文化的步趨，他們的獨到之處，在於「俗」與「雅」的融合，在那些為傳統士大夫鄙棄的民間藝術，如京戲、大鼓、相聲等曲藝形式，與鴿哨、鬥雞、溜鳥等娛樂方式中，也糅進了相當的心血。比如唱戲，向被士大夫視為下九流的伶人所為，也許只有元代斷絕了仕途的文人才下海串票，但在旗人中間，「有的王爺會唱鬚生，有的貝勒會唱《金錢豹》，有的滿旗官員由票友而變為京劇名演員，戲曲和曲藝成為滿人生活中不可缺乏的東西，他們不但愛聽，而且喜歡自己粉墨登場。他們也創作，大量的創作、岔曲、快書、鼓詞等等」。〔註17〕這不能不說是滿人文化中的獨特之處。

在人類社會中，統治者的精神力量往往會對下層人民產生支配性影響。在滿清末年，原本屬統治者民族的旗人與漢人接觸已較頻繁，加之民元以後，沒落貧困的旗人失去衣食保障，開始脫離了封閉性的居住方式，散居民間。那些曾為貴族階層所享有的生活的藝術，也流入小街里巷，其享樂意識開始為普

〔註17〕老舍：《正紅旗下》，人民文學出版社 1981 年版，第 10 頁。

通市民所接受。《四世同堂》中的侯爺後裔小文，就帶著他的二胡藝術與玩票技術，落腳在小羊圈胡同，《正紅旗下》裏的王掌櫃是一位來自山東的小商人，「在他剛一入京的時候，對於旗人的服裝打扮，規矩禮節，以及說話的腔調，他都看不慣，聽不慣，甚至有些反感。他也看不上他們的逢節按令挑著樣兒吃，賒著也吃的講究與作風，更看不上他們的提籠架鳥、飄飄欲仙地搖來晃去的神氣與姿態。可是，到了三十歲，他自己也玩上了百靈，而且和他們一交換養鳥的經驗，就能談半天，越談越深刻，也越親熱」。連僅能維持溫飽的祁老人，也因「自幼長在北平，耳習目染的和旗籍人學了許多規矩禮路」（《四世同堂》）。

生活的藝術，在東方人這裡，並不是西方古希臘酒神精神與文藝復興以來狂放的物質享愛。相反，有時倒是以對物質生活的補充而存在的。《正紅旗下》中的旗人就是越窮越玩。因此，它並不一定以豐足的物質爲基礎，而主要是一種精神享受、文化享受，透著中國人節制、適度的東方審美特徵。李密庵在其表述生活理想的詩歌中，每一詞皆以半字限定。〔註18〕在北平的市民那裡，一片樹，一枝花，一籠鳥，也許比之銷金窟的六國飯店，有更豐富的美學趣味。也正因此，它往往超越了等級森嚴、貧富懸殊的階級性，具有社會的普遍性。下層市民也並未失去文化享樂的可能性。老舍小說中的人物，多爲下層市民圈中的販夫走卒，至多也不過是或溫飽或殷實的中等人家，生活的藝術就存在於這群里巷細民的衣食住行、風習娛樂之中。

二、食之美

在中國人的生活藝術中，飲食文化是最引人注目的一支。老舍小說也是如此。食，是人們維持生命活動的首要條件。傳統中國人的生活，因物質的相對貧困，尚屬生存型的消費生活方式，因此，「吃」的文化向爲生活之大端，並成爲傳統中國人的一種生命精神。「民以食爲天」的古語，頗能道出此中眞諦。

老舍曾說「『吃』是中國文化裏……主要的成份與最高的造詣」，《離婚》中的張大哥的生命價值便處在「吃一口」的層面上。在他看來，「肚子裏有油水，生命才有意義」，上帝造人把肚子放在中間，足見食乃「生命的中心」。〔註19〕「食」甚至映像著中國人的人生理想，家族觀念，乃至社會理想。對

〔註18〕林語堂：《生活的藝術》，上海雜誌社 1986 年版，第 79 頁。
〔註19〕老舍：《離婚》，見《老舍文集》第 2 卷，人民文學出版社 1981 年版，第 159 頁。

《老張的哲學》中的趙姑母來說，兒孫們肥頭大耳，就是她最好的造化。所以老張認為，「最激烈的中國家庭革命就是子女們拒絕長輩所給的吃食」。無獨有偶，《牛天賜傳》中的牛老太也竭盡全力地逼迫嬰兒多吃，因為「官樣孩子的基本條件是多肉」。在此「吃」又是傳統中國人對「官本位」人生主體價值的追求。在傳統中國人那裡，「吃」甚至同安邦治國同義，就像老子所說「治大國者曰烹小鮮」，張大哥就把「食」作為天下太平的兩大要素之一。

「食」是北平文化的特色之一，為宮廷與官宦服務的京都飲食，一向較別處為勝。滿漢全席這種中國飲食的百科大全，只能是北京的產物。曾有研究資料表明，老舍小說中的飯鋪茶館有 20 之數，「能吃」、「會吃」已經成為北平城市文化的代表。《離婚》中剛從鄉下來的李太太之被惡少小趙等人肆意捉弄，就因為不會使用刀叉。《四世同堂》中的外鄉人藍東陽漸漸靠攏北平文化圈的經歷，也同樣有一條食的線索：「在他初到北平的時期，他以為到東安市場吃天津包子或褡褳火燒，喝小米粥，便是享受。經過幾年之後，他才知道西車站的西餐與東興樓的中菜，才是說得出口的吃食。」但他的吃，似乎還停留於「能吃」──口欲的生理滿足階段，並沒有真正進入北平文化。北平食文化的精髓在於它的審美態度，也即「會吃」。與他相比，冠曉荷才是一位熟透了的北平人，他能「在每一碟鹹菜裡都下著一番心，在一杯茶和一盅酒的色、香、味，與杯盞上都有很大的考究；這是吃喝，也是歷史和藝術」（《四世同堂》）。

當然，像冠曉荷那樣的錦衣玉食的殷實人家，並不占北平的多數，但在老舍小說中，食文化並不以肴饌的豐足與精美為唯一體現。食之美，全在於用一種審美感覺去獲得；粗茶淡飯，一經北平人的手與眼，也能成為給人享受的藝術品。花極少的錢，在菜館叫上一碟瓜子，也是食之樂趣；貧寒人家買些冒充櫻桃的小豆子，也頗「過癮」（《正紅旗下》）；在街頭小攤喝兩碗熱湯，也使祥子感到又「像了個人」。《正紅旗下》中那已趨破落的滿人群落，會拿出他們所有的文化去對付一桌醃疙疸纓兒、蠶豆辣醬和摻水酒，禮儀之雅與審美之趣絲毫不因食粗湯淡而減少。也許對北平人來說，只有這樣，才能將衣食之優化作人生之樂。

相對貧乏的物質生活與「以食為天」的消費結構，使我國古代許多社會性的文化活動（如祭祀、廟會等）與節令習俗，都以吃為主要內容。按照不同季節製作風味小吃與變換食品味道的習慣，在中國源遠流長。《周禮·天官·食醫》就已提出，春季多進酸性食物，夏天多吃苦味食品，秋季多食辛辣，

多天多用鹹味。進而，四季的飲食習慣又被節氣時令的風俗固定下來，比如正月吃元宵，立春食春捲、春餅，五月端午啖粽子，八月中秋品月餅，九月重陽飲菊花酒，過年嘗年糕。在老舍小說中，張大哥的生命過程，便體現在「羊肉火鍋，打滷麵、年糕……」的循環往復之中。雖說節令食俗的變遷，是一種物質生活，但同時又是一種精神領域的文化創造。比如端陽食粽子，原本是對屈原愛國精神的景仰，最後衍化爲食風俗。中秋食月餅，也隱含著中國人的團圓理想。

且看《四世同堂》中北平人從端午到中秋的食風俗：一到端午，桑葚、櫻桃、五毒餅與粽子等食品按令上市。連粽子也分爲各種流派，如餡中放進火腿或油脂、個大價高的廣式粽子，滿漢餑餑店所產的美麗「官樣」的舊式北平粽子，以及普遍市民喜食的最普通的紅棗粽子，從一個側面反映了北平近代文化的多樣性。初夏伊始，是北平人品嘗瓜果的時節。「從十三陵的櫻桃下市到棗子稍微掛了紅色，這是一段果子的歷史」。先是土杏子下市，「吆喝的聲音開始音樂化」，然後是深黃、豔紅各色杏子的「大競賽」，最後是白杏「大器晚成似地結束了杏的季節」。緊接著「各樣的桃子，圓的，扁的，血紅的，全綠的、淺綠而帶一條紅脊椎的，硬的，軟的，大而多水的，和小而脆的，都來到北平給人們的眼、鼻、口以享受」。再下來是「紅李、玉李、花紅和虎拉車，相繼而來」。梨、棗、葡萄也並不因「遲到而受北平人的冷淡」。「果子以外還有瓜呀！西瓜有多種，香瓜也有多種。」香瓜的分類命名也實有藝術味：「羊角蜜」、「三白」、「蛤蟆酥」與「老頭兒樂」。稍後，鮮藕下市，「就是不十分有錢的，也可以嘗到「冰碗」了——一大碗冰上面覆著張嫩荷葉，葉上托著鮮菱角，鮮核桃、鮮杏仁、鮮藕，與香瓜組成的香、鮮、清、冷的，酒菜兒」。盛夏剛過，中秋來到，「那文化過熟的北平人，從一入八月就準備給親友們送節禮了」。在北平，「食」填充了一年四季的所有日子。即使是酷熱難耐的盛夏，在北平人那裡也能成爲「口福最深的季節」，以至老舍歎道：「仙人在地上的洞府應當是北平啊！」

「吃」的藝術，並不囿限於時令節氣的食風俗。婚喪嫁娶，叟壽嬰誕，人際交往也常常以食爲核心。譬如《駱駝祥子》中的劉四壽禮、虎妞成親，《正紅旗下》、《牛天賜傳》中嬰兒洗三、抓周，《趙子曰》、《離婚》中的親朋聚會，都融入了對食的安排。甚至於《四世同堂》中亡國奴祁家，儘管食不果腹，也會想辦法給老人弄上幾碗壽麵以作壽禮。

三、娛樂與消閒

生活的藝術是兼領物質文化與精神文化的綜合創造。如果說「食文化」還偏於前者的話，那麼，「玩」的藝術則偏於後者。「玩」，本是人們處理閒暇的一種方式，但北平人的玩，卻與上海人、香港人絕不相同。他們似乎是用整個生命去玩，甚至不考慮什麼閒暇不閒暇。幾乎想像不到，冠曉荷、小文、瑞豐夫婦、未成為戰士之前的錢詩人與《正紅旗下》的旗人們，除此之外，還有職業需要。就連被安排在現代人生道路上的大學生趙子曰等人，也很難想像他們除了泡茶樓、遊廟會、逛租界、又麻將之外，還有什麼事情可做。連做官也靠玩──掛女人、玩票友，這恐又與北平文化有關。北平城市經濟尚處在以農業與手工業為主的結構之中，出於職業需要的工作時間與閒暇時間本無分界，再加上整個城市的消費特徵，大量非生產性人員的存在，使「玩」成為北平人的特色之一。北平人的玩的藝術也絕對是北平的產物，不與上海、香港等地市民娛樂雷同。它的特點是很少與工業化、商業化所帶來的機器器物與交通工具有關，也缺少現代都市娛樂的廣泛社會性與商業性。他們沒有也不可能像上海人那樣投入到群體性的娛樂之中，如賽馬、賭狗、夜總會狂舞；也陌生於現代器物的參與，如駕車兜風、玩回力球；更談不到現代交通對地域的跨越如蘇杭旅遊、匡廬消夏。甚至連電影也極少看。瑞宣看電影，是為了練習英文口語。北平人的玩大都不出北平文化圈，也不依賴於較高的物質水準，大都屬傳統的娛樂方式。出現在老舍小說中最多的是茶館海侃、廟會遊春、下海玩票，還有體現士大夫情趣的琴棋書畫、花鳥魚蟲，具有封閉自足的自娛特性。

拿最為人稱道的茶館、廟會來說，它既是北平市民最具社會性的娛樂，同時也是最大眾化的消閒。據風俗資料記載，北平的茶館名目繁多，有葷茶館、素茶館、大茶館、小茶館、清茶館、書茶館、棚茶館、野茶館等。老舍《茶館》劇中的「裕泰」老號，就是兼具吃茶、說書，代賣「爛肉面」，後又開「學生公寓」的葷茶館。泡茶館也有自給自足的經濟痕跡，商業化、社會化程度並不高。清末茶館，「有提壺以往者，可自備茶葉，出錢買水而已」（徐珂《清稗類鈔》），而且清末的茶館往往列長案以侍主顧。逛廟會呢，「所謂『逛』者就是『擠』，『擠』得出了一身汗，『逛』之目的達矣」（《趙子曰》）。30年代的學者曾說：「廟會專為住家而設，所以十天中開上兩天也就夠了」，「赴廟會的買賣人是既非行商，又非坐賈」，而且「廟會的交易時刻是很短的，從午後

到日落，在此時以外沒有人去，去也沒有人賣」，〔註20〕帶有鄉村集市特點，社會性與商業性都不明顯。由此見出北平「玩」的低物質水準與自足性。

北平人的「玩」雖然具有大眾性，但並沒有社會化的群體特徵，往往是以個人或家庭為單位進行，消閒的方式也常常與北平這個帶有鄉村文化形態的田園精神相一致。比如盛夏的北平市民，「假若不願在家，他可以到北海的蓮塘裏去划船，或去太廟與中山公園的老柏樹下品茗或擺棋。『通俗』一點的，什剎海畔借著柳樹支起的涼棚內，也可以爽適的吃半天茶，咂幾塊酸梅糕，或呷一碗八寶荷葉粥。願意灑脫一點的，可以拿上釣竿，到積水灘或高亮橋的西邊，在河邊的古柳下，作半日的垂釣。好熱鬧的，聽戲是好時候……」。連祁老人這樣不願遠足的老人，也能看看低飛的蜻蜓，澆灌滿園的花草，或步行到護國寺，泡一壺茶，聽幾回書（《四世同堂》）。

當然，上邊所引的，只是市民普通的消閒生活。北平人的會玩，在於能使消閒成為藝術欣賞甚至藝術表演。唱戲，固然是一門藝術，但在伶人們那裡，只是將藝術作為謀生的手段，而不是生活的藝術。只有在以此為娛樂而不具備商業性質時，才是生活的藝術。胡絜青曾回憶說：「老舍小時候，滿旗人中還有很多人會吹拉彈唱，不少家庭中有三弦，八角鼓這類簡單的樂器，友人相聚，高興了就自彈自唱起來，青年人也往往以能唱若干大鼓或單弦而自傲。」〔註21〕稍富裕的旗人甚至可以自己組織票社，在親友們有壽誕宴筵時，也肯賠錢唱上一天一夜。如《正紅旗下》中的親家爹，雖無力組織票社，但也可以加入別人的票社，隨時去消遣。漢人中間亦不乏票友。趙子曰能真刀真槍地上臺串兩場《八大錘》與《王佐斷臂》，初次登臺便有譚派鬚生之譽（《趙子曰》）。小文夫婦則更是票友中的佼佼者。即使如冠曉荷一類附庸風雅的人，「至不濟，他還會唱幾句二簧，一兩折奉天大鼓，和幾句相聲」（《四世同堂》）。

一面是旗人們把俗文化請上雅堂，一面是琴棋書畫、花鳥魚蟲的雅文化流入尋常百姓家。《四世同堂》中的錢詩人和《戀》中的莊亦雅，都是不甚富足的準文人，卻能在有限的物質基礎上拓展藝術空間。像錢詩人，「他的每天的工作便是澆花、看書、畫畫和吟詩。到特別高興的時候，他才喝兩盅自己泡的茵陳酒」。而詩文畫也完全是自娛，從不示人。這是一種真正的隱士式的享樂。至於花鳥魚蟲，在老舍小說中，數旗人玩得精到。《正紅旗下》中的姑

〔註20〕張玄：《北平的廟會》，載《宇宙風》1936年第19期。
〔註21〕胡絜青：《老舍與曲藝》，載《曲藝》1979年第2期。

父，「無論多夏，他總提著兩個鳥籠子，裏面是兩隻紅頦，兩隻藍靛頦兒」。在旗人手中，玩鳥是一門學問，「甚至值得寫本書，不要說紅、藍頦兒們怎麼養，怎麼溜，怎麼『押』，在換羽毛的季節怎麼加意飼養，就是那四個鳥籠子的製造方法，也夠講半天的。不要說鳥籠子，就連籠裏的小磁食罐、小磁水池，以及清除鳥糞的小竹鏟，都是那麼考究⋯⋯」（《正紅旗下》）。

琴棋書畫凝蘊著中國人的文化內奧，自不必說。花鳥魚蟲也不簡單是一種娛樂，而是中國文人在有限的物質空間中尋求與自然界契合的一種美學追求。林語堂在談到陶淵明的人生藝術時說：「陶淵明代表一種中國文化的奇怪特質，即一種耽於肉欲和靈的妄尊的奇怪混合，是一種不流於制欲的精神生活和耽於肉欲的物質生活的奇怪混合，在這奇怪混合中，七情和心靈始終是和諧的。」中國文人素有把人格美的內在本質移託於外在物質（特別是花竹、松一類高潔植物）的美學形態的傳統。錢詩人等人的士大夫式享樂，是在樸素衣著、足不出戶的生活方式以及花鳥詩文和茵陳酒中得到的。這是中國文人對物我和諧的人生意境的一種追求，也是對自我不從流俗、固守著本真的人格的一種認定。

居室布置也是如此。林語堂認為，中國人對室內布置集中於兩個觀念，即簡單和空洞。〔註22〕錢穆認為：「居室之美⋯⋯園亭已架宅第之上」。室內呢，傢俱必不甚多，牆角必置幾隻花架，牆壁掛一二幅山水畫。花園式宅第的設計與居室布置的遠淡空靈，是為了追求與「大地大自然之生命相接觸」，從而使「人類生命亦寄存在此大生命之中」。〔註23〕錢穆認為這是中國人生藝術的最高境界。對此，我們還可以見之於《四世同堂》中的一個士大夫化了的英國外交官富善對宅第的追求：

> 他租下來東南城角一個老宅院的一所小花園和三間房。他把三間房的牆壁掛滿了中國畫、中國字，和五花十色的中國小玩藝，還求一位中國學者給他寫了一塊匾──「小琉璃廠」。院裏，他養著幾盆金魚、幾籠小鳥，和不少花草。

庭院的安排，基本合於中國文人「門內有徑，徑欲曲」⋯⋯「階畔有花，花欲鮮」，「屋角有圃，圃欲寬；圃中有鶴，鶴欲舞」的居室美學理想。〔註24〕

〔註22〕 林語堂：《生活的藝術》，上海雜誌社 1986 年版，第 148 頁。
〔註23〕 錢穆：《現代中國學術論衡》，嶽麓書社 1986 年版，第 242、252 頁。
〔註24〕 林語堂：《生活的藝術》，上海雜誌社 1986 年版，第 148 頁。

其獨身的生活而又與鳥、魚小生靈長伴一處，也使人想到南宋林逋梅妻鶴子的古風。富善這個英國人所追求的正是親近自然、物我合一的中國人生美學境界。

四、禮儀之雅

給人感受最深的是北平旗人交際中的禮儀。由於征服者民族的優越感與旗人拱衛京師的職責，旗人生活的社區一向與漢人分開，因此，他們生活的區域極為狹窄，其社會交往也極為有限，不逾過旗人之間的親屬關係。加上滿人入主中原後，宣導孔孟儒學，綱常禮教已成為旗人文化之一部分，禮的重要可望而知了。更由於旗人生來有皇餉皇糧、鐵杆兒莊稼的衣食保障，生活閒散，於是刻意追求生活的藝術，禮儀已被當作一種審美藝術去追求。在《正紅旗下》中，雖然清王朝已瀕臨「殘燈末廟」，但旗人們依然過著「有錢的真講究，沒錢的窮講究」的生活。遇有婚喪大事，近鄰遠親都要來賀紅白之喜，「不去給親友們行禮等於自絕於親友，沒臉再活下去，死了也欠光榮」。而且，禮到人不到還不行，來賀喜者須在衣飾，風度上作夠「官派」，於是鞋襪衣裳、禮金禮品、車轎品第，都要有一番講究。親屬間的交往往往成為禮儀的「表演競賽大會」，「至於婚喪大典，那就更須表演得特別精彩，連笑聲的高低，與請安的深淺，都要恰到好處，有板眼，有分寸」。

且看《正紅旗下》的大姐周旋於親友間的禮儀修養：

> 她在長輩面前，一站就是幾個鐘頭。而且笑容始終不懈地擺在臉上，同時，她要眼觀四面，看著每個茶碗，隨時補充熱茶；看著水煙袋與旱煙袋，及時地過去裝煙，吹火紙撚兒。她的雙手遞送煙袋的姿態夠多麼美麗得體，她的嘴唇微動，一下兒便把火紙吹燃，有多麼輕巧美觀……在長輩面前，她不敢多說話，又不能老在那兒呆若木雞地侍立，她須精心選擇最簡單而恰當的字眼，在最合適的間隙，像舞臺上的鑼鼓點似的那麼準確……

男性旗人中間，亦不失禮儀風致。小說描述福海給人請安：「他請安請得最好看，先看準了人，而後俯著急行兩步，到了人家身前，雙手扶膝前腿實後腿虛，一趨一停，畢恭畢敬。安到話到，親切誠摯地叫出來：『二嬸兒，您好。』而後，從容收腿，挺腰斂胸，雙臂垂直，兩手向後稍攏，兩腳並齊『打橫兒』。」

由於長久的文化薰染，傳統的禮儀之雅已成爲多數北平人的最基本行爲特徵。譬如瑞宣，其最基本的性格特徵就是「自然、文雅」，從「不露出劍拔弩張的樣子」，即使在心境不好的時候，也只是「像一片春陽，教誰也能放心，不會有什麼狂風暴雨」。還有小文，「他沒有驕氣，也不自卑，而老是那麼從容不迫的，自自然然的」。而作爲老北平「常識的結晶」的張大哥，則更是「謙卑和藹的化身」（《離婚》）。即使如一些喪失民族氣節的敗類們，也循著北平的風度，在禮儀上也並不缺少。比如冠曉荷，「對有點身份的街坊四鄰，也相當客氣」。

在老舍小說中，禮儀之美體現較多的，還有北平的商人與他們的舊派經營方式。中國傳統商業基本上是以家族爲單位的小型商號。其產業構成、經營方式、職業道德等，都是宗法制度的產物。在中國人的傳統價值觀念中，一向重農抑商，因爲商業需要競爭，競爭則對宗法血緣倫理關係造成傷害，因此，中國傳統的商業如欲得以保持並發展，必須使自己的經營符合宗法倫理的道德規範，講求人情與傳統禮儀，將社會中的商業契約與經營中的實利原則掩藏於溫情脈脈的宗法人倫關係之中。老舍小說中的老字號的經營者，多是一些有著傳統中庸人格的道德君子，儀態雍容謙和，對人溫文多禮。像《四世同堂》中的祁天祐：「作慣了生意，他的臉上永遠是一團和氣，鼻子幾乎老撐起一旋笑紋。」《牛天賜傳》中的牛老者則是「永遠笑著『藥』」。老字號大小商人們「一輩子最重要的格言是『和氣生財』」，「寧可吃虧，而決不帶著怒氣應付任何的事」，其手中最大的優勢就是「規矩、雅潔」，與「最有禮貌的店夥」（《四世同堂》）。在經營上，這些老北平的商人主要運用的是北平式的禮儀與人情，使商業買賣常常具有一種血緣上的親情。「三合祥雖是個買賣，可是照顧主兒似乎是些朋友。錢掌櫃是常給照顧主兒行紅白人情的。三合祥『是君子之風』的買賣，門凳上常坐著附近最體面的人，遇到街上有熱鬧的時候，照顧主兒的女眷們到這裡向老掌櫃借個座兒」（《老字號》）。《正紅旗下》裏曾講述過一段商業經營上的習俗，也頗合於宗法社會的禮儀之風：「許多許多旗籍哥兒們愛聞鼻煙，客人進了煙鋪，把煙壺兒遞出去，店夥必先將一小撮鼻煙倒在櫃檯上，以便客人一邊聞著，一邊等著往壺裏裝煙。這叫作規矩，是呀，在北京作買賣得有規矩，不准野調無腔。」類似的描述還有許多，譬如《離婚》中「賣燒餅的好像應該是姓『和』名『氣』」；《四世同堂》中的小販失望於老人不買大號兔兒爺，但憑著「北平小販應有的修養」，「把

失望都嚴嚴的封在心裏，不准走漏出半點味兒來」。禮儀人情所造成的效果，是商業買賣充滿家庭式的暖意。由於小販們的熱情，「老李痛快得手都有點發顫」，「心比剛出雇的包子還熱了」（《離婚》）。可以說，以實利為基礎的交易已經溶化於人情味的禮儀之中。

五、「戀什麼就死在什麼上」

從老舍小說中，可以體味到作者對北平文化的認同態度。其實，不僅小說人物，老舍本人又何嘗不是北平生活的藝術的產物呢？他孩提時代從母親那裡繼承下來的不僅有好客、義氣的美德，也有「愛花木」、「愛清潔」的審美情趣。他還曾撰文談放鴿的技術。〔註 25〕他的健身術，也同樣是北平人常見的溜彎與氣功。作為文學創作的準備，他的文化構成也得之以相當程度的相聲、快書、京戲、大鼓等藝術營養。傳統北平人的文化享受，在老舍身上明晰可辨。即使處於抗戰的顛沛之中，也還企慕「夏天，能夠住在有竹林的鄉間，喝兩杯白乾，謅幾句舊詩」〔註 26〕的士大夫式的意趣。因此，老舍對田園式花園城市（如北平、濟南）情有獨鍾，其間不完全是鄉情之故，還隱含了中國文人對生活的審美理想。他說：「北平是個都城，而能有好多自己生產的花、菜、水果，這使我們更接近了自然。」〔註 27〕老舍理想中的生活方式，也與那些過於洋化的文人不同。正因此，在新文學對傳統與鄉土依戀的衝突之中，他獨能信守自己的園地，縱情地寫出北平人的人生享用。

然而，老舍畢竟又是一位擁有現代理性的文化人，傳統的生活趣味並沒有使他沉溺於北平生活藝術之中而不能自拔。自執教鞭於英倫始，他就超越了北平文化，以一種全新的文化觀念返觀北平文化。那些包藏在藝術外殼下的醜陋民風，並沒有因其故園之思，而逃過他批判的銳目。比如，「食」的藝術並沒有建立於科學基礎上。不科學的製食方式，缺乏衛生意識，不安靜的進食環境（猜拳行令，大聲喧嘩）與暴食暴飲，已對人們的身體造成極大損害，與食的原始功用相悖背。冠曉荷就以常鬧胃病為人生食之樂趣，北平人常常因「新春酒肉過度的影響，都在家裏鬧肚子拉稀」（《趙子曰》）。而長期的禁欲文化又使被壓抑的人性常常借暴食暴飲這種為社會允許的方式發洩，

〔註 25〕　老舍：《小動物們（鴿）》，載《人間世》第 24、26 期。
〔註 26〕　老舍：《舊詩與貧血》，《老舍寫作生涯》，百花文藝出版社 1981 年版，第 197 頁。
〔註 27〕　老舍：《想北平》，載《宇宙風》1936 年第 19 期。

因此，酒席宴筵常常是縱慾與無聊的場所，並產生出惡劣的社會後果。（比如《趙子曰》、《老張的哲學》與《離婚》等。）

生活的藝術是傳統人生的一個組成部分，通常是人生的調劑，它的底蘊常常是非藝術的殘酷的社會人生。文化享樂雖然使痛苦的人生稍有變通，而不致被生命的沉重感壓垮，但也能「將粗獷的人心，磨得漸漸的平滑」，〔註28〕甚至麻醉，漸漸成為逃避痛苦人生的手段。而愈是逃避，人生便愈痛苦，那麼只好沉湎於生活藝術中不能自拔亦不肯自拔了。那位《正紅旗下》裏的大姐公公，「藝術的薰陶使他在痛苦中也能夠找出自慰的方法，所以他快活」。《正紅旗下》的旗人們，多有一副阿Q相。到了手中一無所有、身上一無所能的地步，也還自詡「吃喝玩樂，天下第一」。久之，他們會對一切社會經濟、國家政治麻木不仁。正如老舍所言：「當一個文化熟到稀爛的時候，人們會麻木不仁地把驚心動魄的事情與刺激放在一旁，而專注意到吃喝拉撒的小節目上去。」〔註29〕《二馬》中的馬則仁，雖置身商業競爭激烈的英倫，卻不思經營，沉湎於北平人的享樂之中，「下雨不出門，颶風不出門，下霧也不出門，叼著小煙袋，把火添得紅而亮，隔著玻璃窗子，細細咂摸雨、霧、風的美」，「成了倫敦第一個閒人」。這正是一個民族文化趨於衰落的前兆。

靜態的封閉的觀察，無法給事物以臧否，只有在面臨著外力衝擊時，北平文化才顯示出弊病與危機。《二馬》所寫即是北平文化與西洋文明的衝撞，《四世同堂》則是將北平置於毀滅性的民族災難之中。生活在小羊圈胡同的居民幾乎都是只知有北平，而不知有國的順民。連早期的錢詩人也說：「我什麼都不怕，只怕丟了咱們的北平。」這裡，北平不是一個地理名詞，而是一整套傳統的生活方式，一種藝術化了的生活。只要刺刀一天不架在他們的脖子上，就要祝壽、玩票、請客。冠曉荷一如往日，真誠精心地烹製著美麗的飯食，他的真誠，老舍以為「來自北平的文化，這文化使他即使在每天亡一次國的情形下，也要爭著請客」。善良的韻梅等人，也認為不管天下怎麼亂，也要給老人祝壽。淪陷了的北平人，仍然在正月初五湧進北海觀看溜冰，「有錢的，沒錢的，都努力吃過了餃子，穿上了最好的衣裳，實在找不到整齊的

〔註28〕 魯迅：《小品文的危機》，見《魯迅全集》第4卷，人民文學出版社1973年版，第575頁。
〔註29〕 老舍：《四世同堂》，見《老舍文集》第4卷，人民文學出版社1980年版，第302頁。

衣服，他們會去借一件，而後到北海——今天不收門票——去看北平的景象。
他們忘了南苑的將士，會被炸彈炸飛了血肉，忘記了多少關在監獄裏受毒刑
的親友，忘記了他們自己脖子上的鐵索，而要痛快的，有說有笑的，飽一飽
眼福」。生活方式之外，某些北平人似乎已不知道還有國家。當看到中秋街景
已不再如昔，祁老人才明白「日本已經不許他過節過生日」，「隨著兔兒爺的
消失，許多許多可愛的北平特有的東西，也必是絕了根」。大片國土的淪落，
居然抵不上一隻兔兒爺。在此，亡國之感，在北平市民那裡仍然是對具體的
生活方式去之不復的痛惜，並非眞正的國家觀念。試想，如果北平人的生活
方式不被日僞摧毀，而北平人仍然能夠縱情於生活的藝術，那麼亡不亡國對
一些沉溺於文化享樂的北平人來說又有何種意義呢？！無怪乎老舍痛心地
說：「這是一個極偉大的亡國的文化。」

　　當然，生活的藝術並不能同亡國奴劃等號，或者，作爲一種民族文化，
它的功能之一，就是凝聚了全民的心理信仰與向心力。但生活習俗一經形成
與固定，其深層的文化價值、民族意識倒爲人們習焉不察。《四世同堂》中的
牛教授，北平式的「生活方式使他忘了後方還有個自由的中國」；《戀》中的
莊亦雅，爲保存自己的藏畫而不惜身事日僞，眞是「戀什麼就死在什麼上」。
錢詩人在日僞的牢獄中經過心靈與肉體的煎熬，終於悟出了耽溺於琴棋書畫
的隱士生活與亡國奴之間的絲縷聯繫：

> 日本人，可是，不提起仲石，而勸他投降。什麼意思呢？莫非
> 在日本人眼中，他根本就像個只會投降的人？這麼一想，他發了怒。
> 眞的，他活了五十多歲，並沒有做出什麼有益於國家與社會的事。
> 可是，消極的，他也沒作過任何對不起國家與社會的事。爲什麼日
> 本人看他像漢奸呢？嘔！嘔！他想出來了：那山水畫中寬衣博帶的
> 人物，只會聽琴看花的人物，不也就是對國家袖手旁觀的人麼？日
> 本人當然喜歡他們。他們至多也不過會退隱到山村中去，「不食周
> 粟」，他們絕不會和日本人拼命！〔註30〕

錢詩人明白了，只有不再沉湎於「吃喝拉撒的小節目」，正視社會人生，才能
成爲新型的國民。這是北平人覺醒的開始。總有一天，生活的藝術會建立在
人們較高的文化素質之上。琴棋書畫、花鳥魚蟲，不再是傳統人心靈的麻醉，
而眞正是新型國民的人生的藝術、生活的藝術。

〔註30〕老舍：《四世同堂》，百花文藝出版社1985年版，第434頁。

第五節　京派小說中的城市鄉民

　　京派小說，是一種形態完備的鄉土文學，其中有沈從文構築的湘西世界，蘆焚的中原鄉土，廢名的湖北故鄉。那麼，「京派都市小說」的提出，豈不顯得怪異？如果我們撇開既有印象，即會發現，京派小說雖不以表現都市為自己的特性，卻常將筆觸深向舊北平等內陸都市。沈從文都市小說占全部作品的比例可觀，汪曾祺亦有不少作品涉及戰時昆明，更遑論蕭乾、凌叔華等專事以北平生活為題材的小說家了。雖然京派的都市題材小說數量可觀，但與較典型的都市文學相比，京派都市小說以濃烈的鄉土味而顯得十分特別。人們從描寫的表面內容著眼，故很少將其納入都市文學的研究領域。本文旨在對這一支獨特的都市小說進行討論，並企圖以京派作家獨特的文化品格作為切入口，進入對作品的分析。

一、獨特的文學視角

　　就京派小說家的文化品格而言，首先，他們是一群受「五四」新文化洗禮的現代文化人。不用說林徽因、凌叔華這些居家處常便置身於新文化圈中的現代女性，即連湘西時期的沈從文，在地方軍隊作文書時，也接觸到了《新青年》、《新潮》等新文學刊物；蕭乾在北新書局當學徒時，也已「接觸到五四運動後出現的各種思潮，也淺嘗了一些文藝作品」〔註31〕。李健吾、蘆焚、廢名等人，都曾受到正規的高等學府的教育。他們常常言之鑿鑿地敘說新文化人擁有的理性。在談到自己的作品時，沈從文說：「我的讀者應是有理性」，〔註32〕這份理性便是對文明進化的信心。「與其把大部分信仰力量傾心到過去不再存在的制度上，不如用到一個嶄新的希望上去」。〔註33〕但在中國新文學作家中，京派小說家又是最具有鄉村情感，並以此引為自豪的一群新文化人。他們既肯定歷史理性，同時又站在離時代、社會存有距離的道德立場上，悲憫都市化所造成的傳統文化的式微，理性與鄉情呈現出巨大的悖離。沈從文就曾一再譴責都市化與現代文明使鄉民「失去了原有的樸素、勤儉、和平、正直的型範……變成了如何貧困與懶惰」。〔註34〕1934 年，沈從文重返湘西，

〔註31〕蕭乾：《一本褪色的相冊》，載《當代》1980 年 6 期。

〔註32〕沈從文：《〈邊城〉題記》，載《大公報・文藝》1934 年 4 月 15 日。

〔註33〕沈從文：《廢郵存底・一周間給五個人的信摘抄》，載《現代》1932 年 8 月 1卷 5 期。

〔註34〕沈從文：《〈邊城〉題記》，載《大公報・文藝》1934 年 4 月 15 日。

雖然他看到了早年所未能體味到的湘西的蒙昧、腐敗與衰頹，確信「一份新的日月，行將消失一切」，〔註35〕卻仍然遁著既有的情感意向，固執地認為，「『現代』二字到了湘西……不過是點綴都市文明的奢侈品大量輸入」，卻使「農村社會所保有那點正直樸素人性美，幾幾乎快要消失無餘」。〔註36〕

　　沈從文也許是個極端的例子，但京派小說家大多固守著與都市文明對立的鄉村道德立場確是事實。廢名一直以鄉村生活為其精神歸宿；蕭乾也表示自己的嚮往「寄託在鄉下」；連林徽因也都覺得對西方文化接受過多過早是一種缺陷，自慚對鄉村生活知之太少。他們無一不向鄉村心態認同。沈從文說：「在都市住上十年，我還是個鄉下人，第一件事，我就永遠不習慣城裏人所習慣的道德的愉快，倫理的愉快」。〔註37〕及至 1957 年，仍認為，「在一般城裏知識分子面前，我自以為是個『鄉下人』，習慣性情都屬於內地鄉村型，不易改變」。〔註 38〕李廣田自稱是「地之子」。蘆焚亦在《黃花苔·序》中自剖道：我是從鄉下來的人，說來可憐，除卻一點泥土氣息，帶到身上的真亦可謂空空如也。這種傾向甚至影響了許多類似出身的京派周邊作家。

　　作家的立場畢竟與歷史學家有所不同，表述自我的一份鄉情，在文學史上是常見的，但作為新文化人，如此堅執鄉村立場，則使人不能不懷疑是否有更深層的原因。而京派作家個人經歷也常使人迷惑：既然鄉村較之都市有更多的優越，那麼，為什麼這群作家卻又極迫切地逃離鄉村，奔赴都市呢？事實上，沈從文等人不僅已成為都市人，而且還漸漸步入都市上層。20 年代末，沈從文甚至還參與了以胡適為核心的主要以留學生、教授為主的上層文化圈，到 30 年代他已成為能夠影響文壇的文化名人，日益成為他所攻擊的教授與紳士階層的一員。更令人困惑的還在於，他們一方面愈是趨近都市世俗價值，一方面愈加攻擊都市、讚美鄉村。這就更煞費人思。

　　或許，沈從文等人的鄉村價值取向，並非普通鄉民所執的立場，它是一個城裏人心態的一部分，只是帶有從鄉村進入都市的特殊的心理體驗的痕跡

〔註35〕沈從文：《湘行散記·箱子岩》，見《沈從文散文選》，人民文學出版社 1982 年版，第 174 頁。

〔註36〕沈從文：《〈長河〉題記》，載《大公報》1943 年 4 月 21 日。

〔註37〕沈從文：《〈籬下集〉題記》，見《沈從文文集》第 11 卷，花城與三聯書店香港分店聯合出版，1984 年版，第 33 頁。

〔註38〕沈從文：《新湘西記》，見《沈從文散文選》，人民文學出版社 1982 年版，第 405 頁。

罷了。京派小說家大多都有一份來自鄉村與下層社會的文化自卑感。湘西時代的沈從文，並沒有他所讚美的湘西人的種種長處，只是由於粗通文化，才得到軍部文書一職。正是這種文化上進的渴求，促使他來到當時新文化中心之一的北平，然而古老都市輝煌的建築，普通市民滿身的文化味，待遇優渥、舉止高雅的教授、紳士，都使他感到一種都市的重壓，而自慚形穢。在早期作品中，他曾不停地敘寫身處都市的苦悶與孤獨。寫於 1925 年的散文《遙夜——五》，自敘在一位「女王般驕傲」的都市時髦女性面前，只覺「一身渺小」，「如一隻貓兒初置於陌生的錦繡輝煌的室中，幾欲惶懼大號」。出身京畿貧民之區並自稱「地道的都市產物」的蕭乾，也同樣有出身底層並隔膜於都市生活的文化自卑感。他在給自己畫像時說：「給我幼小心靈打上更深的自卑烙印的，還是貧窮以及生命最初十四年寄人籬下的生活」，貧苦，使他與所謂都市文化無緣，「由於窮……白當了北京人」。〔註39〕

新心理分析學派創始人阿德勒認為，為克服自卑感，人們會將其轉變成為對優越地位的追求。人格上如此，文化上亦如此。為克服出身鄉村所帶來的自卑，沈從文等人力圖尋求一種更高層次的文化構成，以超越教授、紳士所代表的都市文化。於是，在經過勤奮努力，成為都市人的頂峰之後，他們在自己曾體驗過的鄉村生活中尋找到了鄉村精神。當然，這已經很難再是真正的中國內地鄉土文化，而是帶有濃重作家的主觀色彩，這是京派作家不同於其它許多出身鄉土的作家之處。

作為新文化人，京派小說家擁立的仍是「五四」「改造國民性」的大旗；然而，他們對民族再造的理想，並沒有寄託在新文化的發展與新型政治、經濟的建立之上，卻奇妙地同其個人文化尋求融為一體。自身文化構成的完善，滲透到對民族命運的觀照之中。在他們看來，都市生活構成對人的全面壓迫，人性的沒落全在於污穢醜陋的都市，而鄉村則廣泛存在著「一種優美、健康、自然，而又不悖乎人性的人生形式」。〔註40〕沈從文據此闡發了其系統性的生命哲學。他認為，人生有兩種對立的形式，一類是生命，一類是生活；對立的二者不僅存在於獨立的生命個體之中，而且也表現為一部分與另一部分人生的區別；前者呈現出與自然契合的原始人性，一旦取得理性對它的駕馭，

〔註39〕 蕭乾：《一本褪色的相冊》，載《當代》1980 年 6 期。

〔註40〕 沈從文：《從文小說習作選集‧代序》，見《沈從文文集》第 11 卷，花城出版
社與三聯書店香港分店聯合出版，1982 年版，第 45 頁。

黏附於對整個民族的努力上便成為符合理想的健全人生。此處所謂「理性」，並非現代人所具有的歷史理性，而是寬泛意義上的人的自覺。這種人生似乎僅存於鄉村，而大多數都市人生呢，沈從文斷然將其歸之「生活」，即囿限於衣、食、住、行，延嗣後代、追逐利益的行為。都市人「一律受『鈔票』所控制」，捨義取利，在小小恩怨得失中滾爬。由此，京派小說家確立了其文學創作的模式：發掘、弘揚鄉民的昂揚生命精神，進而以此改造都市人生，重建民族文化。因此，京派小說家創作了鄉村與都市生活兩大板塊的小說。

　　京派都市小說之所以顯得特異，即在於其採取了內含深層文化意義的獨特的表現都市生活的視角，他們以鄉民生命價值為尺度，立足鄉村立場，返觀都市人生。沈從文說：「我是個鄉下人，走到任何一處照例都帶了一把尺，一把稱，和普通社會總是不合。」〔註41〕他用這把尺與稱，近乎機械地給城鄉生活測量出他已規定好的比例。他說：「請你試從我的作品裏找出兩個短篇對照看看，從《柏子》同《八駿圖》看看，就可明白對於道德的態度，城市與鄉村的好惡，知識分子與抹布階級的愛憎———一個鄉下人之所以為鄉下人，如何顯明具體反映在作品裏。」〔註42〕以這樣的尺度，沈從文寫出了他的互為對照的都市與鄉村小說，確定了他的城鄉對立的小說基本模式。不過，他有時將這個模式向歷史更深處上溯，化為苗、漢文化的衝突。而整個京派小說隊伍，又以各自不同的實踐，回應著沈從文作品的內在召喚：廢名、蘆焚各自寫出了宗法制度尚未解體的湘北與河南鄉村；蕭乾、凌叔華、林徽因則接觸到城鄉衝突的又一延伸——都市下層與上層、兒童天性與成人世界的牴牾，在一種與鄉村社會的比較之下作出對都市的批判性表現。由此看來，都市人與鄉民生命的對立，不僅是京派小說總體模式，也是都市題材小說的基本模式。於是，與鄉村對立的都市污濁人生與都市中的城鄉文化衝突，構成了京派都市題材小說的主要圖景。

二、與鄉民生命對立的都市人生

　　鄉村，從正面寄寓著京派作家的社會、人生理想。沈從文把鄉土小說的視野在歷史的縱坐標上拉長，構築了一個未受外來文明侵蝕的具有原始形態的

〔註41〕　沈從文：《水雲》，見《沈從文散文選》，人民文學出版社 1983 年版，第 305 頁。

〔註42〕　沈從文：《從文小說習作選集·代序》，見《沈從文文集》第 11 卷，花城出版社與三聯書店香港分店聯合出版，1982 年版，第 44 頁。

湘西世界。在原生態生命形式中，人性獲得了充分自由，人的內在精神與外在行為高度一致，並與自然外界契合無間。在《龍朱》、《神巫之愛》、《月下小景》、《阿黑小史》、《雨後》等篇什裏，沈從文對苗民原生態生命作了記憶性追溯，並以性愛的自然形態為其定性。青年男女完全憑藉自然本性實現自然人的意義，沒有任何人為的封建與資本主義文明束縛。在自然狀態下，不僅性的自然衝動是一種美，而且連同帶有原始色彩的性放縱，原始習俗的非人性，也都令人可親，而一切所謂「文明」則顯得多餘。《神巫之愛》中的美麗啞女，贏得了青年神巫的愛心，全在於其眼睛中情感的湧動；《雨後》中的四狗，雖目不識丁，卻居然使知書識禮的女青年陶醉其中。為了達到對原始生命形態完美性的刻畫，沈從文不惜調動天才的虛構能力，「把『現實』與『夢』兩種成分相混合」。他寫龍朱「這個人，美麗強壯像獅子，溫和謙馴如小羊，是人中模型。是權威，是力，是光」。他寫苗女「精緻如玉，聰明若冰雪，溫柔如棉絮」（《神巫之愛》）。原始生命儼然具有了神性，而神性，在沈從文看來，是人性的最高形式。廢名、蘆焚、汪曾祺等人的鄉土小說，雖主要將宗法制下的鄉村人生作為表現對象，但提供給讀者的，仍是一個樸訥、靜美、自在自足的鄉民社會，並刻意在鄉村困苦、落後的生活中尋找詩意的人生。

沈從文、廢名等人並非全然無視在中國日益資本主義都市化的進程中鄉村原生態與宗法社會的解體，但面對歷史的二律背反，卻寧願捨棄現代理性對此的評判；愈是都市化趨勢不可阻止，愈使京派作家感到鄉間原有質樸、拙訥人性的可貴，於是，刻意在衰頹、凋零的鄉間發掘出未被現代文明消泯的含有內在強力的生命形式。湘西世界，已面臨著外來文明的壓力，肖肖（《肖肖》）、貴生（《貴生》）與柏子（《柏子》）的內在生命雖然仍能與自然環境和諧，但生命主體已無法擺脫外部環境的制約，處於非理性的渾茫的自在狀態。沈從文所要高揚的，恰是在種種磨難之下鄉民生命的堅忍與尊嚴。不僅如此，沈從文還希望鄉民們能夠具有擺脫蒙昧狀態的理性力量，將生命力上升為自為的狀態，使美好人性始終不致被外來文明所吞噬。《邊城》裏的人物始終面對著「渡船」（代表愛情）與「碾坊」（代表金錢）兩種人生價值的選擇，卻依然能夠抗拒權勢、金錢的誘惑，信守生命本真。在其它京派作家的小說裏，無論是破產農村的古風人物陳老爹（廢名《河上柳》）、隱忍苟活卻又有朦朧人性覺醒的老長工叉頭（蘆焚《人下人》），還是「一點作人的羞恥還並沒有完全失去」的划船人夫婦（劉祖春《葷煙劃子》），都寄寓了作家們共同的理想。

　　總觀京派小說，城市與鄉村兩種生命形式的對立，構成其一種宏觀的內在結構。如果說，鄉土小說從正面完成著對理想人性的塑造，那麼城市小說則從反面印證著京派作家的人性探求。

　　對於都市生活，京派作家取著一致的否定態度。沈從文的《腐爛》對現代都市上海極盡噓譏挖苦。上層的顧頏驕狂自不必說，即使是身處下層的抹布階級，也欺詐、淫亂，生活在腐爛的狀態中。在京派作家看來，嚮往都市生活不啻於人生最大的失敗。《王謝子弟》中的七爺，就是一位仰慕都市而又失敗於都市的典型。這位內地大地主自命新派，「住過上海，極贊成西洋物質文明」，卻在具有西洋色彩的都市中大栽跟頭。不過，京派作家似乎極少寫上海的都市生活，也漠視中國不同文化形態的都市之間的差異。他們的興趣並不囿於批判上海、天津、漢口等現代都市，而是抽取所有都市的共性，在與鄉村對立的抽象意義上來表現都市。在京派作家的文化尺度衡量下，都市集中了中國最衰朽的文化。而所謂「文明」不過是把金錢與權勢等非人因素導入人際關係，從而支配社會生活。於是，人類基本道德被人與人、人與社會的不自然的關係褫奪，自然天性亦被禁錮在各種各樣的文明禁律之中，外在的生活與生命的本我呈現出尖銳的對立，自然活潑的生命力因之早已衰頹。沈從文斷然認為：都市人「一切所為，所成就，無一不表示對於『自然』之違反，見出社會的拙象和人的愚心」。〔註43〕蕭乾亦借一位鄉村頑童的眼光來打量都市：「熱戀了兩天的城市生活，這時，他小心坎懂得了『狹窄』、『陰沉』是它的特質。」〔註44〕蘆焚在旅居北平後發現這個擾攘喧眤的文明世界竟然是人性的「毀人爐」：

　　　　這裡是「毀人爐」。要向打駕賠笑臉，話必須說「是」，再配上
　　能忍受掌櫃的責斥，跑上跑下的本領，就是好夥計。直至弄得遍身
　　油垢，性子磨得十分油滑。這時沒有能引起興趣的新鮮事情，也不
　　再注意職務之外，飯碗算是穩了⋯⋯如此堂倌要成典型的小市民，
　　沒有幻想，缺乏意志，奉公守法，度著無差別的日子。(《金子》)

這段話看似是對學徒生活的描述，其實是對整個市民階層生活與市民性格的批判。

〔註43〕沈從文：《燭虛》，見《沈從文選集》第 5 卷，四川人民出版社 1983 年版，第
　　　　68 頁。
〔註44〕蕭乾：《籬下》，見《中國現代作家選集・蕭乾》，人民文學出版社 1986 年版，
　　　　第 9 頁。

　　京派作家對都市人生的看法，明顯帶有自我對城市兩種生活的體驗。沈從文自剖道：「血管裏流著你們民族（苗）健康血液的我，二十七歲的生命，有一半爲都市生活所吞噬」，「所有值得稱爲高尚的性格，如像那熱情，與勇敢，與誠實，早已完全消失殆盡。」〔註 45〕個人事業使他們不得不趨近世俗價值，步趨都市生活方式，雖然希望鄉民血液能給他們一種超拔都市的力量，但鄉村生活已相當遙遠，「我們已經不是那裡的人」。〔註 46〕生活與生命的對立，在這群作家身上同樣有明顯的表現，因此，沈從文感到，雖然「我愛悅的一切還是存在，它們使我靈魂安寧。我的身體，卻爲都市生活揪著，不能掙扎。兩面的認識給我大量的苦惱，這衝突，這不調合的生命，使我永遠同幸福分手了」。〔註47〕《燈》、《虎雛》中從軍隊來到上海教書的文人「我」，「不能不對目下的生活感到一點煩躁，這算什麼生活呢？一天爬上講臺上，那麼莊嚴，那麼不兒戲，也同時是那麼虛僞……現在所處的世界，仍然不是自己所習慣的世界」。顯然，這是沈從文的自況。

　　在京派作家眼中，都市上層最大程度地代表了生活與生命對立的都市人生狀態。沈從文都市小說中出現最多的上層人物是紳士、教授、職員與大學生，蕭乾小說中也多出現一些職員、小官僚，這種情形有一定的社會學依據，但亦有作家自身情感因素。紳士是傳統都市社會權力結構的頂峰，是封建士大夫階層在近代的延續，體現了一種封建人生；教授則處於都市現代文化的制高點，二者同屬近代社會的支柱與文化精英。大學生與職員則是紳士、教授金字塔下的組成部分，是都市文化的基本承擔者。此處，沈從文表現了典型的京派的都市觀。他無意去區別四者文化內涵的不同，而是在抽象的意義上把他們混置一處，統統作爲都市文化的代表。沈從文以此四者作爲小說的諷刺對象，目的即在於打倒了都市文化最精華部分，都市就會因此轟然毀坍。

　　外表的「莊嚴」、「不兒戲」與內裏的「虛僞」，正是沈從文等人對「城裏人」內外驚人矛盾的形象揭示。「這種『城裏人』彷彿細膩，其實庸俗，彷彿和平，其實陰險，彷彿清高，其實鬼祟」。〔註48〕《大小阮》中的大阮，頗能

〔註45〕沈從文：《寫在〈龍朱〉一文之前》，見《沈從文文集》第 2 卷，花城出版社與三聯書店香港分店聯合出版，1982 年版，第 362 頁。
〔註46〕蘆焚：《看人集・鐵匠》，開明書店 1939 年版，第 18 頁。
〔註47〕沈從文：《生命的沫・題記》，見《沈從文文集》第 11 卷，花城出版社與三聯書店香港分店聯合出版，1982 年版，第 8 頁。
〔註48〕沈從文：《籬下集・題記》，見《沈從文文集》第 11 卷，花城出版社與三聯書

代表都市的垃圾人生。他自稱對人生、對社會有「穩健正確的信仰」，而他所醉心的不過是吹捧女伶、辦小報、「評戲講風月」。大阮「穩健正確的信仰」更違悖人類的基本準則。他侵吞了革命者小阮託他保管的活動經費，以此為資本、憑「地主、作家、小要人的乘龍快婿三種資格」躋身上層，成為「社會中堅」。小職員是都市文化的基本承載者，代表了多數市民的穩定心態。長期的低薪生活與所受教育使其人格奴化，「不知不覺著成閹宦似的陰性人格」，「稍有風聲，又為事業動搖感到一種不遑寧處的惶恐」。沈從文的《煙斗》堪稱表現職員「陰性人格」的佳構。王同志言行不一的變色龍式的醜態，讓人看到其自我標榜的人生哲學與其行為之間的矛盾。而都市種種禮儀、秩序與行為規範，不過是這些都市醜陋行徑的包金外殼。蕭乾的《雨夕》裏有一位鄉紳子弟在北京念洋學堂，據說很「講究文明」，卻毫無人道地逼瘋髮妻，另求新歡。《籬下》中的姨父是一位典型的「城裏人」，他彬彬有禮，面色和善，其實自私、虛偽。環哥母子被人遺棄而暫居姨家，他「用極客氣，極有禮貌的樣子勸媽放心，說：地方有的是，都是一家人」，而最後他卻要趕走環哥母子，表面上仍然說著同樣一番虛偽的話。

沈從文仍然熱衷於既有的人性剖析的審視點，敘寫都市上層人生命衝動與外在行為的對立狀態。《紳士的太太》、《八駿圖》、《記一個大學生》、《怯漢》、《自殺的故事》、《若墨醫生》、《有學問的人》等都表現了類似的主題。作家並不否定人的情慾衝動，在大多數鄉土作品中，恰恰禮贊了鄉民順乎人的自然屬性而發生的生命行為，而都市的文明禁律，使都市人喪失了生命衝動應有的飽滿與奔放，性愛衝動成為不可告人的「色欲意識」：「戀愛只是一群閹雞似的男子，各處扮演著丑角喜劇」。〔註49〕《有學問的人》中的教授天福先生與妻之女友關係曖昧，只有將室內燈光熄滅，才斗膽做出小心翼翼的挑逗行為。整個過程卑瑣、沉悶。太太一回，天福馬上一副皇堂斯文的樣子，三個人噓寒問暖，好似一派其樂融融的友好往來。白天與黑夜，正是上等人的兩面世界。他們不能抵抗對女性的渴望，卻又振振有詞地發表虛偽的宏論，紳士的生命就被這些所謂「白天」的體面與教養吞噬。在這方面，《八駿圖》是最具代表性的一篇。

　　　　店香港分店聯合出版，1982 年版，第 33 頁。

〔註49〕沈從文：《如蕤》，見《沈從文文集》第 5 卷，花城出版社與三聯書店香港分
　　　　店聯合出版，1982 年版，第 262 頁。

在京派都市小說中，有一部分不甘淪落的都市人開始力圖掙扎出都市桎梏，向鄉村尋找精神認同，這無疑是「以鄉村改造都市」主題的最明顯、直接的表現。蕭乾的《道傍》中就有一位礦務局職員，對紛擾喧鬧的都市大感不適，每天傍晚都離開地處鬧市的機關，來到有田園風味的市郊散步，「感到逃遁者的松釋」。林徽因的《鍾綠》中的異域都市女郎鍾綠也極厭惡「逼迫人家眼睛墮落」的「工業藝術」，倒是「農村的嫵媚」契合她的精神。沈從文的《如蕤》、《都市一婦人》、《一個女劇員的生活》中帶有理想色彩的都市女性，都把鄉村生活與鄉民精神視爲自我的引導與拯救力量。《如蕤》與《薄寒》中的女主人公都處於都市男子的包圍與追逐之中，但都「厭倦了那些成爲公式的男子與成爲公式的愛情」，渴望被帶有原始色彩的生命強力征服，只有帶有鄉野氣質的男性，才能引起她們的心旌搖撼。在一次沉船事情中，如蕤被一位粗野單純，有鄉下人氣質的男子所救，獲救的似乎並不僅僅是肉體，也包含一顆試圖掙扎的靈魂。這幾篇故事所表現的，並不僅僅是作者的戀愛觀，而是作者對城鄉兩種文化所作出的評判。

三、城市兩種人生的衝突

下層市民生活，是京派都市小說另一大屬類。在京派的文化範疇裏，下層市民人生同鄉民生命呈現出價值的同一性，或者簡直就是鄉土中國鄉民精神的延伸。因而，其同都市上層構成的對立，被納入到城鄉兩種不同人生意義的對比與臧否之中；所不同的是，城鄉兩種人生的比較，是一種超越時空的潛在對比，必須在全部作品的宏觀結構中，才能體現出來，而這種都市內部的文化衝突，是在一種共同的時空範圍裏，伴隨著具象的形式表現出來的，是一種顯性的外在的對比。

對於鄉土的依戀，使京派小說家在高揚傳統美德的同時，無心留意完整形態的市民性格，很少去批判包含在傳統色彩之中不適於現代生活的保守、偏狹與愚執、蒙昧的習性。他們仍從抽象的道德角度，頌贊與鄉村文化有著聯繫的純樸、自然的人性。在汪曾祺 40 年代小說中，「凡贏得作者積極肯定的，都是具有傳統道德風貌的人」。〔註50〕注重實踐，積極進取的儒學思想與亂世隱逸、少私寡欲的道家精神，同時並存於下層普遍勞動者的生命中。譬如《戴車匠》中有著精湛技藝的車匠，「不管慘切安和，總離著他還遠，不迫

〔註50〕季紅眞：《汪曾祺小說的哲學意識與審美態度》，載《讀書》1983 年第 12 期。

切。他不是那種一步即跌入老境的人，他只是緩緩的從容的與他的時光廝守」。《邂逅》中在輪渡上賣藝的唱師，雖雙目失明，外表上卻沒有一絲黑暗歲月帶來的痛苦表情。他「意態悠遠，膚體清和，目跡沉靜，不紛亂，沒有一絲焦躁不安，沒有忍耐」。汪曾祺筆下的許多人物，都生活在一片老莊的混茫氛圍裏。像《老魯》中，一個戰時在昆明勉強維持的學校，「這裡的生活方式，就是隨便」。老魯來校作校警，本無多事，「他們和賣花生的老頭搭訕，幫趕馬車的半大孩子釘馬掌，去看胡蘿蔔，看蝌蚪，看青苔、看屎克螂，日子過得極其從容」。老魯放達從容，卻並不迂執，他閱歷豐富，「到過許多大城市」，樸實中透著慧點。這種苟安亂世、隨遇而安的瀟灑而樂觀的人生，顯然與道地的都市作風格格不入。《老魯》中老吳的倚仗權勢，《落魄》裏南京人的商業頭腦與老魯等人生恰成鮮明的對照。

　　在京派作品中，都市下層市民與鄉民之間的精神淵源是相當明顯的，其生命形式顯然爲鄉村所塑就。蕭乾在《給自己的信》中說：「《籬下》企圖以鄉下人襯托出都市生活，雖然你是地道的都市產物，我明白你的夢、你的想望卻都寄託在鄉下。」蘆焚筆下的金子，蕭乾小說中的環哥（《籬下》）、樂子（《矮簷》）、小蔣（《小蔣》）都是由鄉村移居都市的少年。《鄧山東》中的小販鄧山東亦被作者暗示出是一位山東籍貫、出身行伍的退役軍人。即使是生長於都市的小說人物，也都常常具有一種鄉野氣質。這種鄉野氣質，在京派鄉土小說中，主要被表現爲活潑的生命強力，所以，蕭乾《印子車的命運》中的車夫禿劉，《皈依》中的校役景龍，以及沈從文《泥塗》中的祖貴，他們的精神，與沈從文筆下的邊陲苗民有一種對應關係。甚至於林徽因筆下的美國女郎鍾綠，也都是一個「古典人物」，「城市中的味道在她身上總那樣的不沾著她本身的天眞」。在他們身上，京派小說家發現了與鄉民一樣健康活潑的生命強力。鄉下少年金子，有不屈服於壓迫的倔強性格，發願身體練得賽過大師兄，書讀得比大學生還多（蘆焚《金子》）。蕭乾的《籬下》、《矮簷》與《一隻受了傷的獵犬》中的兒童，都是「感官易受激盪的孩子」；車夫禿劉有「牛脖子」脾氣，「生來就不甘落在人後面」；送奶工小蔣，也有「那份鄉下佬的牛脖子勁兒」。尤其是《籬下》裏隨母親來到城裏姨家的頑童環哥，頑劣的童性裏透著粗率、活潑的生命力。他按照契合鄉村環境的生活方式，下護城河捉泥鰍，上樹打紅棗，尿撒在院裏，把個斯斯文文卻又死死板板的姨家攪得甚不安寧。

　　京派作家禮贊的不僅是生命強力，同時還在這群販夫走卒身上發掘出重義輕利、正直善良、抗暴扶弱的人類優良品格。李健吾的《陷阱》中的北平小販，人雖貧賤，品性卻超凡脫俗。他愛護著一位爲夫強逼而賣身的婦人，同時又潔身如玉，從不廉價地放縱情慾，心底存留著青年時代對一位小姐的愛戀。鄧山東雖在小學門口做糖果生意，目光卻從不被金錢障蔽，他將一包芙蓉糕託人捎給一位被罰不准回家吃飯的孩子，「俺眼並沒都長在錢上，朋友講的是交情」；甚至在齋務長毆打學生時、挺身代替學生挨打受過。小蔣與禿劉都還保留著鄉民的親近自然的天性，返樸歸眞，夜宿露天。蕭乾、蘆焚小說中的下層人，已經不同於沈從文作品中那些僅有著單純的靈魂、強壯的體魄與原始生命行爲的鄉民，他們的樸素、健康的生命甚至接近一種理想的現代人生。禿劉對自身價值的肯定就透出現代的人生觀：「拉著人跑又低賤到哪兒去！什麼『牛馬』，都是你們要筆桿的吃飽了沒得幹，瞎編的。我要不把自己當牛馬，誰敢叫我作牛馬？這年頭誰不是靠力氣吃飯？用手指頭比用腳鴨兒高得了多少？」《皈依》中校役景龍的言行，代表了下層市民政治上的自覺。對基督教傳入中國，已具有新式的愛國主義理性思索：「他們是帝國主義。他們一手用炮，一手使迷魂藥，吸乾了咱們的血，還想偷咱們的魂兒。」更可貴的是，景龍身上還有一種朦朧的民主意識與社會理想，他曾與學校學生們一道上街遊行，相信「將來總歸是咱窮人的日子」。

　　下層勞動人民樸素、勇敢、正直的人生，幾乎在所有篇什中都與上層社會虛僞、庸俗的人生處於對立狀態，京派作家有意於此中得出自己的價值判斷。沈從文的《泥塗》於文化評判之外，還帶有政治批判色彩。小說突出描寫了兩位下層人，有著鄉村野性的祖貴和體現下等人智慧的張師爺，爲下層人民生的權利與人格尊嚴而奔走，表現了急公好義、抗暴扶弱的人類美德，而市政當局與工廠主卻毫無人道，放排工業廢水，使貧民區頓成澤國，繼之又蠻橫驕狂地拒絕了貧民代表的請願。《道德與智慧》則讓兩個階層同時面對同一事情，於兩者的態度比較中見出作者的態度。

　　蕭乾的小說則把都市兩個階層的衝突具體顯現爲兩種對立形式。一是具有鄉民精神的下層市民與上層文化的對立，在蕭乾的處理下，實際上成爲鄉民人生與都市人生活方式的對立，二是宗教束縛與人的自然天性的衝突。前者在《籬下》、《印子車的命運》、《小蔣》、《鄧山東》等篇什中較突出。試看幾例。環哥一派勇武，無懼無畏，而姨家的表弟則是「白嫩、靦腆、毫沒有

村野氣的體面書生」。這個城市兒童的自然天性，過早地被都市文明壓抑，變得文弱、懦怯，連家裏樹上的棗也不敢摘吃一顆。環哥的行爲更映襯出姨父爲代表的都市人的虛僞與俗氣，環哥想吃棗就上樹打摘，而姨父卻「留八月節雇人打下來，送衙門上司的禮」。禿劉與其兄弟劉二的人生方式更見差異。禿劉拉車掙份，而劉二是一位拚命想躋身上層的爬蟲，「不願自己被人稱作先生，親哥卻在冒火星的太陽底下拖了罵著『孫子，快點拉』的人跑」。禿劉不願參與都市人際交際，獨來獨往，夜宿街頭，而劉二的一點微薄薪水卻要給上司賀壽，給生了孩子的同事湊份。兩篇作品都以鄉民精神揶揄了趨奉權威、虛僞無聊的市民作風。另外還有《栗子》、《花子與老黃》、《鄧山東》等作品，不勝枚舉。

對宗教本質的揭露帶有蕭乾自我情感經驗的印痕。蕭乾不是把宗教當作貧困階層的拯救力量，相反，是作爲一種對下層人民的壓迫手段去認識：「基督教教義的中心是一個『愛』字，它還不是『己所不欲，勿施於人』的愛，而是『如果你的敵人打你左臉，就把右臉也給他打』的愛……」，因而，「宗教對我幼時的心靈給予的不是慰藉而是壓迫，凌辱和創傷，因而它引起的只是反感懷疑和反抗」。所以在蕭乾的小說中，宗教與都市上層的壓迫聯繫了起來。在一位貧民區的少女看來，加入基督教救世軍，是上等人的生活，「又乾淨、又文明，不像表哥那粗魯野蠻勁兒」（《皈依》）。《參商》中的教友們，家境闊綽，有華麗的客廳，溫文的風度，牧師的兒子「差一年就是醫學博士」。宗教不僅構成對人的自然天性的壓抑與摧殘，而且還作爲都市外來文明的一部分成爲下層人民生命信仰的對立物。蕭乾的文化傾向是明確的，下層人民的自然天性與人格力量終將戰勝宗教的蠱惑或壓迫，《參商》中萍的人格力量最終使嫻貞對上帝的「愛」失去了信念。

京派作家還極喜用兒童視角折射成人世界，比如蕭乾的《籬下》、《矮簷》、《小蔣》，林徽因的《文珍》以及凌叔華的許多作品。這或許是都市城鄉衝突的一種延續。採用兒童視角，並不是一個簡單的敘述角度問題，它反映出一種極強的思想傾向。兒童的心靈，是一塊未被都市文明佔據的處女地，它保留了人類原始性的人性美與自然美。雖然我們還不能有把握地說，兒童天性來自於鄉民精神，但在其內核裏，兩者呈現出相同或相似的生命精神。從而，兒童世界被融入了京派小說家對人類美好天性的憧憬之中，成爲其改造國人生命的一支力量。在凌叔華兒童題材作品裏，這些未成年的孩子，皆有著晶

瑩剔透的純美品性，對一切生命有著廣泛的愛心《小哥兒倆》中有兩位小兄弟，無論是爲八哥而向野貓復仇，還是爲生產中的野貓造屋，都體現出人類對自然生命應有的尊重與愛護，其間不乏人類「力」與「愛」的優良天性。在兒童的視野裏，成人世界則是一個不可理喻、違悖情理的所在。他們不習慣成人間繁縟的禮儀、虛僞的人際關係，而用一種最自然的態度對待人際交往，處處都與成人世界不能吻合。譬如《弟弟》、《搬家》、《小英》等篇。《小英》中的女童，隔膜於大家庭的名份安排，她所愛戀的三姑出嫁後，不僅要給婆婆裝煙，伺候婆家人打牌至深夜，甚至還不准在飯桌上吃飯。小英對此大惑不解。顯然，處於兒童天性對立面的，是不合理的成人世界。凌叔華有意將兒童生命的純與美，暗示出成人世界也即都市社會的虛假與醜陋，從而寄寓自己的人生理想。

四、闕失

雖然沈從文等京派小說家以其獨有的方式繼續著改造國民性格的工作，具有較強的現代色彩，其對都市文明的批判甚至暗合西方現代主義文學思潮，但他們對城鄉兩種文明形態卻沒有以現代理性角度去認識。他們過於強調鄉村生活未經現代文明侵蝕的純樸與靜美，一廂情願地營造鄉村世界美與善的人生；並在一種鄉村文化尺度上，以樸厚、愚直、蒙昧的鄉土人生價值返觀都市，而不是以應有的現代文明的高度觀照都市人生；其爲都市文明所開的一帖藥劑也有悖於歷史理性。因此，其改造國民性的命題處於「以鄉村改造都市」這種並不深刻的片面層次上，使其人性探索大大不同於魯迅、葉聖陶、張天翼等人。在沈從文等人的理論文章與文學作品中，凡提及都市，皆以否定性語言予以抨擊。殊不知，現代都市，作爲人類文明進步的集中體現，聚集了更多的人類活力，包含了人類自身解放的更高意義。人性的蘇甦與自由，作爲個性解放的內容之一，已在新文化的誕生與發展中得到高揚，並在 30 年代已滲透到現代都市生活之中。相對於舊中國處於封建狀態的農村來說，都市無疑是人性的自由之地。事實上，舊中國先進的知識分子，其中包括沈從文等人，脫離蠻荒一隅而進入大都市，其生命追求歷程恰好說明了這一點。對此，我們還可印證於現代文學中的許多作品。茅盾的《虹》中的梅女士與巴金的《家》中的覺慧等人，一路風塵，從四川內地來到上海，追求光明的人生；在施蟄存的《春陽》中，都市彷彿是一輪春陽，使傳統人生

枯草逢春。在這個角度來說，缺乏現代文明的鄉村宗法社會與野蠻、蒙昧的湘西地區，雖然一定程度上未對人的自然行爲形成強有力的桎梏，但其對生命的肯定畢竟停留在較低的層次上，在沈從文等人的許多作品中，甚至只是一種對人類本能的寬容。因此，其「以鄉村改造都市」的命題，顯然是不合歷史發展邏輯的天真的理想。

　　當然，譴責都市文明，並不意味著否定整個現代文明，京派作家以都市人性的喪失爲批判對象，不無可取；但是，僅就內容的表現這一點而言，他們對都市文化形態缺少完整的描述。大多數京派作家，尤其是沈從文，漠視新舊都市之間的文化差異。其筆下的都市，只是一個與鄉村對立的抽象意義上的存在，其抽取的都市共性，有時只剩下「文明」一詞，缺乏完整的都市形態，使人看不到中國近現代都市轉型期特有的文化特質。蕭乾的小說就反覆使用「文明」、「講究」等詞以指代都市人生。沈從文這一段話更具代表：「禁律益多，社會益複雜，禁律愈嚴，人性即因之喪失淨盡。」〔註51〕有著複雜文化結構與意義的都市，彷彿只是一堆「禁律」、一具捆縛人手腳的架具，因此，都市人只是都市文明的泛化指代。沈從文雖然抨擊都市頗多，但實質性認識並不常見。即使有對都市實質性的認識，也往往得不到很好的表現。比如沈從文說，都市「人與人關係變得複雜到不可思議，然而又異常單純的一律受『鈔票』所控制」〔註52〕這似乎是對以上海爲代表的資本主義都市生活的概括，但這個把握，並沒有進入其對都市生活的剖析之中。他筆下的都市生活，完全看不到機械文明，金錢崇拜對人的擠壓，看不到人性異化的原因，而是傾全力把應該是代表封建文明的紳士與代表現代文化的教授、大學生統統打倒。顯然，在否定所有文化狀態中的都市人生這一前提下，都市的特定文化形態已不爲他們所注意。由於都市過於抽象，萎縮、卑怯的都市人便成爲無根的一群，缺少歷史感，彷彿生來如此；而對下層市民人生的讚美，也難以同對都市的否定性理解協調起來。給人的印象是，都市生活、都市人生只是鄉村生活、鄉民人生的反襯，下層市民只是鄉民生命的一支延續。與其構築的鄉土中國相比，都市作品包含的並不是一個完整而結實的都市世界，

〔註51〕沈從文：《燭虛》，見《沈從文文集》第 5 卷，四川人民出版社 1983 年版，第 68 頁。

〔註52〕沈從文：《水雲》，見《沈從文散文集》，人民文學出版社 1983 年版，第 305 頁。

甚至只在一種城鄉的文化比較中，存在有限的意義。因此，正像都市人生只是從反面印證京派作家的人生理想、社會理想一樣，其都市小說也只能作為鄉土小說的對比性補充，附麗於其整個鄉土文學形態之中。或許，這就是京派都市題材小說的特異的所在，也是常常不被當做眞正都市文學的原因。

後 記

　　我們長期關注並研究中國現當代文學，並主要以民國時期的城市文學爲主要研究對象。迄今已經出版這方面的多種專著。欣聞李怡教授與臺灣花木蘭文化出版社傾力編輯《民國文化與文學文叢》，並蒙李怡教授之邀，出版拙著。感謝李怡教授和花木蘭文化出版社襄助學術之良舉。本書由張鴻聲教授和鄭州大學西亞斯國際學院的范麗萍老師合作而成，其實范麗萍老師的作用更大，有超過十萬字其實是她所著。在此說明一下。

著者
2016 年 3 月